**양자의학
명상을 만나다**

새로운 시대를 열다
QUANTUM100YEAR

양자의학
명상을 만나다
Quantum Medicine Meets Meditation

숨·몸·맘이 나래를 펴다
【나래】 날개의 동의어

현용수 지음

[특별인터뷰]
제2의 불의 혁명, 양자 100주년기념
현용수 석좌교수 대담 '양자의학 40選'
국립 노스웨스트 사마르대학교 SAP KOREA

행복한 마음

프롤로그

숨이 위태로우면 病에 걸린다

숨은 생명의 가장 근원적인 리듬이다. 인간은 첫울음과 함께 숨을 들이마시며 삶을 시작하고, 마지막 날 마지막 날숨과 함께 생을 마감한다. 우리는 하루에도 수만 번 호흡하지만, 정작 숨이 얼마나 위태로운가를 자각하지 못한 채 살아간다.

숨이 불규칙하고 얕아질 때, 몸은 산소와 에너지를 충분히 공급받지 못한다. 긴장이 누적되고, 혈압이 오르며, 신경계는 과도한 흥분 상태에 머문다. 불안은 깊어지고, 마음은 쉽게 흔들리며, 결국 몸과 정신은 병(病)이라는 경고를 보낸다. 호흡의 위태로움은 곧 건강의 위태로움이다.

동양의학은 오래전부터 "氣의 흐름이 막히면 병이 생긴다."고 하였다. 이 기氣의 핵심이 바로 숨이다. 숨은 단순한 공기의 오고 감이 아니라, 몸과 마음을 지탱하는 근원적 에너지의 순환이다. 서양의학(양자의학 포함)과 심리학 역시 호흡의 중요성을 증명해왔다. 얕고 불규칙한 호흡은 불안·우울·공황으로 이어지고, 깊고 고른 호흡은 안정·회복·치유를 가능케 한다는 것이다.

숨이 흔들릴 때 병이 시작되지만, 숨이 회복되면 치유 또한 시작된다. 호흡은 질병의 그림자를 드러내는 거울이자, 동시에 치유의 첫걸음이다. 그러므로 숨을 잃어버린다는 것은 곧 나 자신을 잃는 것이며, 숨을 되찾는다는 것은 다시금 내 삶과 건강을 되찾는 일이다.

이 책은 바로 이 사실, 즉 숨에서 출발한다.
"숨이 위태로우면 병에 걸린다. 그러나 숨을 되찾으면 치유가 시작된다."
이 단순한 진리가 우리 삶 전체를 관통하는 치유의 길임을, 앞으로의 여정에서 함께 확인하게 될 것이다.

우리 민족은 예부터 숨을 중요하게 여긴 민족이다. 숨과 함께 맘·몸을 수련하고, 일상을 수양했으며, 홍익인간 정신을 수행했다. 그 숨을 닦는 과정이 곧 문화가 되고 오늘의 K-한류가 된 것이다.

그러니 지금 고요히 내 숨을 들여다보라. 그 숨결 안에 당신의 치유와 회복이 살고, 그 안에 민족혼이 용솟음친다.

2025년 9월
삼성, 길모퉁에서 쓰다
목원 현용수

| 목차 |

■ 프롤로그 · 04

I. 숨 나래 단상斷想

1. 숨 나래 기원과 의미 · 15
2. 숨 나래, 양자의학과 명상의 융합적 관점 · 19
3. 숨 나래를 펴라 - 詩 · 21
4. 숨 나래 실천해 보기 - 숨(호흡) 명상 스크립트 · 24

II. 숨과 자연치유

1. 숨과 뇌 이완 · 31
2. 숨 나래와 자율신경계의 조절 · 33
3. 숨과 몸 학Somatic · 37
4. 치유는 숨·몸·맘의 통합운동이다 · 39
5. 숨·몸·맘의 명상적 실천가이드 - 숨·몸·맘의 통합치유 · 49
6. 숨·몸·맘의 통합명상치유 프로그램 매뉴얼 - 사례 · 52

   [시사칼럼] 숨 · 몸 · 맘은 연결되어 있다 · 58

III. 숨의 길道

1. 숨의 과학 : 통합적 구체화 · 65
2. 소 인간(小周天) 활동 : 정·기·신의 합일 · 71
3. 인간, 정精·기氣·신神의 수행 · 78
4. 대우주(大周天) 형성 : 자기, 미래, 세계와 무경계 · 86
5. 자기, 미래, 세계와의 무경계 · 96
6. 자아초월의 길 : 홍익인간이 되다 · 110

   [에세이] 자아초월, 작은 나를 넘어 큰 나로 · 114

   [학술논문] 자아초월=내적 의식 확장/홍익인간=그 사회적 구현 · 116

   [詩] 자아초월의 길: 홍익인간이 되다 · 119

IV. 숨 나래, 명상冥想을 만나다

1. 숨, 내면의 문을 여는 나래 · 125

   [에세이] 숨 나래, 명상을 만나다 · 128

2. 양자의학, 숨 나래를 펴다 · 131

   [철학 에세이] 숨 나래를 펴라 – 양자이하가 인간 존재의 확장 · 133

3. 숨 나래의 길, 뇌 감정회로를 바꾼다 · 141
4. 뇌 감정회로를 바꾸는 숨 나래 명상 – 실습 · 143
5. 숨 나래, 편도체 조절자의 역할 · 145

[학술 에세이] 숨 나래와 편도체 - 감정조절의 메커니즘의 양자의학적 탐구 · 148

6. 숨 나래, 해마의 기억을 되새기다 · 150

   [학술 에세이] 숨 나래, 해마의 기억을 되새기다 - 뇌 과학적 탐구 · 153

7. 숨 나래, 뇌 송과선의 기능을 촉진하다 · 156

   [학술논문] 숨 나래, 뇌 송과선의 기능을 촉진하다 · 160

8. 명상수련의 길, '홍익인간 정신'을 함양한다 · 163

   [학술논문] 명상수련과 홍익인간 정신 함양 - 메커나즘과 구현 모델 · 168

   [교양실천] 숨을 닦아 마음을 넓히고, 넓어진 마음을 세상에 쓰다 · 171

V. 숨 나래 효과

1. 숨, 산소와 미토콘드리아 : 노화예방, NK세포 기능 등 활성화 · 181

   [학술논문] 숨, 산소와 미토콘드리아 - 노화예방, NK세포 기능 등 활성화 · 184

2. 자율신경계의 조절자 : 교감신경 안정과 부교감신경의 조절 · 191

   [학술논문] 호흡을 통한 자율신경계 조절과 양자의학적 해석 · 194

3. 심신치유의 효과 : 불안, 두려움, 우울증상, 공황장애, PTSD증후군 등 개선 · 199

VI. 숨 명상과 치유 오행 食

1. 숨 명상과 어울리는 치유음식 군群 · 216

   [워크숍] 숨 명상과 치유음식의 만남 · 219

2. 숨과 명상수련 - 자아초월 수련 노트 · 223

3. 치유 음양오행 食 입문 · 230

4. 숨, 치유의 숲을 만나다 · 237

   [詩] 민주지산의 숲 단상 · 241

VII. 양자의학, 심리학을 말하다

1. 숨·맘·몸 - 심리학을 만나다 · 249

2. 양자의학, 치유심리학을 말하다 · 254

   [시사칼럼] 양자, 보이지 않는 치유의 언어 – 모든 것은 연결되어 있다 · 262

특별인터뷰 새로운 시대를 만나다, 현용수 석좌교수 인터뷰
    -양자의학 40選 · 271

■ 부록

   자아초월성이 중년 삶과 죽음 태도에 미치는 영향 · 345
   Effects of self-transcendence on middle-aged life and death attitude

■ 에필로그 · 374

1
숨 나래 단상 斷想

『호흡의 기원을 묻고, 숨의 의미를 새로이 발견하는 장.
숨 나래가 어떻게 태어났으며, 양자의학과 명상의 관점에서 어떤 새로운
길을 모색하는지 탐색한다.』 - 본문 요약

1. 숨 나래 기원과 의미
2. 숨 나래, 양자의학과 명상의 융합적 관점
3. 숨 나래를 펴라-詩
4. 숨 나래 실천해 보기-숨(호흡)명상 스크립트

■ 들어가기

사람은 태어나는 순간 첫 숨을 들이마시며 삶을 시작하고, 마지막 날 마지막 숨을 내쉬며 생을 마감합니다. 숨은 그 자체로 생명의 리듬이며, 우리 존재의 가장 근원적인 기초입니다. 그러나 우리는 일상 속에서 숨을 잊고 살고 있습니다. 얕고 빠른 호흡은 불안과 긴장을 키우고, 깊고 고른 호흡은 치유와 평온을 불러옵니다. 숨은 언제나 우리와 함께 있지만, 의식하지 못하면 그 힘은 잠들어 있는 법입니다.

'숨 나래'란 바로 이 호흡이 지닌 치유와 초월의 잠재력이 펼쳐질 때 나타나는 날개입니다. 들숨은 생명의 빛을 받아들이는 날개 짓이고, 날숨은 집착과 두려움을 놓아주는 해방의 날개 짓입니다.

숨이 나래를 펼치는 순간, 우리는 단순한 개인을 넘어 자연과 우주, 그리고 더 큰 자아와 연결됩니다.

숨 나래를 편다는 것은 단지 호흡법을 익히는 일이 아닙니다. 그것은 몸과 마음, 의식을 하나로 조율하는 길이며, 잃어버린 내적 평화를 되찾는 과정입니다. 또한, 숨 나래는 우리를 자아의 한계를 넘어선 초월의 차원으로 인도합니다.

 이 책은 '숨 나래를 펴라'는 초대의 말로 시작합니다. 그 초대는 우리에게 말하고 있습니다.
 "당신의 가슴 속에는 이미 날개가 있다. 숨을 따라 고요히, 힘차게 그 날개를 펼쳐라."

1. 숨 나래 기원과 의미

숨과 나래의 상징성

숨은 생명 그 자체를 뜻합니다. 호흡은 인간이 세상과 연결되는 가장 원초적인 행위이며, 정신과 신체를 잇는 다리입니다.

나래는 날개, 비상(飛上)의 이미지를 담고 있습니다. 이는 단순히 물리적 날개가 아니라, 인간 정신이 자유롭게 펼쳐지는 확장과 해방을 상징합니다.

따라서 "숨 나래"라는 말은 호흡을 통해 생명력을 얻고, 그 생명으로 정신과 영혼이 날아오르는 길을 뜻한다고 할 수 있습니다.

숨의 기원과 철학적 배경

동양 전통에서 숨氣은 곧 생명 에너지입니다. 기氣를 다스리는 것이 곧 삶을 다스리는 길道입니다. 불교·도교·선도 문화에서 호흡은 단순한 생리 현상을 넘어 깨달음과 치유의 핵심이었습니다.

서양에서도 "spirit"과 "breath"가 같은 어원과 맥락을 갖추듯이 숨은 영혼의 상징이었습니다. 이처럼 숨 나래 기원은 동서양을 아우르는 호흡 철학을 바탕으로, 인간이 다시 자기 본연의 생명성과 자유로움으로 돌아가길 바라는 염원을 담고 있습니다.

숨 나래 기원의 목적

개인적 차원에서 숨 나래는 호흡을 통한 내적 치유와 의식을 추구합니다. 공동체 차원 숨 나래는 조화로운 호흡으로 함께하는 삶, 그리고 공동체가 추구하는 평화를 갈망합니다. 우주적 차원에서 숨은 우주 리듬과 맞닿아 있으므로, 숨 나래 기원은 곧 인간과 우주가 하나로 호흡하는 의식적 선언이라고 말할 수 있습니다.

오늘날 숨 나래의 의미

현대 사회는 과속·과잉·과소비로 인해 호흡조차 잊은 삶을 살아가고 있습니다. 우리가 추구하고자 하는 숨 나래 기원은 삶의 맥락에서 다시 숨을 찾고, 그 숨으로 나래를 펼쳐 몸·맘을 자유롭게 비상시키고, 새로운 생명 철학 운동으로 자리할 수 있도록 수련하는 과정입니다.

숨 나래는 호흡으로 펼쳐내는 생명의 원천입니다

우리는 날마다 숨을 쉬면서도, 정작 숨을 의식하지 못한 채 살아갑니다. 숨은 가장 가까운 것이면서 동시에 가장 잊혀진 것입니다. 그러나 바로 그 숨이야말로 우리를 세상에 묶어두고, 동시에 세상을 넘어설 수 있는 비밀의 다리입니다.

"숨 나래"라는 말은 단순한 단어의 조합이 아닙니다. 숨은 생명의 근원이고, 나래는 자유와 비상의 상징입니다. 숨 나래는 호흡을 통해 우리 안의 생명 에너지를 깨우고, 그 힘으로 영혼을 해방하여 우주와 하나 되기를 염원하는 기도입니다.

숨 나래, 호흡, 파동, 그리고 양자의학과 만남

양자의학은 인간을 단순한 물질적 존재가 아니라, 파동과 에너지의 집합체로 이해합니다. 생명체의 세포는 미세한 떨림 속에서 끊임없이 서로와 공명하며, 그 진동은 곧 삶의 리듬이 됩니다. 그래서 호흡은 그 리듬을 맞추는 가장 근원적인 도구가 되는 것입니다.

숨을 고르게 고요히 내쉴 때, 우리 몸의 세포들은 마치 오케스트라의 악기처럼 하나의 파동을 이루어갑니다. 이 숨과 함께하는 공명은 곧 치유이며, 삶의 본래적 조화로 돌아가는 과정이 되는 것입니다. 그래서 숨 나래는 바로 이 양자적 울림을 회복하려는 내적 기도입니다.

숨 나래, 의식의 비상과 명상

명상은 숨을 의식하는 것에서부터 시작합니다. 숨이 깊어지면 마음은 고요해지고, 고요 속에서 의식은 확장됩니다. 뇌의 파동은 차츰 안정되고, 한순간 우리는 개별적 자아를 넘어서는 체험에 들어서게 됩니다. 이때 펼쳐지는 것이 "나래"입니다. 나래는 단순히 상징적 날개가 아니라, 의식이 우주로 비상하는 초월적 체험입니다. 명상 속에서의 숨 나래는 우리를 미시적 세계와 거시적 세계를 잇는 다리로 인도하는 무의식적 행위입니다. 작은 호흡 하나가 곧 우주의 리듬과 겹

쳐지며, 나, 개인의 경계는 서서히 사라지는 물아일체物我一體의 경지에 도달합니다.

숨 나래는 단순히 호흡을 세는 명상법이나 의례적 행위가 아닙니다. 그것은 곧 삶에 대한 선언입니다. 곧 숨은 나를 살리고, 나래는 나를 자유롭게 하는 자아초월의 경지입니다. 그리고 숨은 세포를 치유하고, 나래는 영혼을 확장시키는 역할을 합니다. 숨은 지금 이 순간을 붙잡고, 나래는 영원을 향해 뇌의 가소성을 열리게 하는 의식의 지향성입니다.

오늘날의 삶은 지나치게 빠르고, 삶의 중심이 너무나 얕습니다. 그래서 우리는 깊은 숨을 잊었고, 자유로운 나래를 잃어버렸습니다. 우리가 새기려는 숨 나래 기원祈願은 바로 그 잊혀진 본질을 다시 불러내려는 시도입니다. 그것은 몸과 마음, 생명과 우주가 하나의 파동으로 합쳐지는 순간을 염원하는 기도이자, 인간 존재가 품은 가장 근원적인 그리움의 표현입니다. 또한, 양자의학이 추구하는 미래이기도 합니다.

숨 나래는 결국 이렇게 속삭인다. "숨을 의식하라, 그 숨이 너를 살리리라. 나래를 펼쳐라, 그 나래가 너를 우주로 이끌리라."

-숨을 다스리는 목원 현용수의 나래 짓에서-

2. 숨 나래, 양자의학과 명상의 융합적 관점

숨, 생명과 양자의학의 만남

양자의학은 생명을 단순한 물질적 현상으로 보지 않고, 에너지장 field과 파동으로 이해합니다.

인간의 세포와 DNA는 끊임없이 진동하며, 이 진동은 곧 생명력의 표현입니다. 숨 나래, 즉 호흡은 단순히 산소 교환의 과정이 아니라, 에너지의 리듬을 조율하는 생명의 몸짓입니다. 따라서 숨 나래는 호흡을 통해 몸의 에너지장을 균형 있게 맞추고, 세포 수준에서의 양자적 조화를 이끌어내는 하나의 치유 행위라 할 수 있습니다.

숨 나래, 뇌 과학과 명상

명상은 마음을 고요히 하여 의식의 파동을 정제하는 실천입니다. 뇌파는 곧 파동이며, 집중·몰입·초월 상태에서 알파·세타·감마파 등이 나타납니다. 초월명상 Transcendental Meditation에서는 이러한 뇌파가 양자 얽힘 quantum entanglement처럼 전체와 하나 되는 경험으로 이어집니다. 숨 나래에서 "나래"는 곧 이러한 의식적 비상을 의미하듯, 호흡이 정제되면 마음은 고요해지고, 그 순간 의식은 파동적 차원에서 더 넓은 우주와 연결됩니다. 또한, 숨을 고르게 쉬고 리듬에 맞추면 뇌 속의 송과선[1])이 활성화되어 백회百會의 문이 열리고 우주의 생기를 빨아들입니다.

숨 나래의 의학적·명상적 효과

생리적 측면, 즉 양자의학 관점에서 호흡의 리듬은 심박변이(HRV)를 조절하고, 이는 곧 전신의 에너지 진동 상태에 영향을 미칩니다.

"숨 나래"라는 호흡의식은 세포 간 양자적 공명quantum resonance을 강화시켜, 자연치유력을 높이는 것으로 이해할 수 있습니다.

심리적 측면, 즉 명상 관점에서 보면 호흡에 집중함으로써 불안과 긴장이 해소되고, 마음이 고요해집니다. 무의식의 세계를 나와 의식이 확장되면서 "나"와 "우주"의 경계가 희미해지는 체험, 곧 초월적 일체감을 경험하게 됩니다.

숨 나래는 단순한 호흡 명상이 아니라, 양자의학적 치유 —세포·에너지 수준의 공명—와 명상적 초월 —의식의 확장과 우주적 일체감— 을 동시에 이루려는 융합적 의례입니다. 즉 숨을 만들어서 우리는 몸을 치유하고, 나래를 펴서 우리는 영혼을 자유롭게 비상시킴으로써, 생명·의식·우주의 삼위일체적 조화를 회복하는 것입니다.

---

1) 좌우 대뇌 반구 사이 셋째 뇌실(腦室)의 뒷부분에 있는 솔방울 모양의 내분비 기관. 생식샘 자극 호르몬을 억제하는 멜라토닌을 분비함. 골윗샘.

3. 숨 나래를 펴라 – 詩

숨 나래를 펴라
숨을 들이쉬어라.
그것은 생명의 시작이요,
우주가 너에게 건네는 첫 인사다.

숨을 내쉬어라.
그것은 내려놓음이요,
네 안의 어둠을 밝히는 작은 빛이다.

숨 속에 파동이 있다.
세포와 별들이 함께 울리는
보이지 않는 교향악이 있다.

그 숨을 따라,
의식의 나래를 펼쳐라.
보이지 않는 날개는
너를 너 자신보다 더 큰 곳으로 데려가리라.

숨 나래를 펴라.
그 순간, 너는 더 이상 홀로가 아니다.
너의 호흡은 우주의 호흡이 되고,
너의 날개는 영원을 향해 열린다.

숨 나래 호흡법

준비

조용하고 방해받지 않는 공간을 찾습니다.

등을 곧게 펴되, 긴장 없이 편안히 앉습니다.

두 손은 무릎 위나 단전에 가볍게 얹습니다.

눈은 감거나 반쯤 감아, 내면의 흐름에 집중합니다.

호흡의 인식 (숨을 깨닫기)

먼저 지금의 호흡을 억지로 바꾸지 말고, 그저 지켜봅니다.

공기가 들어오고 나가는 감각의 길을 따라갑니다.

들숨에서 코끝의 시원함, 날숨에서 따뜻함을 느껴봅니다.

숨의 리듬 (양자적 울림 맞추기)

들숨은 4초간 천천히 코로 들이쉽니다.

1~2초간 멈추어, 숨이 세포 속으로 스며드는 듯 의식합니다.

날숨은 6~8초간 부드럽게 내쉽니다.

날숨과 함께 몸의 긴장과 마음의 무거움이 흘러나가도록 상상합니다.

※ 이때, 심장과 세포가 파동으로 공명한다는 이미지를 그려보세요. 양자의학적으로 호흡은 세포 진동을 조율하는 리듬입니다.

나래의 확장 (의식의 날개 펴기)

호흡이 고요해지면, 마음의 중심에서 빛의 날개가 열리는 듯 상상합니다.

들숨마다 우주의 에너지가 들어와 나래를 채우고,

날숨마다 그 나래가 펼쳐져 세상과 하나 되는 느낌을 그립니다.

이때 "나는 숨이고, 숨은 곧 나다"라는 자각을 떠올립니다.

마무리

10~15분간 호흡을 이어간 뒤, 천천히 눈을 뜹니다.

내 몸이 가볍고 고요하며, 마음이 넓어진 상태를 느껴봅니다.

마지막 속으로 속삭입니다.

"숨 나래를 펴라. 나는 자유롭다."

4. 숨 나래 실천해 보기>>숨 나래 호흡 명상 스크립트

(※ 편안히 앉거나 누운 상태에서, 차분한 목소리로 읽어주거나 스스로 따라하세요.)

들어가기

이제 눈을 감고, 조용히 앉습니다.
등은 곧게 펴되 힘을 주지 말고, 편안하게 놓습니다.
어깨와 가슴의 긴장을 풀고, 손은 무릎 위나 단전에 올려놓습니다.

숨을 바라보기

지금, 당신의 호흡을 그저 지켜봅니다.
공기가 들어오고 나가는 길을 따라가 보세요.
들이마실 때 코끝의 시원함, 내쉴 때의 따뜻함을 느껴봅니다.

숨의 리듬

이제 호흡의 리듬을 맞춥니다.
코로 4초 동안 천천히 숨을 들이쉽니다.
…하나, 둘, 셋, 넷.
그리고 2초 동안 잠시 멈춥니다.
숨이 온몸의 세포로 스며든다고 느껴보세요.

이제 6초 동안 부드럽게 숨을 내쉽니다.
…하나, 둘, 셋, 넷, 다섯, 여섯.
몸의 긴장과 마음의 무거움이 모두 흘러나갑니다.

숨과 나래

다시 한 번 깊게 들이쉬고…
그 숨 속에 생명이 깃들어 있음을 느껴봅니다.
내쉴 때마다, 당신의 마음 깊은 곳에서
빛의 날개가 서서히 펼쳐지는 것을 상상해 보세요.
들이쉴 때는 우주의 에너지가 당신의 나래를 채우고,
내쉴 때는 그 나래가 넓게 펼쳐져 세상과 하나 됩니다.

확장의 순간(의식 켜기)

당신은 지금, 숨이면서 동시에 나래(짓)입니다.
작은 들숨과 날숨이 온 우주의 파동과 연결되어 있습니다.
세포 하나하나가 울리고, 마음은 고요히 빛나며,
의식은 경계 없이 확장됩니다.

마무리

이제 몇 번 더 편안히 호흡을 이어갑니다.
당신의 몸은 가벼워지고, 마음은 넓어졌습니다.
천천히 눈을 뜨며 속으로 속삭이세요.

"숨 나래를 펴라. 나는 자유롭다." "나는 모든 것을 이룰 수 있다"

"나는 홍익인간이다"

II
숨과 자연치유

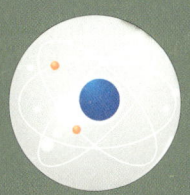

『숨은 단순한 들숨·날숨이 아니라 자연과 연결된 치유의 언어다. 뇌, 몸, 마음의 이완과 통합을 통해 호흡은 곧 자연치유의 실천임을 드러낸다.』

1. 숨과 뇌 이완

2. 숨 나래와 자율신경계의 조절

3. 숨과 몸 학Somatic

4. 치유는 숨·몸·맘의 통합운동이다

5. 숨·몸·맘의 명상적 실천가이드-숨·몸·맘의 통합치유

6. 숨·몸·맘의 통합명상치유 프로그램 매뉴얼-사례

■ 들어가기

우리는 늘 숨을 쉬지만, 그 숨결이 자연과 어떻게 이어져 있는지 자각하지 못한 채 살아갑니다. 그러나 한 번만 고요히 숲에 앉아 들숨과 날숨을 의식해 보면 깨닫게 됩니다. 내가 들이마신 숨은 숲의 나무가 내쉰 숨이고, 내가 내쉰 숨은 다시 숲이 받아들이는 숨이라는 것을. 숨은 곧 자연과 나를 잇는 가장 근원적인 다리입니다.

자연치유는 단순히 약초나 환경적 요인에 의존하는 것이 아닙니다. 그것은 자연의 리듬과 내 몸의 리듬이 하나로 맞추어지는 과정입니다. 바람, 햇빛, 물소리, 나무의 파동과 내가 호흡하는 리듬이 동기화될 때, 신체는 스스로 회복의 길로 나아갑니다. 그 중심에는 언제나 숨이 있습니다.

숨은 긴장을 풀고, 심신의 균형을 회복하며, 내적 평화를 불러옵니다. 동시에 숨은 자연의 파동과 맞닿아, 생명의 본래적 힘을 다시 깨우는 열쇠입니다. 자연의 숨결 속에서 우리는 단순히 '휴식'하는 것이 아니라, 치유와 재생

을 경험하게 됩니다.

이 책은 숨과 자연치유의 만남을 탐구하고자 합니다. 숨은 어떻게 몸과 마음을 정화하며, 자연은 어떻게 우리의 치유 과정에 동반자가 되는가? 인간은 왜 자연 속에서 호흡할 때 가장 깊은 안정과 치유를 경험하는가?

숨과 자연의 만남은 단순한 이론이 아니라, 우리 모두가 일상에서 체험할 수 있는 치유의 길입니다. 숨을 통해 자연은 내 안에 들어오고, 자연을 통해 숨은 다시 우주와 이어집니다. 그 길 위에서 우리는 비로소 삶의 온전한 회복을 경험할 수 있습니다.

1. 숨과 뇌 이완

숨과 뇌의 연결

숨(호흡)과 자율신경계의 관계는 숨을 깊게 들이쉬고 내쉬는 과정을 통해 교감신경과 부교감신경의 균형을 조율합니다. 빠르고 얕은 숨(호흡)은 교감신경을 자극해 긴장과 불안을 강화시키고, 느리고 깊은 호흡은 부교감신경을 활성화해 뇌와 몸을 이완시킵니다. 그래서 호흡은 느리고 깊은 호흡(복식)이 좋습니다.

뇌파와 숨의 관계는 상호관계가 깊습니다. 안정된 숨은 뇌파를 알파(α)파, 세타(θ)파 영역으로 유도하여 긴장을 풀고 창조적 상상력과 직관을 높입니다. 이는 명상 상태와 거의 동일합니다.

양자적 시각에서의 숨(호흡) 세포와 신경회로는 미세한 파동으로 공명합니다. 숨(호흡)은 뇌 속 신경망의 파동 리듬을 정제하여, 혼란스러운 파동을 정돈된 진동으로 되돌려 놓는 역할을 합니다.

숨과 철학적 성찰

숨은 단순히 산소를 주고받는 과정이 아니라, 의식을 정화하는 리듬입니다.

뇌가 이완될 때 우리는 더 넓은 차원의 자각(의식)에 닿게 되고, '나'라는 작은 파동이 우주적 파동과 다시 공명하게 됩니다. 숨은 뇌를 풀어주는 동시에, 영혼을 열어주는 열쇠이고, 하늘을 체험하는 통로입니다.

2. 숨 나래와 자율신경계의 조절

교감신경 vs 부교감신경

빠르고 얕은 호흡은 교감신경을 자극하여 심박수 증가, 긴장, 스트레스 호르몬(코르티솔) 분비를 유발합니다. 반면, 느리고 깊은 복식호흡은 미주신경Vagus nerve을 활성화하여 부교감신경이 우세해집니다. 그 결과 혈압이 안정되고, 뇌 전체가 이완 모드로 전환됩니다. 숨(호흡)이 뇌에 직접 영향을 주는 이유는 미주신경 덕분입니다. 이 신경은 뇌에서 목, 가슴, 복부까지 이어져 있으며, 숨을 조절할 때마다 신호를 뇌로 다시 보내줍니다. 느리고 깊은 호흡은 미주신경을 자극하여 부교감신경을 켜 줍니다. 그 결과 심장은 안정되고, 뇌 속 불안·긴장 신호는 사라지며 뇌 전체가 휴식 모드로 바뀝니다.

심장-호흡-뇌의 연결

우리의 뇌는 늘 바쁘게 돌아갑니다. 생각, 감정, 기억이 쉼 없이 흐르죠. 그런데 뇌에는 직접적인 '스위치'가 없습니다. 대신 뇌와 가장 가까이 연결된 리모컨이 있는데, 그것이 바로 숨입니다.

숨(호흡)은 심장 박동 변이(HRV: Heart Rate Variability)에 직접 영향을 미치며, 이는 곧 전두엽, 편도체, 해마 등 감정·기억·집행 기능을 담당하는 뇌 구조와 연결됩니다. HRV가 높을수록 정서 안정과 뇌 이완이 잘 일어납니다.

숨(호흡)과 뇌파 변화

숨(호흡)이 고르게 이어지면, 뇌파도 변합니다. 불안할 때는 뇌가 과도하게 베타파를 만들어 소음처럼 시끄럽습니다. 하지만 호흡이 안정되면 알파파가 늘어나 뇌가 맑아지고, 세타파가 나타나면 깊은 휴식과 직관이 열립니다. 즉 호흡은 뇌파의 지휘자와 같아, 뇌의 리듬을 고요하고 창조적인 상태로 인도합니다.

또한, 느리고 규칙적인 호흡은 알파파(α)와 세타파(θ)를 증가시킵니다. 알파파는 안정된 각성 상태, 세타파는 깊은 이완과 창조적 사고와 관련이 있습니다.

불안, 스트레스 상태에서는 베타파(β)가 과도하게 증가하는데, 호흡을 통해 뇌파 스펙트럼이 조율되면 뇌의 전반적 긴장이 완화됩니다.

명상 호흡 연구에 따르면 6회/분 정도의 호흡 속도가 가장 효과적으로 뇌파를 안정시키며, 전전두엽 활성화와 깊은 관련이 있습니다.

신경생화학적 기제

숨(호흡)이 깊어질수록 뇌에서는 화학적 변화가 일어납니다. 억제성 신경전달물질 GABA가 늘어나 뇌의 과잉 흥분이 가라앉습니다.

세로토닌과 멜라토닌이 조율되어 기분이 밝아지고 수면이 개선됩니다. 반대로 스트레스 호르몬 코르티솔은 줄어들어 뇌세포가 보호됩니다. 즉 숨을 고르게 하는 것만으로도 뇌는 '약을 먹은 것처럼' 화학적으로 편안해집니다.

숨(호흡)의 신경생화학적 기제로는 첫째, GABA의 증가입니다. 느린 호흡과 명상은 억제성 신경전달물질 GABA를 증가시켜 뇌의 과잉 흥분을 줄입니다. 이는 불안 감소와 직결됩니다.

두 번째, 세로토닌·멜라토닌 조절입니다. 규칙적 호흡은 세로토닌 분비를 안정화시켜 기분 조절과 수면 개선에 도움을 줍니다.

세 번째, 코르티솔 감소입니다. 복식호흡은 스트레스 호르몬인 코르티솔 농도를 낮춰 장기적으로 뇌 신경세포 보호에 효과가 있습니다.

신경회로 차원에서의 연결

편도체Amygdala는 불안과 공포 반응을 일으키는 감정회로의 중심인데, 호흡 조절은 편도체의 과잉 활성화를 억제하여 뇌 이완을 촉진시킵니다.

또한, 대뇌의 전전두엽Prefrontal Cortex은 숨(호흡)을 의식적으로 관찰하는 과정에서 전전두엽이 활성화되어 자기조절 능력이 향상되고, 스트레스 반응이 줄어듭니다. 그리고 해마Hippocampus를 바탕으로 한 호흡 기반 명상은 해마의 신경가소성을 촉진하여 기억력, 학습력,

정서 안정에 기여한다는 연구논문이 발표되고 있습니다.

통합적 의학적(양자적) 관점

숨은 단순한 생리적 산소 교환을 넘어, 신경계·호르몬계·뇌파·신경 회로 전반을 동시에 조율하는 리듬 장치입니다. 따라서 의식적 호흡은 뇌의 이완을 유도하는 가장 직접적이고 효과적인 방법 중 하나이며, 신경생리학적으로도 충분한 근거가 확보되어 있습니다.

양자의사 또는 명상가가 알아야 할 핵심은 이것입니다. 숨을 조율하면, 뇌가 따라옵니다.

억지로 마음을 고요히 하려 애쓸 필요가 없습니다. 숨만 고르게 가다듬으면, 뇌는 스스로 이완되고 마음은 저절로 잔잔해집니다. 따라서 명상 실천에서 "호흡 관찰"은 단순한 형식이 아니라, 뇌를 이완시키는 가장 직접적이고 과학적인 방법입니다.

결론적으로, 숨은 뇌의 거울입니다. 숨이 고요해지면 뇌도 고요해지고, 뇌가 고요해지면 마음과 의식은 깊은 차원으로 확장됩니다. 물론 현재 의학계에서는 통합 의학적(양자적) 관점을 유사과학으로 분류하여 아직까지는 비주류 의학으로 분류하고 있습니다.

3. 숨과 몸 학Somatics

몸은 자기가 살아온 역사입니다. 몸의 소리, 몸의 기록에 귀 기울여 보세요. 몸을 바로보고, 알아가는 게 몸 학입니다. "소마틱스 Somatics"란, 단순한 육체가 아니라, '살아 있는 몸, 의식적으로 느끼고 경험하는 몸'을 뜻합니다. 즉 내면의 감각을 중심으로 신체와 마음이 통합된 존재로 접근하는 철학이자 실천방법(습관, Routine)을 말합니다.

소마틱스의 핵심 개념은 첫째, 몸-마음 통합Embodied Unity입니다. 신체와 정신은 분리되지 않고, 하나의 살아있는 경험체soma로 작용합니다.

둘째, 자기 자각Somatic Awareness입니다. 즉 몸의 감각, 움직임, 정서, 에너지 흐름을 순간순간 알아차리는 것이 핵심입니다

셋째, 비판단적 수용Non-Judgmental Presence입니다. 몸의 감각이나 반응을 평가하지 않고 있는 그대로 수용하는 태도가 중요합니다.

넷째, 경험 중심 학습Experiential Learning입니다. 머리로 배우는 것이 아니라, 몸으로 느끼고 움직이며 배우는 과정입니다

다섯째, 회복과 자기 조절Self-Regulation & Healing입니다. 신경계 안정, 감정 흐름 조절, 트라우마 해소 등에 도움을 주는 접근 방식입

니다.

소마틱스Somatics 의 역사적 배경과 대표적인 방법론

소마틱스Somatics는 토마스 해나(Thomas Hanna)가 1970년대 '소마틱스'라는 용어를 처음 사용하며 체계화했습니다. 소마틱스의 대표적인 방법으로는 알렉산더 테크닉(F. M. Alexander), 즉 습관적 긴장과 자세 교정, 바디-마인드 센터링(Bonnie Bainbridge Cohen, 해부적 감각과 에너지의 정밀 인식)이 있습니다. 이 밖에도 스키너 릴리싱 테크닉, 롤핑, Rolfing Structural Integration 등이 포함됩니다.

소마틱 호흡법Somatic Breathwork

숨을 통한 소마틱 접근은 몸의 감각과 신경계 회복을 중심으로 합니다. 소마틱 호흡법은 호흡, 몸, 마음의 상호 연결성을 활용해 정서 치유와 긴장 해소에 도움을 줍니다. 숨을 통한 소마틱 접근 호흡법은 신경계를 진정시키고 부교감신경을 활성화하여 스트레스와 불안을 완화하고 정서적 균형을 만드는데 많은 도움이 됩니다. 또한, 호흡에 집중함으로써 교감신경 상태(긴장·과부하)에서 복부 미주신경, 놀이, 고요함 같은 긍정적 상태로 전환할 수 있습니다.

숨을 통한 소마틱 접근 호흡법은 2~5분 정도의 간단한 연습만으로도 스트레스 완화 효과를 경험할 수 있습니다.

4. 치유는 숨·몸·맘의 통합운동이다

　치유의 본질을 통합적 관점, 철학적 관점, 과학적 관점 그리고 양자의학적 관점에서 살펴보면, 치유는 단순히 병리적 증상을 제거하는 과정이 아니라, 인간 존재 전체를 균형과 조화의 상태로 회복하는 과정입니다. 여기서 숨(호흡), 몸(신체), 맘(마음/의식)은 분리된 요소가 아니라 상호작용하며 하나의 유기체적 전체를 이룹니다. 이 셋이 조화를 이룰 때 비로소 인간은 본래적 활력vitality과 자기회복력을 발현할 수 있습니다.

　먼저 치유의 본질을 통합적 관점에서 해석해보면, 치유 중 첫 번째, 숨Breath은 생명의 리듬입니다. 숨은 단순한 산소 교환이 아니라, 몸과 마음을 연결하는 가장 직접적 다리입니다. 깊고 의식적인 호흡은 부교감신경계를 활성화하여 긴장을 완화합니다. 특히, 얕고 단절된 호흡은 곧바로 정서적 불안, 신체적 긴장으로 이어집니다. 따라서 숨을 가다듬는 것은 곧 치유의 문을 여는 첫걸음입니다.

　두 번째, 몸Body은 기억의 그릇입니다. 몸은 단순한 기계적 구조가 아니라, 감정과 기억, 심리적 경험을 저장하는 체현된 의식embodied consciousness의 장입니다. 몸의 움직임과 자세를 바로 세우면, 정신 역시 그에 따라 안정됩니다.

소마틱스와 같은 실천은 몸을 통해 내적 자각을 확장시키고, 억눌린 긴장을 풀어냅니다. 몸을 돌보는 행위는 단순한 운동을 넘어 자기인식과 치유의 통로가 됩니다.

세 번째, 맘Mind은 의미의 지평입니다. 맘, 즉 마음은 단순한 사고 기능이 아니라 감정, 의도, 의식을 아우르는 내적 차원입니다. 부정적 사고는 호흡을 얕게 만들고 몸을 긴장시킵니다. 반대로 자애·평정·감사의 마음은 호흡을 부드럽게 하고 신체 면역력까지 높입니다. 명상이나 마음 챙김은 맘을 치유하고, 다시 숨과 몸을 정화시키는 순환적 회복 과정을 이끌어 줍니다.

숨·몸·맘의 통합적 치유 운동

숨·몸·맘은 각각 독립된 영역이 아니라, 하나의 생명장field에서 서로를 비추며 순환하는 운동체계입니다.

숨이 맑아지면 → 몸이 풀리고 → 맘이 고요해집니다. 맘이 안정되면 → 숨은 깊어지고 → 몸은 회복됩니다. 몸이 건강해지면 → 숨과 맘이 자연스럽게 조화를 이룹니다.

결국, 치유란 이 셋을 하나로 통합하여 내적 질서와 외적 생명력의 조화를 회복하는 전인적 과정이라 할 수 있습니다.

치유의 본질을 철학적 관점에서 치유는 숨·몸·맘의 삶의 인문학이다

인간의 치유는 단순히 병든 곳을 고치는 기술이 아니다. 그것은 존재 전체가 하나의 조화를 이루도록 이끌어 주는, 근원적이고 순환적인 회복의 춤사위입니다. 숨과 몸, 그리고 마음은 마치 세 개의 현이 어우러져 울리는 하나의 악기처럼 서로를 진동시키며 하나의 선율을 빚습니다. 치유란 곧 이 삼중의 울림을 다시 맞추어 가는 과정입니다.

숨은 생명의 첫 리듬입니다. 태어나자마자 들이마시는 첫 호흡은 우리를 이 세상과 이어주고, 마지막에 내쉬는 숨은 다시 우주로 우리를 되돌립니다. 숨은 단순히 산소를 공급하는 기계적 호흡이 아니라, 몸과 마음을 잇는 가장 섬세한 다리입니다. 숨이 흐트러질 때 마음은 불안해지고 몸은 굳어지지만, 숨이 고요히 고른 리듬을 찾을 때 마음은 평온해지고 몸은 풀립니다. 숨은 치유의 문을 여는 열쇠입니다.

몸은 기억의 그릇입니다. 우리는 종종 고통을 머리로만 기억한다고 생각하지만, 실은 몸이 먼저 기억합니다. 어깨의 굳은 긴장, 가슴의 막힌 답답함, 위장의 응어리진 통증은 오래된 두려움과 억눌린 슬픔이 몸에 새겨진 흔적입니다. 몸을 움직이고 느끼는 일은 단순한 근육 운동이 아니라, 얽힌 기억을 풀고 존재의 균형을 되찾는 길입니다. 몸을 돌보는 순간, 우리는 동시에 마음의 어두운 그늘을 돌보고 있는 것입니다.

마음은 의미의 지평입니다. 우리가 호흡하고 움직이는 이유, 살아가며 걸어가는 길 위에 놓여 있는 물음은 모두 마음에서 비롯됩니다. 마음이 흔들리면 숨이 거칠어지고 몸이 불안정해지지만, 마음이 자애와 평정에 머물 때 숨은 저절로 고요해지고 몸은 제 빛을 되찾습니다. 마음은 치유의 나침반이며, 숨과 몸을 하나의 방향으로 이끄는 보이지 않는 손길입니다.

이렇듯 숨·몸·맘은 따로 존재하는 세 부분이 아닙니다. 그것은 하나의 원 안에서 서로를 비추며 순환하는 운동입니다. 숨이 맑아지면 몸이 풀리고, 몸이 회복되면 마음이 밝아지며, 마음이 고요해지면 다시 숨이 깊어집니다. 이 상호작용의 순환은 곧 치유의 본질입니다. 치유란 기술적 처방 이전에, 자기 존재의 가장 깊은 차원에서 벌어지는 조율의 예술입니다.

따라서 "치유는 숨·몸·맘의 통합운동이다"라는 말은 단순한 은유가 아닙니다. 그것은 인간이 온전히 살아가는 길을 가리키는 지혜이며, 우리의 생명이 본래 지니고 있는 자기 회복의 힘을 일깨우는 선언입니다. 치유란 밖에서 주어지는 것이 아니라, 내 안의 숨과 몸과 맘이 다시 서로를 찾아 하나의 리듬을 이루는 순간, 이미 시작되고 있는 것입니다.

치유의 본질을 과학적 관점에서: 치유는 숨·몸·맘의 체계적 질서운동이다

치유의 본질 중 숨(호흡, Breath)은 자율신경계와 몸 회복력에 체계적 영향을 미칩니다. 특히, 호흡은 단순한 산소 교환이 아니라 자율신경계의 조절 메커니즘입니다. 깊고 느린 호흡은 부교감신경계를 활성화하여 심박수 변이(Heart Rate Variability, HRV)를 높이고, 이는 스트레스 완화와 회복력 증진에 직결됩니다.

얕고 불규칙한 호흡은 교감신경계의 과잉 활성화를 유발해 불안·긴장·수면장애로 이어집니다. 따라서 호흡 훈련은 과학적으로 스트레스 조절, 정서 안정, 면역 기능 강화에 기여하는 치유 기전이라는 게 의학적인 정설입니다.

두 번째, 신체(몸, Body)는 체화된 기억과 신경근 회복에 근간을 이룹니다. 몸은 단순한 물리적 기관이 아니라 감정과 기억이 저장되는 체현된 시스템입니다. 근육 긴장은 외상 경험이나 만성 스트레스의 흔적으로 남을 수 있으며, 이는 신체화 증상somatization으로 나타납니다. 신체 인지 훈련(예: 소마틱스, 요가, 휄든크라이스)은 운동 피드백을 통해 뇌의 체성감각 피질somatosensory cortex과 운동 피질을 재조정합니다. 이러한 재조정은 신경가소성neuroplasticity을 촉진하여, 뇌와 몸의 연결 회로를 회복하고 통증·긴장을 완화시킵니다.

세 번째, 마음(맘, Mind)은 정서·인지와 뇌의 조절에 다양한 효과가 증명되고 있습니다. 마음은 감정·사고·의식이 결합된 차원으로, 뇌과학적으로는 편도체-전전두엽-해마 회로의 균형으로 설명할 수 있습니다.

불안과 스트레스는 편도체의 과활성으로 나타나고, 이는 호흡과 근육 긴장을 동반하는데, 명상·마음챙김 훈련은 전전두엽의 조절 기능을 강화하여 편도체 반응을 억제하고, 동시에 세로토닌 · GABA 시스템을 안정시켜 정서 균형을 회복해 줍니다. 특히, 긍정적 정서(감사, 평정)는 내분비계(코르티솔 억제, 옥시토신 증가)를 통해 신체 회복력과 면역 기능까지 향상시킵니다.

네 번째, 통합적 치유 메커니즘은 숨·몸·맘의 상호작용이 자율적 시스템으로 작동하는 원리입니다. 이는 숨·몸·맘이 독립된 세 가지가 아니라 상호 순환적 시스템으로 작용한다는 의미이기도 합니다.

- 호흡의 조절 → 자율신경 안정 → 몸의 긴장 완화 → 마음의 안정
- 마음의 평정 → 호흡의 리듬 개선 → 몸의 자가치유력 활성화
- 신체 훈련 → 뇌의 신경회로 재조정 → 마음의 정서적 탄력성 강화

즉, 치유란 단순히 병리적 상태를 제거하는 것이 아니라, 신경계-면역계-내분비계의 통합적 조율을 통해 인간 전체의 항상성을 회복하는 과정이며, 현대 과학은 이제 숨·몸·맘의 통합이 단순한 은유가 아니라, 실제 생리학적·신경과학적 사실임을 증명하고 있습니다.

이를 요약해 보면, 숨은 자율신경계의 리듬 조절자, 몸은 기억과 긴장의 체현된 무대, 맘은 뇌 회로와 정서를 통합하는 조절자이며, 이 셋은 하나의 생명 네트워크로서 치유를 이끌어갑니다.

치유의 본질을 양자의학적 관점에서: 치유는 숨·몸·맘의 우주파동의 결맞춤이다

숨(호흡)은 양자적 측면에서는 에너지 진동과 파동의 조율입니다. 양자물리학은 우주 만물이 에너지와 파동으로 이루어져 있음을 보여줍니다. 숨(호흡)은 단순히 공기를 들이쉬고 내쉬는 과정이 아니라, 신체와 에너지장의 파동을 재동기화resonance하는 행위입니다. 깊은 호흡은 뇌파를 안정시키고, 심장의 전기적 리듬(심장파동)을 조율하며, 이 과정에서 신체 전체의 에너지장(coherence)이 높아집니다.

이는 양자적 관점에서 보면, 세포와 장기의 파동이 하나의 공명 상태에 들어가는 과정이라 할 수 있습니다.

몸(신체)은 양자적 측면에서 파동장 속의 물질적 표현입니다. 몸은 물질적 구조인 동시에 에너지 파동의 응축입니다. 세포와 DNA는 단순한 화학 반응의 집합이 아니라, 빛(바이오포톤)과 전자기장의 진동을 통해 서로 소통합니다. 우리에게 발생하는 스트레스와 트라우마는 이러한 세포 간 파동 흐름을 왜곡시키며, 이는 질병이나 긴장으로 나타납니다. 반대로, 움직임·자세·촉각 자극은 신체의 미세한 전자기적 장을 재정렬하여, 세포 간 정보 교환을 원활하게 합니다. 즉 몸을 움직이고 의식적으로 감각하는 행위는 양자적 정보 흐름을 회복하는 과정이라고 말할 수 있습니다.

맘(마음)은 의식과 양자 얽힘으로 나타나는 현상입니다. 양자의학은 의식 또한 물질적 뇌 활동의 부산물이 아니라, 에너지 장과 상호 작용하는 양자적 현상으로 봅니다. 연구에 따르면, 명상과 마음 챙김 상태에서는 뇌파가 동기화되며, 이는 뇌의 여러 부위가 양자적 얽힘 entanglement처럼 서로 연결된 상태로 나타납니다. 곧, 긍정적 사고와 정서는 파동의 질서를 높여, 신체 전반의 에너지 흐름을 안정시켜 줍니다. 반대로 부정적 정서는 파동의 무질서를 키워, 질병에 취약한 상태를 만들어 버립니다.

숨·몸·맘의 통합적 치유를 양자적 장의 재통합과정이라고 말할 수 있습니다. 즉 숨·몸·맘은 서로 독립된 요소가 아니라, 하나의 양자적 장Quantum field 속에서 상호작용합니다. 이를 간략하게 표현하면, 숨은 에너지의 리듬을 조율하는 파동, 몸은 파동이 물질화된 현상, 맘은 파동을 지각하고 재구성하는 의식입니다.

이 3가지가 조화롭게 얽히고 공명할 때, 우리는 코히런스Coherence 라는 상태를 경험하게 됩니다.

양자의학적 관점에서 치유란 곧 이 코히런스를 회복하는 과정입니다. 그것은 곧 세포와 뇌, 마음과 의식, 그리고 우주적 에너지장이 하나의 리듬 속에서 다시 울려 퍼지는 것입니다.

끝으로, "치유는 숨·몸·맘의 통합운동이다"라는 말은 양자의학적 관점에서 단순한 은유가 아닙니다. 그것은 인간 존재가 에너지-정보-의식의 얽힘 구조 속에 있다는 사실의 반영입니다. 숨(호흡)은 그

리듬을 조율하고, 몸은 그것을 구현하며, 맘(마음)은 그것을 지각합니다. 치유란 이 세 가지 파동이 다시 하나의 장에서 조화를 이루는 순간에 일어나는, 본질적으로 변화하는 걸 양자적 사건이라고 표현할 수 있습니다.

치유의 본질은 명상적 관점에서 숨·몸·맘의 회복 탄력적 운동이다

숨(호흡)은 명상을 하는 동안 우리 자신을 현재 순간으로 돌아오게 하는 길을 만들어 줍니다. 명상에서 숨(호흡)은 가장 직접적이고 친밀한 스승이며, 숨을 의식하는 순간, 우리는 과거와 미래의 망상에서 벗어나 지금 이 자리로 다시 돌아옵니다. 들숨은 생명의 들어옴을, 날숨은 놓아버림과 비움을 상징합니다.

숨(호흡)의 리듬을 따라 마음을 고요히 지켜볼 때, 몸의 긴장이 풀리고 정신의 산만함이 사라집니다. 따라서 숨은 치유의 문이자, 존재 자체를 다시 하나로 모으는 첫걸음이 되는 것입니다.

몸(신체)은 의식이 깃드는 집입니다. 명상은 몸을 떠난 정신적 유희가 아닙니다. 오히려 몸을 깊이 자각하는 데서부터 시작합니다. 어깨의 무게, 복부의 긴장, 발바닥의 감각을 느끼는 순간, 우리는 삶이 현재의 몸에 구현되어 있음을 깨닫게 합니다. 몸을 있는 그대로 알아차리는 일은 억눌린 감정을 풀고, 무의식의 그림자를 빛으로 드러내게 해줍니다.

몸은 단순한 물질이 아니라 의식이 존재하는 집이며, 치유는 이 집을 다시 정돈하는 일입니다.

맘(마음)은 고요한 관찰자입니다. 명상적 마음은 끊임없이 생각을 따라가는 맘이 아니라, 그 생각과 감정을 고요히 바라보는 관찰자입니다. 마음이 고요해질수록 숨은 부드러워지고, 몸은 자연스럽게 이완됩니다. 자비와 평정의 마음을 키울 때, 우리는 내적 균형을 회복하며 타인과 세계와의 관계까지 치유하게 됩니다.

명상적 관점에서 "맘"은 단순한 사고의 주체가 아니라, 존재 전체를 통합하는 의식의 자리입니다. 그래서 숨·몸·맘의 통합적 치유는 알아차림의 순환입니다. 명상에서 숨·몸·맘은 끊임없이 서로를 비추며 순환합니다.

숨을 바라보면 몸이 느껴지고, 몸을 자각하면 마음이 고요해지며, 마음이 고요해지면 다시 숨은 깊어지고 맑아집니다. 이 순환이 지속될 때, 우리는 내적 분열에서 벗어나 통합적 치유를 경험합니다. 그것은 단순히 병이 낫는 차원이 아니라, 존재 전체가 본래의 균형과 조화를 되찾는 과정입니다.

끝으로, "치유는 숨·몸·맘의 통합운동이다"라는 말은 명상 수행자의 체험 속에서 구체적으로 드러납니다. 숨은 지금 이 순간을 열어주고, 몸은 삶의 진실을 담고 있으며, 마음은 그것을 지켜보는 고요한 의식이 됩니다. 이 3가지가 하나로 어우러질 때, 치유는 이미 우리 안에서 시작되고 있다는 증거입니다.

5. 숨·몸·맘의 명상적 실천 가이드: 숨·몸·맘의 통합 치유

준비 단계

조용한 공간을 마련합니다. 의자에 앉거나 바닥에 편안히 앉아 척추를 곧게 세웁니다.

눈을 감거나 반쯤 감고, 몸을 긴장시키지 않은 채 자연스럽게 앉습니다.

오늘의 수행을 "나를 치유하고 통합 한다"는 가벼운 의도로 시작합니다.

숨 명상 (호흡 알아차림)

숨(호흡)을 통해 자율신경계를 안정시키고 현재 순간으로 돌아옵니다. 코끝을 스치는 공기, 흉곽과 복부의 움직임을 그대로 관찰합니다. 호흡을 조절하려 하지 말고, 단지 '들이쉼-알아차림-머물고-내쉼-들이쉼'의 자연스러운 순환을 느낍니다. 마음이 산만해지면 "숨, 숨" 하고 속으로 부드럽게 이름을 불러 다시 주의를 호흡으로 돌립니다.

- 하루 5분이라도 꾸준히 실천하면 심박수 안정과 정서적 안정 효과를 경험할 수 있습니다.

몸 명상 (바디 스캔/소마틱 자각)

몸의 감각을 자각하여 억눌린 긴장과 감정을 풀어냅니다. 발끝에서 머리끝까지 천천히 주의를 이동합니다.

발가락, 종아리, 무릎, 허벅지, 골반, 복부, 가슴, 어깨, 목, 얼굴… 각 부위의 감각·긴장·온기를 있는 그대로 느껴봅니다. "이완된다, 풀린다"와 같은 암시 대신 판단 없이 관찰만 합니다. 불편한 부위가 있다면 그 자리에 호흡을 불어넣듯 숨을 들이마시고 내쉬어 줍니다.

✦ 10~15분간의 바디 스캔은 수면 개선, 통증 완화, 정서적 안정에 도움을 줍니다.

맘 명상(자애·평정 수행) 긍정적 정서를 길러 숨과 몸의 회복을 촉진합니다.

마음속으로 스스로에게 말합니다: "나 자신이 평온하기를, 건강하기를, 행복하기를." 이어서 가까운 사람, 중립적인 사람, 어려운 사람, 그리고 모든 존재로 확장해 나갑니다. "당신이 평온하기를, 건강하기를, 행복하기를."

감정이 자연스럽게 따뜻해지면 호흡이 깊어지고, 몸은 저절로 풀리며, 마음은 넓어집니다.

✦ 연구에 따르면 자애명상은 뇌의 공감·연민 관련 영역을 활성화

하고, 스트레스 호르몬을 낮춥니다.

통합적 마무리 (숨·몸·맘의 순환적 회귀)

다시 호흡으로 돌아와, 지금 이 순간의 숨·몸·맘을 통합된 하나의 흐름으로 느껴봅니다. 1~2분간 "나는 지금 이대로 충분하다"는 마음으로 고요하게 머뭅니다. 눈을 뜨며, 방금 경험한 평온과 균형이 일상으로 이어진다고 느껴봅니다.

일상 속 실천 팁

아침에 일어나서 3분간 호흡 관찰.
낮에 긴장될 때 짧게 바디 스캔 (어깨, 목, 복부 확인).
잠들기 전 5분간 자애명상으로 하루를 마무리.

숨은 지금 이 순간의 문을 열어주고, 몸은 존재의 진실을 담고 있으며, 마음은 그것을 지켜보는 관찰자입니다. 이 3가지를 연결하는 명상 수행은 우리 안에 이미 주어진 치유력을 일깨우고, 삶 전체를 하나의 조화로운 흐름으로 되돌려줍니다.

6. 숨·몸·맘 통합 명상 치유 프로그램 매뉴얼 (사례)

프로그램 개요

목표: 호흡, 신체 자각, 마음 명상을 통해 자율신경 안정, 심리적 치유, 전인적 통합을 경험한다.

대상: 스트레스·불안 완화, 집중력 회복, 내적 평화를 원하는 일반인 및 명상 초심자.

기간: 4주 과정(주 2회, 회기 당 60~90분).

구성 원리: 숨(Breath) → 몸(Body) → 맘(Mind)의 점진적 확장과 통합한다.

세션별 운영 구조

세션 1: 숨의 자각(Breath Awareness)

도입(10분): 프로그램 안내, 명상 자세 교육.

실습(20분): 호흡 관찰 명상 – 들숨·날숨을 있는 그대로 바라보기.

나눔(15분): 체험 공유, 호흡과 마음 상태의 연관성 피드백.

과제: 매일 아침 3분 호흡 관찰하기.

세션 2: 몸의 자각 (Somatic Awareness)

도입(5분): 지난주 과제 점검.

실습(30분): 바디 스캔 명상 – 발끝에서 머리까지 신체 감각을 천천히 관찰.

움직임(15분): 간단한 스트레칭·소마틱 워크.

과제: 잠들기 전 10분간 바디 스캔 수행.

세션 3: 맘의 자각 (Mind Awareness)

도입(5분): 경험 공유, 정서 변화 탐색.

실습(25분): 자애명상(Loving-Kindness) – 자기 자신, 가까운 사람, 모든 존재에게 평온과 건강 기원.

피드백(15분): 정서의 흐름과 호흡·몸의 반응 연결하기.

과제: 하루 중 짧게 "행복하기를 바랍니다" 문구 되새기기.

세션 4: 숨·몸·맘 통합(Integration)

도입(5분): 프로그램 총정리.

실습(40분): 통합 명상 – 호흡 관찰 → 바디 스캔 → 자애 확장으로 연결.

마무리(20분): 그룹 나눔, 일상 속 적용방법 안내.

과제: 개인 맞춤 루틴 설계(아침 호흡, 낮 바디스캔, 밤 자애명상).

운영 가이드라인

진행자 역할: 중립적 태도로 안내, 참가자의 체험을 존중하며 강요하지 않는다.

환경: 조용하고 따뜻한 공간, 조명은 은은하게. 바닥 매트·방석을 준비한다.

안전 유의: 심리적으로 불편함이 느껴지는 참가자는 눈을 뜨고 호흡만 관찰하게 한다.

평가: 참가자 스스로 스트레스·수면·정서 상태를 주 1회 기록하여 변화를 확인한다.

일상 적용법

아침: 3분 호흡 관찰로 하루 시작.
업무 중: 긴장될 때 어깨·복부 짧은 바디 스캔.
밤: 자애명상으로 하루를 평화롭게 마무리.

기대 효과

스트레스 및 불안 완화.
집중력과 자기조절력 강화.
신체적 긴장 완화 및 수면 개선.
긍정적 정서 확대와 대인관계 개선.
숨·몸·맘의 전인적 통합 경험.

☐ 숨·몸·맘 통합 치유 명상 워크북

I. 나의 시작점 체크리스트

(참가자는 프로그램 시작 전 상태를 표시합니다.)

☐ 스트레스 수준: ○ 낮음 ○ 보통 ○ 높음

☐ 수면 상태: ○ 숙면 ○ 뒤척임 있음 ○ 불면

☐ 몸의 긴장: ○ 편안함 ○ 약간 긴장 ○ 많이 긴장

☐ 마음 상태: ○ 평온 ○ 산만 ○ 불안/짜증

✦ 메모: 현재 나의 가장 큰 치유 필요 영역은 무엇인가요?

→ _____

II. 매일 실천 기록표

날짜   호흡 관찰(5분)✔ 바디 스캔(10분)✔ 자애명상(5분)✔ 나의 변화 메모

1일차   ☐   ☐   ☐

2일차   ☐   ☐   ☐

3일차   ☐   ☐   ☐

…

✦ 매일 수행 후 한 줄 소감 기록하기

→ _____

III. 주차별 성찰 노트

◼ 1주차: 숨의 자각

이번 주 내가 배운 것: _____

호흡 명상 후 느낀 신체·정서적 변화: _____

◼ 2주차: 몸의 자각

바디 스캔에서 가장 강하게 느껴진 부위는? _____

몸을 관찰하며 떠오른 감정/기억은? _____

◼ 3주차: 맘의 자각

자애명상 중 가장 마음에 울림을 준 구절은? _____

스스로와 타인에게 보내는 마음이 어떻게 변했나요? _____

◼ 4주차: 통합

숨·몸·맘이 하나로 연결된 순간의 체험: _____

앞으로 일상에서 이어가고 싶은 나만의 루틴: _____

IV. 성찰 질문 (자기 탐구용)

나는 내 호흡을 통해 어떤 안정감을 느꼈나요?

내 몸은 지금까지 어떤 기억과 긴장을 간직하고 있었나요?

명상 중 마음이 가장 고요했던 순간은 언제였나요?

치유가 '외부로부터 오는 것'이 아니라 '내 안에서 일어나는 것'임을 경험했나요?

앞으로 나의 일상에 적용할 작은 치유 습관 3가지를 적어보세요.

① _____
② _____
③ _____

V. 종료 점 체크리스트 (비교)

(프로그램 종료 후 다시 체크합니다.)

☐ 스트레스 수준: ○ 낮음 ○ 보통 ○ 높음

☐ 수면 상태: ○ 숙면 ○ 뒤척임 있음 ○ 불면

☐ 몸의 긴장: ○ 편안함 ○ 약간 긴장 ○ 많이 긴장

☐ 마음 상태: ○ 평온 ○ 산만 ○ 불안/짜증

✦ 메모: 프로그램을 마치며 나는 어떤 변화를 경험했나요?

→ _____

[시사칼럼, 통권 370호]
치유는 숨 · 몸 · 맘의 통합운동이다

∝숨, 몸, 마음은 서로 얽혀 있는 순환적 시스템이다∝
"숨, 몸, 마음은 연결되어 있다."

글 | 현용수 (NWSSU-SAP 양자의학부 학장(대)/석좌교수/양자의학박사)

치유는 숨·몸·맘의 통합운동이다. 우리는 흔히 "치유"를 병원이나 약물, 혹은 특별한 치료 행위로만 생각한다. 하지만 최근의 의학과 뇌 과학 연구들은 치유가 단순히 '몸을 고치는 것'이 아니라, 숨(호흡), 몸(신체), 그리고 맘(마음)이 하나의 시스템으로 조율되는 과정임을 보여주고 있다.

숨(호흡)은 보이지 않는 생명의 조율자이다. 숨(호흡)은 우리 삶의 첫 시작이자 마지막이다. 흥미로운 점은, 호흡이 단순한 산소 공급이 아니라 신경계와 감정의 상태를 직접적으로 조절하는 기능을 한다는 것이다. 깊고 규칙적인 호흡은 심박수 변이(HRV)를 높여 스트레스에 대한 회복력을 강화한다. 반대로 얕고 빠른 호흡은 불안과 긴장을 키우며, 교감신경계를 과도하게 자극한다. 이 때문에 요가나 명상에서 가장 먼저 배우는 것도 바로 "숨을 고르는 법"이다. 단 2~3분만 호흡에 집중해도, 우리 뇌와 몸은 곧바로 달라진다.

몸(신체)은 **기억을 저장하는 살아 있는 그릇이다.** 몸은 단순한 근육과 뼈의 집합이 아니다. 과학자들은 몸이 감정과 기억을 저장하는 장치라는 사실을 밝혀냈다. 오랫동안 이어진 스트레스는 목과 어깨의 근육 긴장으로 쌓인다. 외상경험PTSD은 위장 장애나 만성 통증 같은 신체화 증상으로 나타난다. 그러나 다행히도 몸은 스스로 회복할 능력이 있다. 걷기, 스트레칭, 요가와 같은 단순한 움직임은 뇌의 신경회로를 새롭게 연결(신경가소성)하고, 억눌린 긴장을 풀어낸다. 결국 "몸을 움직이는 일"은 곧 "몸의 기억을 새롭게 쓰는 일"인 셈이다.

맘(마음)은 **뇌와 감정의 지휘자이다.** 마음은 뇌 속에서 일어나는 수많은 정서와 사고의 중심이다. 불안할 때 호흡이 가빠지고 몸이 굳어지는 경험은 누구나 해보았을 것이다. 이것은 마음과 몸, 숨이 하나의 신경 회로로 연결되어 있기 때문이다.

마음챙김Mindfulness **명상**은 뇌의 전전두엽을 활성화시켜 불안을 조절하고, 편도체Amygdaloid의 과잉 반응을 진정시킨다. 감사와 자애 같은 긍정적 정서는 뇌의 신경전달물질 균형을 바꾸어 면역 기능까지 강화한다. 즉 마음을 어떻게 쓰느냐에 따라 숨의 리듬과 몸의 상태가 동시에 달라지는 것이다.

치유의 순환은 하나다. 숨, 몸, 마음은 각기 다른 것이 아니라 서로 얽혀 있는 순환적 시스템이다. 숨(호흡)이 안정되면 몸이 이완되고,

마음이 고요해진다. 마음이 평온해지면 호흡은 자연스럽게 깊어지고, 몸은 회복력을 얻는다. 몸이 건강해지면 다시 마음과 호흡이 균형을 찾는다.

치유란 바로 이 순환의 고리를 회복하는 과정이다. 현대 과학은 이제, 숨·몸·맘의 연결이 단순한 은유가 아니라 뇌 과학·생리학적으로 입증 가능한 사실임을 보여주고 있다. 그래서 치유는 외부에서 주어지는 선물이 아니라, 내 안에서 일어나는 통합의 운동이다. 숨을 가다듬고, 몸을 돌보고, 마음을 다스리는 순간, 우리는 이미 치유의 길 위에 서 있는 것이다.

III

숨의 길 道

『숨(호흡)은 수행의 길이며, 작은 인간의 호흡은 곧 우주의 호흡으로 확장된다. 정·기·신의 합일, 무경계의 체험, 자아초월과 홍익인간 정신의 길로 숨을 따라 나아간다.』 -본문 요약

1. 숨의 과학 : 통합적 구체화

2. 소 인간(小周天) 활동 : 정·기·신의 합일

3. 인간, 정精, 기氣, 신神의 수행

4. 대 우주(大周天) 형성 : 자기, 미래, 세계와 무경계

5. 자기, 미래, 세계와의 무경계

6. 자아초월의 길 - 홍익인간이 되다

■ 서문

숨(호흡)의 길

숨은 인간이 태어나면서 처음으로 맞이하는 생명이며, 세상을 떠날 때 마지막으로 놓아버리는 작별입니다. 우리는 날마다 수만 번의 호흡을 하지만, 그 숨결 속에 깃든 깊은 의미를 자각하지 못한 채 살아갑니다. 그러나 숨은 단순한 생리적 행위가 아니라 몸과 마음, 그리고 의식을 잇는 가장 근원적인 다리입니다.

동양에서는 호흡을 '기(氣)'라 하여 생명 에너지의 원천으로 삼았고, 서양에서도 'spirit'라는 단어가 숨과 영혼을 동시에 뜻했습니다. 숨은 곧 생명이고, 영혼이며, 의식입니다. 따라서 호흡의 길을 따라간다는 것은 곧 존재의 근원으로 향하는 길을 걷는 것입니다.

불안할 때는 숨이 얕아지고, 두려울 때는 숨이 막히며, 평온할 때는 숨이 깊어집니다. 숨은 언제나 우리의 심리 상태를 비추는 거울이자, 다시 마음을 다스릴 수 있는 열쇠입니다. 호흡을 통해 우리는 긴장을 풀고, 감정을 정화하며, 자기 자신을 넘어선 더 큰 세계와 이어집니다.

이 책은 바로 이 숨의 길을 탐구합니다. 호흡은 어떻게 몸과 마음을 치유하는가, 호흡은 어떻게 자아를 넘어 초월로 이끄는가? 그 길 위에서 우리는 호흡의 단순한 리듬 속에서 삶의 근원적 울림을 발견하게 됩니다.

숨의 길은 곧 치유의 길이며, 자각의 길이며, 초월의 길입니다. 그리고 그 길은 언제나 지금, 나의 들숨과 날숨 속에 있습니다.

1. 숨의 과학 : 통합적 구체화

숨(호흡)의 모습을 3가지로 나누어 해석해 보면 첫 번째, 철학적 차원에서 숨의 모습은 존재와 호흡입니다. 숨은 단순히 공기의 흐름이 아니라 존재의 근본 리듬입니다. 철학적으로 호흡은 '생명과 무생명, 안과 밖, 자아와 세계를 연결하는 다리'로 이해해야 합니다. 들숨은 세계를 받아들이는 행위이며, 날숨은 나를 세계에 내어주는 행위입니다. 즉 숨은 끊임없이 자아와 우주가 서로 교류하는 철학적 사건입니다. 동양철학에서 호흡은 '기(氣)'의 흐름이고, 서양철학에서는 '프네우마(pneuma, 숨)'가 영혼과 정신을 의미하기도 했습니다. 따라서 호흡은 존재의 근원적 상호연결성을 상징합니다.

두 번째, 과학적 차원에서 숨의 모습은 생리학과 신경과학으로 표현할 수 있습니다. 과학적으로 호흡은 산소와 이산화탄소의 교환을 통한 생명 유지 시스템입니다. 그러나 단순한 생리적 과정에 그치지 않고, 신경·호르몬·면역계를 조율하는 핵심 메커니즘입니다.

자율신경계 내 깊은 호흡은 부교감신경을 활성화해 스트레스 호르몬을 억제하고 이완을 촉진합니다. 뇌 과학에서 호흡은 뇌파 리듬과 직결되어 집중력, 감정 안정, 창의성에 영향을 미칩니다.

의학적 응용으로 바라보면, 숨의 길(호흡법)은 불면·불안·고혈압 완화에 활용되고, 운동선수와 명상가 모두 호흡 훈련을 통해 뇌-몸 최적화를 실현합니다. 즉 호흡은 생명 유지의 물리적 행위이자, 심신의 균형을 조율하는 생물학적 도구입니다.

세 번째, 양자의학적 차원에서 숨의 모습은 파동과 에너지 장입니다. 양자의학은 인간을 단순한 물질 덩어리가 아니라 파동적 존재, 에너지 장(場)으로 이해합니다. 호흡과 파동, 즉 들숨과 날숨은 단순한 공기 흐름이 아니라 파동적 리듬을 만들어내며, 이 리듬이 세포와 뇌, 나아가 전신의 에너지장을 조율하며, 양자 얽힘의 은유적 호흡은 '내적 의식'과 '외적 세계'를 하나로 얽어주는 매개입니다. 다시, 숨을 통해 우리는 우주의 양자적 얽힘에 참여하는 셈입니다.

치유 관점에서 불규칙한 호흡은 에너지장의 불협화음을 만들고, 조율된 호흡은 파동적 공명(coherence)을 회복시킵니다. 이는 곧 의식 기반 치유의 핵심 메커니즘입니다.

양자의학적 시선에서 숨(호흡)은 물질·에너지·의식을 동시에 매개하는 다층적 공명 장치라고 할 수 있습니다.

네 번째, 명상적 차원에서 숨의 모습은 깨어남과 실천입니다. 명상에서 호흡은 '지금 여기'에 머무르는 닻anchor입니다. 마음 챙김 호흡은 숨의 흐름을 있는 그대로 관찰하며, 마음은 과거나 미래의 잡념에서 해방되어 현재에 머무르게 합니다. 또한, 숨(호흡)과 의식 확장이 반복적이고 규칙적인 호흡은 뇌파를 알파파·세타파 상태로 이끌어, 깊은 내적 고요와 통찰을 가능하게 합니다.

수행적 의미에서 숨의 길은 불교의 아나빠나사티(호흡관), 요가의 프라나야마(호흡조절법), 선도의 단전호흡 등은 모두 호흡을 통해 의식의 변형과 영적 성장을 실천하는 길을 열어왔습니다. 즉 명상적 호흡은 단순한 심리적 안정이 아니라, 의식의 진화를 위한 훈련입니다.

종합적으로 숨의 길은 존재론적 사건(철학)이자, 생물학적 기술(과학)이며, 에너지장의 공명(양자의학)이고, 동시에 의식의 길(명상)입니다. 철학은 숨을 존재의 다리로, 과학은 숨을 신경·호르몬의 조율 장치로, 양자의학은 숨을 파동적 공명으로, 명상은 숨을 의식의 변형과 깨어남으로 해석합니다.

따라서 숨(호흡)은 단순한 생리 현상을 넘어, 인간과 우주를 연결하는 총체적 과학·철학·의식의 축이라 할 수 있습니다.

[시사칼럼, 통권 371호]
숨, 생명의 과학이자 철학

∝명상에서 호흡은 늘 '지금 여기'로 돌아오게 하는 닻∝
"양자의학적 시선, 파동과 공명."

글 | 현용수 (NWSSU-SAP 양자의학부 학장(대)/석좌교수/양자의학박사)

□ 숨, 생명의 과학이자 철학

우리는 하루에 2만 번 이상 숨을 쉽니다. 그러나 그 많은 호흡 속에서 '나는 지금 숨을 쉬고 있다'는 사실을 자각하는 순간은 많지 않습니다. 숨은 너무도 일상적이어서 잊히기 쉽지만, 동시에 우리 존재의 가장 근원적인 리듬이자, 의식과 세계를 이어주는 가장 단순하면서도 심오한 행위입니다.

1. 철학적 시선 – 숨은 존재의 다리

숨은 단순히 산소를 들이마시고 이산화탄소를 내보내는 생리 현상에 그치지 않습니다. 들숨은 세계를 받아들이는 행위이고, 날숨은 나 자신을 세계에 내어주는 행위입니다. 철학적으로 보면, 호흡은 내적 자아와 외적 우주가 끊임없이 만나는 다리입니다.

고대 그리스에서 '프네우마(pneuma)'는 동시에 숨과 영혼을 뜻했고, 동양의 사상에서는 '기(氣)'라는 개념이 숨과 생명을 잇는 근본적 힘으로 여겨졌습니다. 숨은 곧 생명의 철학적 은유입니다.

2. 과학적 시선 – 뇌와 몸을 조율하는 리듬

현대 과학은 호흡을 단순한 산소 교환 이상의 것으로 설명합니다. 깊은 호흡은 부교감신경을 활성화하여 심장 박동을 늦추고 스트레스 호르몬을 줄입니다. 일정한 호흡 리듬은 뇌의 알파파와 세타파를 조율해 집중력과 창의성을 높입니다. 복식호흡과 명상적 호흡은 불면·불안·우울을 완화하고, 면역 체계까지 안정시킨다는 연구도 있습니다. 즉 호흡은 몸과 뇌를 동시에 다스리는 자연의 정교한 의학입니다.

3. 양자의학적 시선 – 파동과 공명

양자의학은 인간을 단순히 화학적 물질이 아니라 파동적 존재로 이해합니다. 호흡은 단순히 공기를 들이마시는 행위가 아니라, 미세한 에너지 진동을 일으키는 파동적 사건입니다. 이 리듬은 세포와 신경망을 넘어, 우리 몸 전체의 에너지 장을 조율합니다.

규칙적이고 깊은 호흡은 파동의 공명(coherence)을 회복시키며, 이는 곧 몸과 마음의 치유로 이어집니다. 마치 악기의 줄을 고르게 조율하듯, 호흡은 우리 존재의 파동을 조율하는 가장 원초적인 기술입니다.

4. 명상적 시선 – 깨어남의 기술

명상에서 호흡은 늘 '지금 여기'로 돌아오게 하는 닻anchor입니다. 들숨이 들어올 때 '나는 살아 있다'를 느끼고, 날숨이 나갈 때 '나는 내려놓는다'를 경험합니다. 마음 챙김 호흡은 잡념을 잠시 내려놓고 현재에 머물게 하며, 진동 호흡이나 요가의 프라나야마는 의식의 깊은 층위를 열어줍니다. 호흡은 단순한 이완법이 아니라, 의식의 변형과 확장의 문이 되는 셈입니다.

5. 숨, 총체적 과학과 철학

숨은 철학적으로는 존재와 우주의 다리이고, 과학적으로는 뇌와 신체의 리듬 조율 장치이며, 양자의학적으로는 파동적 공명이고, 명상적으로는 의식의 확장 도구입니다.

우리가 무심히 내뱉는 한 번의 호흡 속에는 사실 생명·우주·의식이 얽힌 거대한 사건이 깃들어 있습니다. 숨을 돌아보는 일은 단순한 건강법을 넘어, 존재 자체를 깊이 이해하는 길이 됩니다.

2. 소 인간(小周天) 활동 : 정 · 기 · 신의 합일

인간, 소주천의 활동

숨(호흡)을 만들어가는 과정을 인간과 소주천(小周天)의 활동이라고 합니다. 첫째, 인간(小人間)은 우주 속의 작은 사람입니다. 동양철학과 도가(道家) 사상에서 "인간은 작은 우주(小宇宙)"라고 표현합니다. 이를 소 인간(小人間)이라 부르기도 합니다.

철학적 의미로 인간의 몸은 우주의 축소판입니다. 하늘과 땅의 운행, 음양과 오행의 변화가 모두 사람의 신체와 의식 속에 반영되어 있다는 것입니다. 생리적 의미로 뇌는 하늘(天), 가슴은 사람(人), 배는 땅(地)을 상징합니다. 즉 인간의 신체는 삼재(三才: 천·지·인)의 구조를 그대로 담고 있습니다.

명상적 의미로는 자연에서 숨을 고르고 내적 에너지를 다스릴 때, 소인간은 우주와 연결된다는 자각을 얻게 됩니다. 이는 인간의 작은 몸 안에서 우주 전체가 호흡한다는 체험을 말합니다.

두 번째, 소주천은 기(氣)의 순환을 일컫는 말입니다. 도가 수련에서 말하는 소주천은 몸 안의 기 순환 운동을 의미합니다. 또한, 동양의학에서도 기의 경로를 주로 임맥(任脈)[2]과 독맥(督脈)[3] 두 큰 경락을 따라 에너지가 원을 그리며 순환하는 과정으로 나타냅니다.

세 번째, 호흡과의 관계에서 기의 순환은 들숨·날숨을 통해 단전(丹田)에 모은 기운을 위로 끌어올리고, 다시 몸의 앞쪽을 따라 내려 보내면서 순환이 이루어지는 과정을 나타냅니다.

마지막으로, 숨의 길(호흡)에서 의식적 훈련은 처음에는 상상과 집중으로 기운의 흐름을 '느낀다'는 의식 훈련이 필요하지만, 일정 단계가 되면 실제로 온몸이 따뜻해지고 진동하는 듯한 체험이 일어나는 것을 소주천의 활동이라고 합니다.

소주천의 활동 효과

소주천의 생리학적 효과는 혈류와 신경 활동이 원활해지고, 내장과 뇌의 기능이 조화롭게 조율됩니다. 심리적으로는 집중력이 높아지고, 잡념이 줄어들며, 내적 안정감이 깊어집니다. 또한, 기의 흐름이 막힘없이 돌면(에너지), 전신이 하나의 순환 장치처럼 작동하며 생명력이 충만해집니다.

특히, 영적으로 소주천은 단순한 기체조가 아니라, 인간이 '소우주로서의 자기'를 자각하는 길입니다. 작은 몸속에서 큰 우주가 순환한

---

2) 몸의 앞, 회음(會陰)에서 시작해 배와 가슴을 거쳐 입술까지
3) 몸의 뒤, 꼬리뼈에서 척추를 따라 올라가 정수리·이마를 거쳐 윗입술까지

다는 체험은 곧 깨달음의 문을 열어줍니다.

현대적 해석 – 과학과 양자의학

신경생리학적으로 소주천 수련 시 호흡과 집중은 미주신경을 자극하고, 교감·부교감신경의 균형을 조율합니다. 척추를 따라 올라가는 기운의 느낌은 실제로는 척수 신경망의 활성화와 관련이 있을 수 있습니다.

양자의학적 관점으로 기의 흐름은 파동 에너지의 순환으로 볼 수 있습니다. 몸의 에너지장이 동기화coherence되면, 세포와 장기의 파동이 조화를 이루어 치유와 활력을 촉진합니다.

뇌 과학적으로 집중된 의식은 전두엽과 변연계를 안정시키고, 이는 곧 깊은 명상 상태와 연결됩니다.

통합 의학적 의미

"소인간"은 우주를 닮은 작은 세계로서의 인간을 뜻하고, "소주천"은 그 작은 세계 안에서 호흡·의식·에너지가 원을 그리며 살아 움직이는 과정을 말합니다.

몸은 단순한 물질이 아니라 에너지의 순환 우주이고, 호흡은 그 우주를 회전시키는 리듬의 열쇠이며, 명상은 그 리듬을 자각하고 확장하는 깨달음의 통로입니다.

□ 인간, 소주천(小周天) 수행 가이드

준비 단계

장소: 조용하고 환기 잘 되는 공간

자세: 허리를 곧게 세우고 앉기 (의자, 좌선 모두 가능)

마음가짐: "내 몸은 작은 우주이고, 숨은 우주와 나를 잇는 다리다" 라는 인식을 가집니다.

호흡: 복식호흡으로 2~3분, 몸과 마음을 안정시킵니다.

기본 원리 이해

경로: 임맥(任脈): 아랫배(단전) → 배와 가슴 앞쪽 → 입술까지

독맥(督脈): 회음(會陰, 항문과 성기 사이) → 척추를 따라 정수리 → 이마 → 코밑까지

순환: 단전에 모인 기운이 척추를 따라 올라갔다가(독맥) 정수리를 거쳐 앞쪽으로 내려와(임맥) 다시 단전으로 돌아옵니다.

의식적 호흡: 숨과 함께 기운을 움직인다고 상상하면서 집중합니다.

수행 단계별 가이드

단전 집중 (3분)

손을 아랫배에 얹고, 들숨 때 단전이 부풀고 날숨 때 가라앉는 것

을 느낍니다.

"단전에 따뜻한 빛이 모인다"고 상상하며 기운을 축적합니다.

기운 상승 – 독맥 따라 오르기 (5분)

들숨을 할 때 단전의 기운이 꼬리뼈를 지나 척추를 따라 서서히 위로 올라간다고 상상합니다.

척추 마디마디에 따뜻한 기운이 점등(켜짐)하는 느낌을 그리며 정수리(백회혈)까지 끌어올립니다.

숨이 정수리에 닿는다고 느끼며, 마치 머리 위에서 빛이 피어나는 듯 상상합니다.

기운 하강 – 임맥 따라 내려오기 (5분)

날숨을 할 때 정수리의 기운이 이마 → 코끝 → 입술 → 가슴 → 명치 → 배를 따라 내려와 다시 단전으로 돌아옵니다.

물이 흘러내리듯 부드럽게, 또는 빛이 앞으로 스르르 흘러내리듯 상상합니다.

순환 완성 – 소주천 회로 (10분)

들숨: 단전 → 척추 → 정수리까지 기운 상승

날숨: 정수리 → 앞쪽 → 단전으로 기운 하강

이 과정을 호흡과 함께 반복합니다.

1회전=1호흡, 10~20회 정도 수행합니다.

심화 포인트

감각 체험: 척추와 단전 주변이 따뜻하거나 전류 같은 미세한 떨림이 느껴질 수 있습니다. 이는 순환이 열리는 자연스러운 과정입니다.

시각화: 빛(黃光, 하얀 빛 등)이 순환하는 이미지를 떠올리면 집중이 쉬워집니다.

호흡 리듬: 억지로 깊게 하지 말고, 자연스럽고 부드러운 호흡으로 진행합니다.

마무리 단계 (3분)

모든 기운이 다시 단전에 고이도록 상상하며 호흡을 마무리합니다.

손을 단전에 얹고, "에너지가 잘 저장되었다"는 마음으로 감사의 호흡을 합니다.

효과와 유의점

효과: 신체 활력 증진, 집중력 향상, 스트레스 완화, 에너지 균형 회복, 내적평화가 증대됩니다.

유의점: 무리하지 말고, 매일 10~20분씩 꾸준하게 처음에는 감각이 희미해도 괜찮습니다. 시간이 지나면 자연스럽게 흐름을 체험하게 됩니다. 어지러움·두통이 느껴지면 즉시 중단하고 호흡을 안정시킨 후 단전에만 집중합니다.

하루 루틴 제안

아침: 단전호흡 + 소주천 10분 (활력 충전)

저녁: 소주천 20분 (정리와 이완)

장기적으로: 3개월 이상 꾸준히 수련하면, 몸-마음-에너지의 흐름이 크게 안정됩니다.

3. 인간, 정(精)·기(氣)·신(神)의 수행

기본 개념

동양 수양론과 도가道家 전통에서 인간은 세 가지 근원적 에너지로 이루어져 있다고 봅니다. 이를 삼보(三寶, 세 가지 보물)라고 부릅니다.

정(精): 육체적 생명력, 생리적 에너지. 주로 신장(腎)과 생식 에너지에 연결되며, 생명의 씨앗 같은 근원입니다.

기(氣): 생명 활동을 움직이는 힘, 생리적·심리적 에너지. 호흡과 경락을 통해 흐르며, 몸과 마음을 잇는 중간 매개체입니다.

신(神): 의식·정신·영적 차원. 마음, 의식, 영혼의 작용을 포괄하는 가장 미묘하고 고차원적 에너지입니다.

삼위일체의 원리

정은 기로 변합니다. 생식 에너지와 신체 에너지가 호흡과 수련을 통해 상승하면, 정이 기로 전환됩니다.

기는 신으로 변합니다. 맑은 기가 뇌와 의식으로 올라가면 정신적 명료성과 영적 자각을 형성합니다.

신은 다시 정을 생해줍니다. 신이 맑으면 삶의 방향과 의식이 건강해지고, 다시 몸(정)을 보존하고 강화시킵니다. 즉 정·기·신은 순환적 변환 관계에 있습니다. 정(물질)이 기(에너지)로, 기가 신(의식)으로, 신이 다시 정으로 거듭하여 살려내는 삼원 순환이 이루어질 때 인간은 온전한 생명력을 유지합니다.

수행적 의미 – 합일의 단계

도가의 수련과 선도仙道에서는 이 과정을 구체적으로 연정화기煉精化氣, 연기화신煉氣化神, 연신화허煉神合虛라 표현합니다.

정 → 기 단전호흡, 소주천 같은 수행으로 생명의 근원 에너지를 모으고, 정이 기로 전환됩니다.

기 → 신 기가 충만해지면 의식이 맑아지고 영적 차원의 깨달음에 다가섭니다.

신 → 허 신이 우주의 근원적 허(虛, 무한)와 합일하면 인간은 '소우주로서의 자기'를 넘어 우주와 하나가 됩니다.

이것이 곧 정·기·신의 합일, 즉 소우주와 대우주의 일체입니다.

현대적 해석

생리학적으로 정은 생식 에너지, 호르몬, 유전자적 생명력입니다.

기는 호흡·신경·순환 에너지, 신은 뇌의 의식·정신 활동이라고 표현합니다. 이 세 가지가 조화를 이루면 몸-마음-의식의 통합되어 건강을 이룰 수 있습니다.

양자의학적으로 정은 물질적 기반(입자)이고, 기는 에너지 흐름(파동)이며, 신은 파동을 자각하는 의식(관찰자)으로 나타냅니다. 이 세

차원이 공명할 때, 인간은 가장 강력한 치유력과 창조성을 발휘할 수 있습니다.

심리학적으로 정은 본능적 생명 충동이고, 기는 정서와 동기이며, 신은 자각과 초월적 인식으로 상징합니다. 이 세 층위가 분열되면 불안·병·혼란이 생기고, 조화되면 평정과 충만을 얻을 수 있습니다.

통합 의학적 의미
정·기·신의 합일은 곧 인간 존재의 물질·에너지·의식의 통합입니다.
몸(정)만 돌보면 정신이 메마르고, 기(호흡과 감정)만 다루면 방향성을 잃으며, 신(의식)만 추구하면 삶이 현실과 분리됩니다. 이 세 차원을 함께 닦고 순환시킬 때, 인간은 온전한 소우주가 되며, 곧 우주와 합일되는 체험을 얻게 됩니다.

□ 정·기·신 합일 수행 실천 가이드

준비 단계

환경: 조용하고 방해받지 않는 공간, 조명은 은은하게

자세: 바른 좌선(혹은 편안히 앉은 자세), 척추 곧게, 어깨 이완

호흡: 2~3분간 복식호흡으로 몸과 마음을 안정시킵니다.

단계별 수행

• 정(精) – 몸과 생명력 다스리기

집중 부위: 아랫배 단전

실천법: 두 손을 단전에 포개고 올립니다.

들숨 때 단전이 부풀고, 날숨 때 가라앉는 것을 관찰합니다.

"생명의 뿌리가 여기에 모인다"라고 마음속으로 되새깁니다.

시간: 5분

체험 포인트: 따뜻함, 안정감, 무게 중심이 단전에 모이는 느낌이 듭니다.

• 기(氣) – 호흡과 에너지 흐름 열기

집중 부위: 척추와 전신 순환

실천법: 들숨과 함께 단전의 에너지가 척추를 따라 정수리까지 올라간다고 상상합니다. 날숨과 함께 정수리에서 앞쪽을 따라 내려와

다시 단전으로 돌아옵니다.

기가 원을 그리며 흐른다고 상상하며 10~12회 반복합니다. (소주천 호흡)

시간: 10분

체험 포인트: 따뜻한 기운, 미세한 전류, 몸의 통합감

- 신(神) - 의식과 정신 맑히기

집중 부위: 미간(印堂)과 정수리(百會)

실천법: 눈을 가볍게 감고, 들숨 때 맑은 빛이 미간을 통과해 의식이 밝아진다고 상상합니다. 날숨 때 그 빛이 온몸에 퍼져 나가며 고요와 평화가 확산된다고 느낍니다.

"나의 의식은 우주와 연결되어 있다"는 마음으로 머물게 합니다.

시간: 10분

체험 포인트: 마음의 고요, 시야가 밝아지는 듯한 느낌, 의식이 확장됩니다.

정·기·신 합일 단계

루틴:

정에 집중 → 몸과 생명력을 다스리고,

기의 흐름 열기 → 에너지를 순환시키며,

신에 집중 → 의식을 확장합니다.

완성 단계:

마지막 5분 동안 '정-기-신이 하나의 흐름이 되어 단전에 고인다'라고 상상하며, 온몸과 마음이 하나의 장(場)으로 통합됨을 체험합니다.

마무리

손을 단전에 얹고 2~3분간 자연 호흡을 합니다.
마음속으로 "정·기·신이 하나 되어 내 안에 머문다"라고 읊조리며 수행을 마무리합니다.

수행 루틴 – 제안

초보자: 하루 15분 (정 5분 – 기 5분 – 신 5분)
중급자: 하루 30분 (정 5분 – 기 10분 – 신 10분 – 합일 5분)
심화자: 하루 1시간 (정·기·신 각 15분, 합일 15분)

기대되는 효과

신체: 활력 증진, 면역력 강화, 안정된 체력 등
심리: 불안 완화, 집중력 상승, 정서 안정 등
의식: 직관과 명료성 향상, 영적 자각, 내적 평화 등
종합: 몸·마음·의식이 하나로 조화를 이루는 통합적 치유와 성장이 이루어집니다.

□ 음성 명상 스크립트(낭독용) - 지도자 훈련

(편안한 목소리 톤으로 읽어주면 좋습니다.)

도입

"이제 몸과 마음을 가다듬고, 정·기·신의 합일을 향한 호흡과 집중을 시작합니다. 당신의 몸은 작은 우주, 그리고 의식은 그 우주와 이어진 길입니다."

1단계 - 정精

"두 손을 단전에 올리고, 복부의 움직임을 느껴봅니다.
들이쉴 때 배가 부풀고, 내쉴 때 배가 가라앉습니다.
생명의 뿌리가 여기에 모입니다.
단전이 따뜻하게 밝아오고, 안정이 찾아옵니다."

2단계 - 기氣

"이제 숨을 들이쉴 때, 단전의 에너지가 척추를 따라 위로 오릅니다.
등 뒤를 따라 정수리까지 빛이 타오릅니다.
내쉴 때, 정수리에서 앞쪽을 따라 부드럽게 내려와 단전으로 돌아옵니다.
기운이 원을 그리며 흐릅니다.
당신의 몸은 하나의 순환하는 우주입니다."

3단계 – 신神

"이제 미간과 정수리에 집중합니다.

숨을 들이쉴 때, 맑은 빛이 의식을 밝힙니다.

내쉴 때, 그 빛이 온몸에 퍼지며 고요와 평화가 번져갑니다.

당신의 의식은 확장되고, 우주와 연결됩니다."

4단계 – 합일슴一

"정과 기와 신이 하나로 합쳐집니다.

생명, 에너지, 의식이 하나의 장으로 고요히 머뭅니다.

몸과 마음과 정신이 조화를 이루며, 우주와 하나가 됩니다.

그 평화 속에 잠시 머무르십시오."

마무리

"이제 두 손을 다시 단전에 얹습니다.

자연스럽게 호흡하며, 모든 에너지가 단전에 잘 머무른다고 느껴봅니다.

정·기·신이 하나 되어 당신의 안에 머무릅니다.

감사와 평화 속에서 수행을 마칩니다."

4. 대우주(大周天) 형성: 자기, 미래, 세계와 무경계

대우주(大周天)의 형성

우주와 대주천의 형성·원리를 철학적 이해와 과학적으로 접근해야만 양자의학적 개념을 확립할 수 있습니다.

우주의 형성 – 거시적 관점
철학적 이해

고대 동양 사상은 "일즉다, 다즉일(一卽多, 多卽一)"로 우주를 설명했습니다. 하나(태극)에서 만물이 분화하고, 만물은 다시 하나로 회귀한다는 원리입니다. 도가에서는 우주의 시작을 "허虛"라 보았으며, 그 허에서 도道가 움직이고, 음양이 나뉘며 만물이 생성된다고 보았습니다.

과학적 이해

현대 우주론은 빅뱅(Big Bang)으로부터 우주의 형성을 설명합니다. 138억 년 전, 하나의 특이점에서 공간·시간·에너지·물질이 폭발적으로 전개되어 지금의 우주가 되었다는 것입니다.

이 원리에서 중요한 것은 확장과 순환입니다. 우주는 단순한 직선적 팽창이 아니라 은하·별·행성·생명체의 순환적 구조 속에 생명을 담고 있습니다.

대주천(大周天)의 원리 – 인체와 우주의 상응

정의

소주천이 인체 내부의 기 순환(임맥·독맥을 중심으로 한 회로)을 의미한다면, 대주천은 인체의 기가 더 넓게 확장되어 전신의 경락 전체와, 나아가 우주와 연결되는 순환을 의미합니다.

원리

기는 단순히 신체 내부를 도는 것에 그치지 않고, 외부 우주와 상호작용합니다. 인간은 작은 우주(小宇宙, 소인간)이며, 대주천은 그 소우주가 대우주와 이어지는 과정입니다. 도가 수행에서는 소주천이 열리고 안정되면, 자연스럽게 대주천으로 확장되어 우주적 기운과 합일하게 됩니다.

수행적 이해 – 대주천의 단계

도가와 선도의 전통에서 설명하는 대주천의 활동 단계는 다음과 같습니다.

먼저, 소주천 개통이 되면 임맥·독맥의 기 순환이 자유로워집니다. 두 번째, 팔맥八脈 개방되면 기가 8개의 기경奇經에 흐르며 전신으로 확산되며, 그 후 대주천 완성으로 기의 흐름이 전신의 경락을 넘어서 자연·우주와 상통하게 됩니다. 세 번째, 우주합일을 체험을 하게 됩니다. 이는 숨·몸·의식의 경계가 사라지고, "나와 우주는 하나"라는 자각에 도달하게 된다는 의미입니다.

현대적 해석

첫 번째, 신경과학적으로 대주천 수행 중 보고되는 전신의 따뜻함, 빛, 확장감은 실제로는 자율신경계 안정, 뇌파 동기화, 체성감각 피질의 확장된 활성화로 설명할 수 있습니다. 즉 뇌가 몸 전체와 통합된 감각 네트워크로 작동하는 상태라 할 수 있습니다.

두 번째, 양자의학적으로 대주천은 에너지 장(場)의 확장으로 볼 수 있습니다. 인체의 파동적 에너지가 우주적 파동과 공명(coherence)하면서, 생체 시스템이 우주와 파동적 동조 상태에 들어가는 것입니다. 이때 개인은 단순한 생물학적 존재를 넘어, 우주의 파동을 자각하는 의식이 됩니다.

통합 의학적 의미

우주의 형성은 거대한 빅뱅의 폭발이자 도가의 허虛에서 도道가 펼쳐진 사건이며, 대주천의 원리는 그 우주적 흐름이 인간 안에서 반복되는 축소판입니다.

소주천은 "내 몸 안의 작은 우주 운행"이고, 대주천은 "몸을 넘어 우주와 합일하는 큰 운행"입니다. 즉 대주천은 인간이 우주와 하나임을 자각하는 생명적·에너지적·의식적 순환의 완성이라 할 수 있습니다.

□ 대주천大周天 수행 실천 가이드

(소주천에서 대주천으로 확장하는 과정을 단계별로 안내합니다.)

1. 준비 단계

환경: 조용하고 방해 없는 공간, 환기된 공기, 편안한 좌선 혹은 반가부좌로 전좌합니다.

자세: 척추를 곧게, 턱은 살짝 당기고 어깨는 힘을 뺍니다.

호흡 안정: 복식호흡 3~5분으로 몸과 마음을 고르게 합니다.

마음가짐: "내 몸은 작은 우주이며, 곧 큰 우주와 하나 된다."라고 상상합니다.

2. 소주천 개통 (예비 단계)

(소주천은 대주천의 기초이다. 반드시 먼저 익혀야 합니다.)

단전 집중: 아랫배 단전에 기운을 모읍니다.

기운 상승: 들숨과 함께 단전의 기운을 척추를 따라 정수리까지 끌어올립니다.

기운 하강: 날숨과 함께 정수리에서 얼굴 앞쪽 → 가슴 → 배를 거쳐 다시 단전으로 내려보냅니다.

순환: 이 과정을 10~20회 반복하며, 몸 안에 원(圓)이 그려지는 것을 느낍니다.

3. 대주천 확장 단계

소주천이 원활해지면, 기의 흐름을 전신과 외부 공간까지 확장합니다.

① 팔맥(八脈) 확장

기가 임맥·독맥을 넘어 충맥·대맥·음교·양교·음유·양유 등 8맥에 퍼진다고 상상합니다.

몸 전체에 따뜻한 흐름이 생기며, 전신이 하나의 통로가 됩니다.

② 전신 순환

들숨: 단전에서 기운이 척추를 따라 올라 정수리에서 사방으로 퍼집니다.

날숨: 퍼진 기운이 다시 전신을 감싸며 단전으로 돌아옵니다.

몸이 "안과 밖의 경계 없이 하나의 장(場)"이 되는 느낌을 경험합니다.

③ 우주 합일

상상 속에서 기운이 몸을 넘어 방 안, 하늘, 별빛 속으로 확장합니다.

숨과 함께 나와 우주가 호흡을 같이한다는 자각을 갖습니다.

이때 의식은 미세해지면서 동시에 넓어지는 대주천 체험에 들어갑니다.

4. 수행 루틴 (예시)

초급자: 소주천 10분 → 대주천 시도 5분 → 마무리 단전 집중 5분

중급자: 소주천 15분 → 팔맥 확장 10분 → 대주천 10분 → 단전 귀환 5분

심화자: 소주천 20분 → 전신 확장 20분 → 우주 합일 20분

5. 마무리 단계

두 손을 단전에 포개고 올려, 모든 기운이 단전에 고이도록 합니다.

자연스럽게 호흡하며 "기운이 내 안에 머문다"는 의식을 유지합니다.

수행 전후에 몸과 마음의 변화를 기록하면 자기 점검에 도움이 됩니다.

6. 기대되는 효과

신체: 전신의 기혈 순환 원활, 면역력 강화, 피로 해소

정신: 집중력·평정심·통찰력 향상

의식: 나와 우주의 합일 체험, 초월적 평화, 영적 성장

핵심 요약

소주천은 내적 회로의 순환, 대주천은 전신과 우주의 합일입니다. 꾸준한 수련을 통해, 인간은 단순한 생물학적 존재를 넘어 우주적 존재로 깨어남을 경험할 수 있습니다.

□ 대주천大周天 음성 명상 스크립트

(낭독 시 차분하고 부드러운 목소리로, 중간에 잠시 멈추어 호흡할 시간을 주면 좋습니다.)

도입

"이제 우리는 대주천 수행을 시작합니다.
당신의 몸은 작은 우주이고, 곧 큰 우주와 호흡을 함께 합니다."

1단계 - 소주천 정리

"먼저 단전에 집중합니다.
들이쉴 때, 기운이 단전에서 척추를 따라 올라 정수리로 향합니다.
내쉴 때, 정수리에서 앞쪽으로 흘러 단전으로 돌아옵니다.
숨과 함께 기운이 원을 그리며 순환합니다.
몸은 하나의 회로, 작은 우주가 됩니다."

2단계 - 대주천 확장

"이제 기운이 전신으로 퍼집니다.
팔맥이 열리고, 온몸에 따뜻한 흐름이 생깁니다.
들이쉴 때, 단전의 기운이 정수리에서 사방으로 확장됩니다.
내쉴 때, 우주의 기운이 당신을 감싸며 다시 단전으로 돌아옵니다.
몸과 밖의 경계가 사라지고, 하나의 장이 됩니다."

3단계 - 우주와 합일

"이제 당신의 호흡은 우주와 하나가 됩니다.

숨을 들이쉴 때, 별빛과 대지의 기운이 들어옵니다.

숨을 내쉴 때, 당신의 빛과 에너지가 우주로 흘러갑니다.

나와 우주가 서로를 호흡합니다.

당신은 더 이상 개인이 아니라, 전체와 하나입니다."

마무리

"이제 두 손을 단전에 얹고, 모든 기운이 단전에 머물도록 합니다.

몸과 마음, 에너지와 의식이 하나로 합쳐집니다.

깊은 감사와 평화 속에서 대주천 수행을 마칩니다."

[대주천大周天 워크북 매뉴얼]

☐ 워크북은 참가자가 이해·실습·기록을 함께 할 수 있도록 구성(지도자용)

Part 1. 이론

대주천의 개념: 소주천과의 차이, 대주천의 우주적 의미

철학적 배경: "소우주로서의 인간" – 도가 사상과 우주론

과학적 해석: 신경과학, 양자의학, 에너지 장

Part 2. 수행 단계

소주천 개통 (단전 호흡, 척추 – 정수리 – 앞면 회로)

팔맥 확장 (기운이 전신으로 퍼짐)

대주천 순환 (들이쉴 때 우주로 확장, 내쉴 때 단전으로 회귀)

우주 합일 (나와 우주의 경계가 사라지는 체험)

Part 3. 실습 루틴

초급: 소주천 10분 + 대주천 시도 5분

중급: 소주천 15분 + 전신 확장 10분 + 대주천 10분

고급: 소주천 20분 + 전신 확장 20분 + 우주 합일 20분

Part 4. 체험 기록지

오늘의 수행 시간: ___분

체험한 감각: ☐ 따뜻함 ☐ 빛 ☐ 전류감 ☐ 평화 ☐ 확장감

수행 전 기분: _____

수행 후 기분: _____

깨달음/통찰 메모: _____

Part 5. 응용과 확장

스트레스 완화용 짧은 대주천 (5분 루틴)

수면 전 이완 루틴

장기 수련 시 기대 효과 (신체 활력, 집중력, 영적 성장)

정리하면,

음성 명상 스크립트는 참가자가 눈을 감고 바로 따라할 수 있는 실천 가이드이고, PDF워크북(직접 작성)은 이론·실습·체험 기록까지 담아, 장기적 수행 교재로 활용할 수 있습니다.

5. 자기, 미래, 세계와의 무경계

소주천에서 대주천으로 가는 길 >> 자기·미래·세계와의 무경계 명상

소주천 – 작은 우주 안의 나

숨(호흡)을 따라 단전에서 시작된 기운이 척추를 따라 오르고, 정수리에서 앞쪽으로 흘러 다시 단전으로 돌아올 때, 우리는 자기 안의 작은 우주를 경험합니다. 이 순환은 몸을 정화하고 마음을 고요하게 만들며, "나는 내 안에 하나의 완전한 우주를 담고 있다"는 자각을 일으킵니다. 소주천은 '내 몸 안의 우주지도'를 여는 첫 걸음입니다.

대주천 – 나를 넘어선 확장

소주천이 열리면, 기운은 더 이상 몸의 경계 안에 머물지 않습니다. 숨과 함께 기운은 사방으로 흘러 퍼지고, 몸은 방 안을, 방은 하늘을, 하늘은 무한한 우주를 담습니다.

이때 우리는 알게 됩니다.

"내 몸의 순환은 곧 우주의 순환과 하나이다."

소주천에서 대주천으로의 확장은, 나라는 작은 울타리를 넘어 전체와 연결되는 경험입니다.

자기와의 무경계

소주천은 자기 내면과의 대화입니다. 숨과 기운을 관찰하면서, 내면 깊은 곳의 욕망·두려움·의문과 마주합니다. 대주천에 이르면, 이러한 내면적 경계가 흐려집니다. "이것은 나의 욕망이다, 이것은 나의 두려움이다"라는 경계가 사라지고, 모든 감정과 생각이 하나의 흐름으로 녹아듭니다. 자기와의 무경계란, 자기를 없애는 것이 아니라 자기를 보다 큰 전체 속에서 투명하게 보는 것입니다.

미래와의 무경계

보통 우리는 미래를 아직 오지 않은 시간, 알 수 없는 영역으로 생각합니다. 그러나 대주천의 호흡 속에서, 들숨은 과거에서 지금으로 이어지고, 날숨은 지금에서 미래로 흐릅니다.

숨은 곧 시간의 다리입니다. 따라서 현재 순간의 호흡이 곧 미래를 만들어갑니다. 명상 속에서 우리는 '현재의 내가 곧 미래의 나'임을 깨닫고, 시간과의 경계가 사라지는 체험을 합니다.

세계와의 무경계

소주천이 자기 안의 우주라면, 대주천은 자기와 세계가 하나 되는 장입니다. 숨을 들이쉴 때 우리는 대지와 공기, 태양과 별빛을 받아들입니다. 숨을 내쉴 때 우리는 자신의 생명 에너지를 우주에 내어줍니다. 이 호흡은 곧 세계와의 대화이며, 경계 없는 순환입니다.

나의 들숨과 우주의 들숨, 나의 날숨과 우주의 날숨은 구분되지 않습니다.

통합적으로, 무경계의 명상

소주천에서 대주천으로 가는 길은, 자기 안에서 시작해 우주로 확장되는 무경계의 명상 여정입니다.

자기와의 무경계: 내 안의 모든 것을 투명하게 바라보기

미래와의 무경계: 지금 숨 쉬는 이 순간이 곧 미래임을 깨닫기

세계와의 무경계: 나의 숨이 곧 우주의 숨임을 자각하기

이 무경계의 자각 속에서, 나는 우주와 둘이 아니며, 지금 이 순간이 곧 영원의 순간임을 체험합니다.

☐ 명상 수행 스크립트 – 낭독형

(천천히, 잔잔한 목소리로 낭독할 수 있도록 구성)

도입

"이제 소주천에서 대주천으로 가는 여정을 함께합니다.

숨은 나의 몸을 돌고, 기운은 우주를 향해 확장됩니다.

나는 작은 우주이면서, 동시에 큰 우주와 하나입니다."

1단계 – 자기와의 무경계

"숨을 고르며 단전에 집중합니다.

내 안의 욕망, 두려움, 기쁨과 슬픔이 모두 숨결 속에서 녹아듭니다.

이것은 나의 것이면서 동시에 전체의 것입니다.

경계가 사라집니다.

나는 나와 하나입니다."

2단계 – 미래와의 무경계

"숨을 들이쉴 때, 과거가 지금으로 이어집니다.

숨을 내쉴 때, 지금이 미래로 흘러갑니다.

호흡은 시간의 다리입니다.

나는 지금 이 순간에 머물면서, 동시에 미래와 하나입니다.

미래는 지금 내 호흡 속에 있습니다."

3단계 - 세계와의 무경계

"들이쉴 때 대지와 하늘, 별빛과 공기가 나의 몸 안으로 들어옵니다.

내쉴 때 나의 에너지가 세상과 우주로 흘러갑니다.

나의 숨과 우주의 숨은 구분되지 않습니다.

나는 세계와 하나입니다."

마무리

"소주천에서 대주천으로, 작은 나에서 큰 우주로,

자기·미래·세계와 무경계로 연결되었습니다.

지금 나는 몸과 마음과 우주가 하나 된 온전한 생명입니다.

이 평화 속에서 잠시 머무릅니다."

[철학 에세이]

소주천小周天에서 대주천大周天으로 – 무경계의 길

글 | 현용수 (NWSSU-SAP 양자의학부 학장(대)/석좌교수/양자의학박사)

소주천에서 대주천으로 – 무경계의 길

소주천은 나라는 작은 우주가 스스로를 알아가는 길입니다. 단전에 모인 숨이 척추를 따라 오르내리며 원을 그릴 때, 나는 내 안에서 하나의 완전한 세계를 만납니다.

그것은 내 몸의 지도를 따라 흐르는 은하수와도 같습니다. 그러나 호흡이 깊어지고 기운이 무르익으면, 기는 더 이상 내 몸에 머물지 않습니다.

숨은 경계를 넘어 방 안으로, 하늘로, 그리고 별빛으로 확장됩니다. 이때 우리는 알게 됩니다. 소주천은 대주천을 향한 길목이며, 나의 작은 순환은 곧 우주의 큰 운행과 이어진다는 것을….

대주천은 자기와 세계가 서로를 비추는 거울입니다.
자기와의 경계는 투명해지고, 과거·현재·미래는 호흡의 리듬 속에서 녹아듭니다.

세계와 나의 구분은 희미해지고, 나의 들숨과 우주의 들숨은 같은 파동으로 울립니다.

무경계란 사라짐이 아니라 넘어섬입니다.

자기와의 경계, 시간과의 경계, 세계와의 경계가 넘어서질 때, 나는 단순한 개인이 아니라 우주적 존재로 깨어납니다.

소주천에서 대주천으로 가는 길은 곧, 작은 나를 넘어 큰 나, 온전한 생명으로 돌아가는 길입니다.

그 길 위에서 나는 비로소 무경계의 자유를 숨 속에서 발견합니다.

명상적 관점에서 본 무경계의 길

호흡과 몸의 경계를 넘어서

명상에서 가장 먼저 경험하는 무경계는 호흡과 몸의 일체입니다. 처음에는 숨을 '들이 쉰다 – 내 쉰다'는 자각이 분명하지만, 호흡이 깊어지면 숨 쉬는 주체와 숨 자체의 구분이 사라집니다. 숨(호흡)은 나의 것이 아니라, 우주가 나를 통해 숨 쉬는 것처럼 온몸으로 느껴집니다.

이때 '나의 호흡'과 '우주의 호흡'의 경계가 허물어집니다.

생각과 감정의 경계를 넘어서

명상 중 잡념이 일어날 때 우리는 그것을 밀어내려 하지만, 무경계의 길에서는 오히려 그 생각과 감정마저 하나의 흐름으로 받아들입니다.

"이것은 나의 생각이다"라는 분리된 태도 대신, 떠오르는 모든 것이 우주적 흐름의 일부임을 관찰합니다. 그 순간 '나'와 '내 생각'의 경계가 사라지며, 마음은 한층 더 투명해집니다.

시간의 경계를 넘어서

명상이 깊어지면 과거의 기억·미래의 불안이 점차 희미해지고, 지금 이 순간만이 남습니다.

그러나 그 순간은 단순한 현재가 아니라, 과거와 미래가 동시에 스며든 무시간적無時間的 현재로 체험됩니다. 숨결 하나가 영원과 맞닿는 듯, 시간의 경계가 무너지고 영원의 감각이 드러납니다.

자기와 세계의 경계를 넘어서

무경계의 절정은 자기와 세계의 경계가 허물어지는 체험입니다. 눈을 감고 고요히 앉아 있을 때, 더 이상 몸과 바깥이 나뉘어 있지 않습니다.

새소리, 바람, 공간의 울림이 곧 내 안에서 일어나는 듯하고, 내 안의 고요가 곧 세계의 고요가 됩니다. 이때 "나는 이 몸에 갇힌 작은 나"가 아니라, 우주적 생명과 하나 된 큰 나임을 자각합니다.

무경계의 길이 주는 명상적 통찰

자아적 좁은 울타리를 넘어 더 큰 존재와 연결되는 해방감,

시간의 굴레를 벗어나 현재 순간 속에서 영원을 체험하는 자유,

나와 세계의 분리를 넘어서 전체와 하나 되는 평화,

결국, 무경계의 길은 명상자가 '작은 자아의 고립된 경계'를 벗어나 전체 생명의 흐름과 일치하는 경험으로 인도합니다.

명상적 무경계란 경계를 부수는 것이 아니라, 경계가 본래 없었음을 깨닫는 자각의 길입니다. 호흡 속에서, 생각 속에서, 시간 속에서, 세계 속에서 우리는 이미 하나였음을 알아차릴 때, 진정한 평화와 자유가 찾아옵니다.

양자의학적 관점에서 본 무경계의 길

인간을 파동적 존재로 보는 관점

양자의학은 인간을 단순한 물질적 신체가 아니라, 입자와 파동이 중첩된 에너지 존재로 이해합니다. 세포 하나하나는 양자 수준의 진동을 하고 있으며, 인체 전체는 거대한 에너지 장(場)을 이루고 있습니다. 따라서 우리가 경험하는 몸과 마음의 경계는 사실 파동적 스펙트럼 속의 가상 경계일 뿐입니다. 무경계의 길은 바로 이 파동적 본질을 자각하는 과정이라 할 수 있습니다.

소주천小周天에서 대주천大周天으로 – 파동의 공명

소주천은 몸 안에서 기가 임맥과 독맥을 따라 순환하며, 내부 에너지장이 정돈되는 과정입니다. 대주천은 이 에너지장이 전신을 넘어 외부 우주와의 파동적 공명으로 확장됩니다.

양자의학적으로 대주천은 인간의 생체파동이 지구·우주 에너지와 동조화(entrainment)되는 현상으로 해석할 수 있습니다. 즉 개인적 파동장이 우주적 파동장과 연결되는 순간, 나와 세계의 경계가 사라지는 체험이 일어납니다.

의식과 양자장 – 관찰자의 무경계

양자물리학에서는 관찰자가 단순한 수동적 존재가 아니라, 파동함수의 붕괴를 일으키는 적극적 참여자로 설명됩니다. 양자의학은 이 관점을 받아들여, 인간의 의식이 파동의 현실화에 직접적 역할을 한다고 봅니다. 무경계의 길에서 '나'라는 좁은 관찰자의 위치는 사라지고, 의식이 곧 파동장 자체로 확장됩니다. 이는 "나=관찰자=세계"라는 양자적 무경계의 체험입니다.

무경계의 치유적 의미

에너지학적으로 파동의 경계가 사라질 때 몸의 불균형 에너지가 외부의 조화로운 진동과 동기화되어 자연 치유력이 활성화됩니다.

신경생리학적으로 무경계 명상 상태는 뇌의 좌·우 반구, 심박변이도(HRV), 자율신경계가 높은 동기화 상태로 들어감을 보여줍니다.

심리학적으로 자아의 경계가 무너지고, 불안·분리감이 치유되며, 통합된 자아-우주적 자아 체험이 발생합니다.

양자의학적 무경계의 요약

무경계의 길은 인간이 단순한 신체적 개체가 아니라 파동-의식-우주의 일체임을 자각하는 과정입니다. 소주천에서 대주천으로의 확장은 곧 내부 파동장의 조화 → 외부 우주장과의 공명 → 의식의 무경계적 확장으로 이어집니다.

이는 단순한 철학적 사유가 아니라, 실제로 뇌파·심장박동·세포 에너지에서 관찰 가능한 과학적·의학적 현상입니다.

이를 정리하면, 양자의학적 시각에서 무경계의 길은 파동의 공명과 의식의 확장을 통해 나와 미래와 세계가 분리되지 않고 하나로 이어져 있음을 체험하는 의식 기반 치유와 자아초월의 길입니다.

무경계無境界의 길: 양자의학적 해설

서론적 맥락

전통적 의학과 현대 과학은 오랫동안 인간을 물질적·생리적 차원에서 이해해 왔습니다. 그러나 20세기 이후 양자물리학의 등장과 더불어, 생명 현상을 단순한 기계적 작동으로 환원할 수 없다는 새로운 패러다임이 제기되었습니다. 특히 양자의학quantum medicine은 인간을 입자적 존재를 넘어 파동적·에너지적·의식적 존재로 이해하며, 이를 기반으로 심신 치유와 의식 확장의 가능성을 탐구합니다. 이러한 맥락에서, 무경계無境界의 길은 양자의학의 핵심 주제인 파동적 공명coherence과 의식의 확장을 보여주는 개념으로 정립되고 있습니다.

인간 존재에 대한 양자적 이해

양자의학적 관점에서 인간은 세 가지 차원에서 설명될 수 있습니다. 첫 번째, 물질적 차원으로 세포와 장기의 화학적·물리적으로서 이해와 두 번째, 에너지적 차원에서 생체 전자기장, 세포 간 파동적 신호, 경락 체계의 흐름을 파악하여, 세 번째, 의식적 차원에서 관찰자이자 창조적 참여자로서의 의식을 확장하는 것입니다.

이 세 차원은 분리된 것이 아니라 동시적이고 상호 얽힘entanglement 속에서 작동합니다. 따라서 몸과 마음, 나와 세계의 경계는 고정된 실체가 아니라, 양자장quantum field 속에서 형성되는 임시적 분할일 뿐입니다.

소주천에서 대주천으로: 파동적 전환

도가 전통에서 말하는 소주천은 인간 내부의 기(氣) 순환을 의미합니다. 이는 양자의학적으로 내부 에너지장의 조화coherence로 해석할 수 있습니다. 반면 대주천은 그 에너지장이 전신과 외부 세계로 확장되어, 개인적 파동장이 우주적 파동장과 공명하는 과정을 의미합니다. 이 과정에서 중요한 것은 경계의 해체입니다. 신체 내부와 외부의 구분, 개인과 환경의 구분은 파동적 차원에서 점차 사라지며, 수행자는 내부-외부, 주체-세계의 무경계적 흐름을 체험하게 됩니다.

관찰자와 의식의 무경계

양자물리학의 기본 원리 중 하나는 관찰자 효과observer effect입니다. 파동함수의 붕괴는 단순히 물리적 장치의 측정이 아니라, 의식의 개입에 의해 일어납니다. 양자의학은 이 개념을 확장하여, 인간의 의식이 파동적 현실화에 직접 참여한다고 봅니다.

무경계의 길에서 수행자는 더 이상 "내가 세계를 관찰 한다"는 이원적 구조 속에 머물지 않습니다. 오히려 의식이 곧 파동장이며, 파동장이 곧 의식이라는 일원적 체험 속으로 들어갑니다. 이는 곧 '나=세계=관찰자'라는 자아 초월적 무경계 상태의 구현입니다.

치유와 자아초월의 의미

무경계 상태는 단순한 철학적 사유가 아니라, 치유적·의학적 함의를 갖습니다. 에너지적 측면에서 파동장이 우주와 공명할 때, 세포와 장기의 불협화음은 동기화를 회복하며, 자연 치유력이 활성화됩니다. 신경과학적 측면에서 명상 중 무경계 상태에서 나타나는 뇌파 동기화, 심박변이도의 안정, 자율신경계의 균형은 과학적으로 관찰 가능한 현상입니다.

특히, 심리·의식적 측면에서 자아의 경계가 무너짐으로써 불안·분리감이 해소되고, 우주적 자아cosmic self의 체험으로 확장됩니다.

결론

양자의학적 관점에서 무경계의 길은 인간 존재가 물질적·에너지적·의식적 차원을 아우르는 파동적 일체임을 드러내는 과정입니다. 소주천에서 대주천으로 확장되는 여정은 곧 내부 파동장의 조화 → 외부 우주장과의 공명 → 의식의 무경계적 확장으로 이어집니다. 이는 현대 과학과 전통 명상, 그리고 의학이 만나는 새로운 통합 패러다임의 핵심이라 할 수 있습니다.

6. 자아초월의 길 : 홍익인간이 되다

자아초월의 길 – 작은 나를 넘어 큰 나로

자아초월Transpersonal의 길은 '작은 나(ego)'를 넘어 더 큰 의식과 존재로 확장되는 과정입니다. 인간에게 개별적 자아는 욕망과 두려움, 기억과 집착에 묶인 좁은 나입니다. 하지만 확장된 자아는 타인과 세계, 자연과 우주와 연결된 열린 나를 나타냅니다.

명상과 수행을 통해 우리는 경계를 넘어서는 체험을 하게 되며, 자아의 해체가 아니라 자아의 확장이 일어납니다. 이 길은 곧 나를 넘어선 나, 우주적 자아Cosmic Self로 나아가는 길입니다.

홍익인간 – 자아초월의 사회적 완성

고대 고조선 건국이념인 홍익인간弘益人間은 "널리 인간을 이롭게 한다."는 뜻을 지녔습니다. 이는 단순한 정치적 구호가 아니라, 자아초월의 사회적 실현이라 할 수 있습니다. 자신만을 위한 삶에서 벗어나, 타인의 행복·세계의 평화·생명의 공존을 추구하는 단계가 바로 자아초월의 궁극적 완성입니다. 즉 명상을 통해 내 안의 무경계를 체험하는 것이 내적 자아초월, 홍익인간의 정신을 실천하는 것이 외적 자아초월입니다. 이 두 길이 합쳐질 때, 인간은 진정한 "큰 사람大人", 즉 전인인간으로 성숙합니다.

명상적 차원 – 무경계와 홍익의 실현

명상은 무경계를 체험하는 조용한 발걸음입니다. 명상에서 '나와 타자, 나와 세계'의 구분이 사라질 때, 모든 존재는 하나의 장(場) 안에 있음을 깨닫게 됩니다.

명상에서 홍익적 자각, 즉 큰 깨달음은 곧 '모든 존재가 나와 다르지 않다'는 자각으로 이어지며, 자연스럽게 타인을 이롭게 하고 세상을 이롭게 하는 삶을 선택하게 합니다.

홍익인간의 실천적 전환은 자아초월을 통해 단지 깨달음이 내면적 체험에 머무르지 않고, 윤리적·사회적 실천으로 이어질 때 완성됩니다.

양자의학적 해석 – 파동의 합일과 인간다움

양자의학의 시각에서 자아초월과 홍익인간은 파동적·에너지적 합일의 다른 표현입니다. 나의 파동장이 조화될 때, 그것은 곧 타인·세계·우주와 공명하게 됩니다. 이 공명은 개인의 치유를 넘어, 사회적·집단적 치유로 확장됩니다. 따라서 홍익인간은 단순히 도덕적 인간상이 아니라, 에너지와 의식 차원에서 조화를 이루는 초월적 인간상으로 이해될 수 있습니다.

자아초월에서 홍익인간으로

자아초월의 길은 작은 나를 넘어 우주적 자아로 확장하는 내적 여정이며, 홍익인간의 길은 그 확장을 바탕으로 타인과 세상을 이롭게 하는 외적 실천입니다.

이 두 길이 하나로 만날 때, 인간은 진정한 무경계적 존재로서, 나와 세계를 동시에 치유하고 성장시키는 큰 길을 걷게 됩니다.

양자의학, 「자아초월의 길, 홍익인간이 되다」

서론

현대 의학은 주로 인간을 생물학적 기계로 이해해 왔으나, 양자의학과 통합의학적 패러다임은 인간을 단순한 물질적 존재가 아니라 에너지적·의식적 존재로 조명합니다. 이러한 관점에서 자아초월 transpersonal self-transcendence의 길은 개인적 자아를 넘어선 우주적·집단적 차원의 의식 확장을 의미합니다. 이는 한국 고대 사상 속 홍익인간의 이념과도 깊이 맞닿아 있습니다.

자아초월과 무경계적 의식(양자장)

자아초월은 자아와 세계, 현재와 미래, 나와 타인의 경계를 허무는 체험적 과정입니다. 양자의학적으로 볼 때 이는 개인 파동장의 안정화가 외부 우주장과의 공명으로 확장되는 과정으로 설명될 수 있습니다. 즉 자아초월은 단순한 심리적 환상이 아니라, 뇌파 동기화·자율신경계 균형·에너지장 동조화 등 실험적으로 관찰 가능한 현상입니다.

홍익인간과 자아초월의 사회적 구현

홍익인간은 '널리 인간을 이롭게 한다'는 건국이념으로, 이는 곧 자아초월의 사회적 실천입니다. 개인적 수행에서 얻은 무경계적 자각이 사회적·윤리적 차원으로 확장될 때, 그것은 공동체적 치유와 인류적 공생으로 구체화됩니다. 따라서 홍익인간은 단순한 도덕적 표어가 아니라, 자아초월 의식의 사회적 구현 모델로 이해될 수 있습니다.

결론

자아초월의 길은 내면적 수행을 통한 의식의 무경계적 확장이며, 홍익인간은 그 확장의 외적·사회적 실현입니다. 이 두 과정이 통합될 때, 인간은 생물학적 개체를 넘어 우주적 존재이자 공동체적 치유자로 거듭나며, 이는 곧 양자의학이 지향하는 의식 기반 치유 패러다임과도 합치됩니다.

[에세이]
자아초월, 홍익인간의 길

자아초월, 작은 나를 넘어 큰 나로

우리가 살아가는 일상 속의 '나'는 좁고 작습니다. 욕망과 두려움에 매달리고, 남과 나를 분리하며, 어제와 내일에 휘둘립니다. 그러나 명상과 깨달음의 길은 이 작은 나를 넘어 더 큰 나, 무한한 나로 우리를 이끌어 갑니다. 이것이 자아초월의 길입니다. 또한 홍익인간의 길이기도 합니다.

무경계의 체험

깊은 호흡과 고요한 집중 속에서 '나와 너'의 경계는 흐려지고, '지금과 미래'의 구분은 사라집니다. 새소리와 바람이 나의 숨결 속에서 울리고, 내 마음의 고요가 곧 우주의 고요와 하나 됩니다. 이때 우리는 깨닫습니다. 나는 나로만 존재하는 것이 아니라, 이미 세계와 연결된 우주적 존재임을.

홍익인간의 길

그러나 자아초월은 혼자만의 체험으로 머물지 않습니다. 깨달음은 곧 삶의 방식으로 이어져야 합니다. 고조선의 건국이념인 홍익인간, 곧 "널리 인간을 이롭게 한다."는 정신은 자아초월의 사회적 모습이라 할 수 있습니다.

나의 깨달음이 타인의 고통을 덜어주고, 나의 평화가 세계의 평화로 확장될 때, 우리는 비로소 홍익인간이 됩니다.

결론

자아초월의 길은 내 안의 무경계를 발견하는 여정이고, 홍익인간은 그 깨달음을 세상에 실천하는 길입니다. 작은 나를 넘어 큰 나로, 개인을 넘어 인류로. 이 두 길이 하나로 이어질 때, 우리는 존재의 참된 목적에 다가섭니다.

[학술논문]
양자의학 전공자에게 고함

자아초월=내적 의식 확장/홍익인간=그 사회적 구현

자아초월=내적 의식 확장

개념적 정의

자아초월transpersonal self-transcendence은 작은 자아ego self의 한계를 넘어, 의식의 확장된 차원을 경험하는 과정입니다. 이는 단순한 심리적 현상이 아니라, 존재론적·의학적·명상적 전환을 포함하고 있습니다.

명상적 실천

호흡과 집중을 통해 자기와 세계의 경계가 희미해짐을 체험합니다. 소주천小周天에서 대주천大周天으로 확장되는 수행은, 내면적 에너지의 흐름이 우주적 파동과 공명하는 과정입니다. 이때 수행자는 '나는 몸이다'라는 제한적 동일시에서 벗어나, 의식과 우주가 하나라는 직관에 도달합니다.

양자의학적 의미

양자의학은 자아초월을 에너지장과 의식장의 무경계적 확장으로 해석합니다. 개인의 파동장이 우주적 파동과 동조할 때, 의식은 좁은 개인적 자아를 넘어 우주적 자아Cosmic Self로 확장됩니다. 이는 곧 치유와 의식 성장의 기반이 됩니다.

홍익인간=그 사회적 구현

개념적 정의

홍익인간弘益人間은 고조선 건국이념으로 "널리 인간을 이롭게 한다."는 뜻을 가지고 있습니다. 이는 단순한 정치적 표어가 아니라, 확장된 의식이 사회적 삶 속에서 구현된 모습입니다.

실천적 차원

자아초월의 내적 깨달음은 반드시 사회적 실천으로 이어져야 합니다. 개인의 평화는 곧 가족과 공동체의 평화로 확장되며, 더 나아가 인류 전체의 공존을 추구합니다.

홍익인간은 내적 자아초월 → 외적 사회참여라는 연속선상에서 이해할 수 있습니다.

양자의학적 의미

개인의 파동장이 조화를 이룰 때, 그것은 타인의 파동과도 공명합니다. 따라서 한 개인의 치유와 각성은 단지 개인적 사건이 아니라,

집단적·사회적 치유로 확산되는 파동적 현상입니다. 홍익인간은 곧 자아초월의 사회적·집단적 차원의 구현이라 할 수 있습니다.

결론

자아초월은 내적 의식의 확장을 통해 개인적 자아를 넘어서는 길입니다.

홍익인간은 그 확장의 결과가 사회적·윤리적 차원에서 구체화된 사회적 구현입니다.

즉, *자아초월은 내적 기반, 홍익인간은 외적 실천이며, 두 축은* 함께 인간의 성숙과 인류적 공생의 길을 열어줍니다.

詩 2025.08.21.

자아초월의 길, 홍익인간이 되다

목원현용수 博士

내 안의 고요가
한 줄기 빛이 되어
가슴 깊은 곳에서 피어난다

그 빛은 나를 비추는 데 머물지 않고
타인의 상처를 어루만지고
세상의 어둠을 밝히려 한다

깊은 숨 속에서 만난 깨달음은
홀로 간직될 수 없는 씨앗이 되어
세상 속으로 흘러간다

그 길 위에서 나는 안다
깨달음은 고독한 山頂의 꽃이 아니라
누군가의 삶을 살리는 물줄기임을

내면의 평화가 곧
세상의 평화로 번져가며
나의 호흡이 곧
모두의 숨결로 이어진다

그리하여 나는
작은 나를 넘어
세상을 품는 큰 나가 된다

이것이 곧
깨달음이 실천으로 이어지는 길
홍익弘益의 길이다

IV

숨 나래, 명상冥想을 만나다

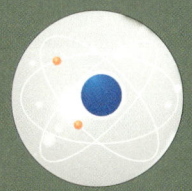

『숨은 명상의 문을 열고, 뇌와 감정, 의식의 깊은 회로를 바꾼다. 편도체·해마·송과선과 같은 뇌의 중심과 호흡이 만나면, 명상은 곧 인간 존재의 확장을 가능하게 한다.』 -본문 요약

1. 숨, 내면의 문을 여는 나래

2. 양자의학, 숨 나래를 펴다

3. 숨 나래의 길, 뇌 감정회로를 바꾼다

4. 뇌 감정회로를 바꾸는 숨 나래 명상 - 실습

5. 숨 나래, 편도체扁桃體 조절자의 역할

6. 숨 나래, 해마의 기억을 되새기다

7. 숨 나래, 뇌 송과선松科腺의 기능을 촉진하다

8. 명상수련의 길, '홍익인간 정신'을 함양한다

■ 서문

숨은 언제나 우리 안에 있으나 우리는 그것을 의식하지 못한 채 살아갑니다. 그러나 어느 순간, 깊은 들숨과 날숨 속에서 우리는 깨닫습니다. 숨이 단순한 생리 작용이 아니라, 삶을 떠받치는 보이지 않는 날개라는 것을.

숨 나래란 곧, 호흡이 펼쳐내는 치유와 초월의 길을 뜻합니다. 들숨은 생명의 빛을 받아들이는 날개 짓이고, 날숨은 나를 얽아매던 두려움과 집착을 내려놓는 해방의 날개 짓입니다. 이렇게 숨은 우리를 붙잡아두던 무게를 가볍게 하고, 의식을 확장시켜 더 큰 세계로 나아가게 합니다.

명상은 바로 이 숨 나래가 펼쳐지는 자리입니다. 숨을 따라 마음을 고요히 들여다볼 때, 우리는 내면 깊은 곳에서 고여 있던 감정과 상처가 서서히 녹아내리는 경험을 합니다. 그리고 마침내, 작은 자아를 넘어선 자아초월의 순간을 맞이하게 됩니다.

〈숨 나래, 명상을 만나다〉는 호흡이 어떻게 명상으로 이어지고, 명상이 어떻게 치유와 초월로 이어지는지를 탐구합니다. 이 길은 특별한 수행자만의 길이 아니라, 누구나 일상 속에서 펼칠 수 있는 치유와 자각의 길입니다.

이 책은 독자에게 이렇게 속삭입니다.
"당신의 숨은 이미 날개를 가지고 있다.
지금 여기서, 명상과 함께 그 날개를 펼쳐라."

1. 숨, 내면의 문을 여는 나래

숨은 삶에서 가장 단순하면서도 가장 근원적인 움직임입니다. 우리가 무심코 들이쉬고 내쉬는 한 호흡 속에는 몸과 마음을 연결하는 보이지 않는 다리가 숨어 있습니다.

명상은 바로 그 다리를 따라 들어서는 길입니다. 모든 잡념과 욕망으로 분주한 마음을 내려놓고 단순히 호흡에 귀 기울이는 순간, 우리는 내면의 고요와 마주하게 됩니다. 이때 숨은 더 이상 단순한 공기의 흐름이 아니라, 의식이 확장되는 나래(날개)가 됩니다.

호흡과 명상의 만남

명상에서 호흡은 가장 기본적이면서도 가장 깊은 도구입니다. 숨을 지켜보는 일은 단순하지만, 그 안에는 놀라운 변화를 품고 있습니다.

들숨은 우주의 에너지를 받아들이는 순간, 날숨은 내 안의 고요와 자비를 흘려보내는 순간입니다.

숨(호흡)에 집중할수록 마음은 점차 투명해지고, 몸은 스스로 회복하며, 의식은 확장됩니다.

양자의학적 관점에서 보면, 이는 곧 세포와 뇌파가 새로운 리듬으로 정렬되는 과정이기도 합니다. 명상이 단순한 심리적 안정이 아니라 실제적인 치유 효과를 낳는 이유가 여기에 있습니다.

숨 나래, 치유와 확장의 길

숨 나래가 명상과 만나면 우리는 좁은 자아의 울타리를 넘어섭니다. 작은 나의 호흡이 숲의 바람과 맞닿고 바다의 물결과 이어지며, 별빛의 떨림과 공명하는 것을 체험하게 됩니다. 이 무경계의 순간, 우리는 단순히 개별적 존재가 아니라 생명 전체와 연결된 존재임을 느낄 수 있습니다. 그 깨달음 속에서 일어나는 치유는 단순히 몸을 건강하게 하는 것이 아니라, 마음을 맑게 하고, 삶의 방향을 새롭게 만들어 줍니다.

TIP) 숨 나래 명상 실천

작은 실천이 큰 변화를 부릅니다. 다음은 일상에서 쉽게 시도할 수 있는 숨 나래 명상법입니다.

편안히 앉기

척추를 곧게 세우고 어깨를 풀어줍니다. 눈은 살며시 감습니다.

호흡 지켜보기

억지로 바꾸지 말고, 있는 그대로의 숨을 따라갑니다.

숨 나래 펼치기

마음속에서 호흡이 양쪽으로 넓게 펼쳐져 나래가 되는 모습을 상상합니다.

들숨은 우주의 빛과 에너지를 받아들이고, 날숨은 내 안의 고요와 사랑을 세상에 보내는 순간입니다.

우주와 이어지기

점차 호흡이 숲의 바람, 바다의 물결, 별빛의 떨림과 하나가 되는 것을 느껴봅니다.

마무리

몇 차례 깊게 호흡한 뒤 천천히 눈을 뜨며, '큰 나래의 숨'을 품은 채 일상으로 돌아옵니다.

맺음말

숨 나래가 명상을 만난다는 것은, 단순히 호흡법을 배우는 것이 아닙니다. 그것은 내면과 외부 세계를 하나로 잇는 길, 나와 우주가 함께 호흡하는 길을 여는 것입니다.

그 길 위에서 우리는 더 이상 혼자가 아니라, 세상과 더불어 치유와 평화를 나누는 하나의 파동이 됩니다.

[에세이]

숨 나래, 명상을 만나다

숨은 언제나 우리 곁에 있었습니다. 그러나 우리는 그 소리를 잘 듣지 못했습니다. 바쁘게 뛰는 마음속에서, 호흡은 그저 살아 있기 위한 최소한의 리듬이었을 뿐이었습니다.

그러나 문득, 호흡에 귀 기울이는 순간 깨닫게 됩니다. 한 번의 들숨은 우주의 빛을 내 맘에 들이는 일이며, 한 번의 날숨은 내 안의 고요를 세상에 흘려보내는 일이라는 것을. 숨은 단순한 공기의 흐름이 아닙니다. 그것은 의식을 확장시키는 길이며, 세포와 마음을 치유하는 문입니다.

숨 나래가 펼쳐지는 그 순간, 우리는 더 이상 고립된 개인이 아니라 숲과 바다, 별빛과 이어진 하나의 파동이 됩니다. 이 글은 그 길 위에 서 있는 독자와 함께, 숨이 어떻게 명상을 만나고, 명상이 어떻게 치유로 이어지는지 탐구하고자 합니다.

숨 나래를 펼쳐 내면의 고요와 우주의 울림을 함께 경험하는 여정에 동행해 주시기를 바랍니다.

명상 프로그램 워크북 - 단계별 안내
(숨 나래, 명상을 만나다 - 실천 가이드)

☐ **준비하기**

조용한 공간을 찾습니다.

편안히 앉아 척추를 곧게 세우고 어깨를 풀어줍니다.

눈을 가볍게 감습니다.

☐ **단계별 실천**

호흡 관찰하기

지금의 호흡을 억지로 바꾸지 말고, 코끝을 드나드는 숨의 흐름만 지켜봅니다.

들숨과 날숨이 가진 리듬에 마음을 실어봅니다.

숨 나래 펼치기

들숨을 할 때, 우주의 에너지가 들어온다고 상상합니다.

날숨을 할 때, 내 안의 고요와 사랑이 세상으로 흘러간다고 느껴봅니다.

호흡이 양옆으로 퍼져 '나래'처럼 펼쳐진다고 이미지화해 보세요.

자연과 공명하기

호흡이 숲의 바람, 바다의 물결, 별빛의 떨림과 하나로 이어지는 느낌을 떠올립니다.

이 순간, 나와 자연이 분리되지 않고 연결되어 있음을 체험합니다.

치유의 호흡 느끼기

들숨마다 세포가 빛으로 충만해지고, 날숨마다 마음의 무거움이 흘러나간다고 상상합니다.

몸과 마음이 가볍게 정돈되는 감각을 음미합니다.

마무리하기

몇 번 깊게 호흡을 한 뒤, 천천히 눈을 뜹니다.

명상이 끝나도 여전히 숨 나래가 펼쳐져 있음을 기억하며 일상으로 돌아갑니다.

2. 양자의학, 숨 나래를 펴다

숨 나래를 편다는 것은 단순히 호흡을 깊게 들이쉬고 내쉬는 일이 아닙니다. 그것은 곧 양자의학적 차원에서의 자기 확장이며, 미세한 생명 입자들이 파동의 리듬으로 공명하는 순간입니다. 숨(호흡)은 몸 속에 산소를 공급하는 기계적 작용을 넘어서, 의식과 에너지를 연결하는 다리로 작용합니다.

양자의학은 이 숨(호흡)의 본질을 새로운 시각으로 조명합니다. 우리가 들이쉬는 한 번의 숨은 단지 공기의 분자가 아니라, 양자적 정보와 에너지의 파동이기도 합니다. 이 파동은 세포와 장기, 신경망의 깊은 층위에서 진동하며, 각자의 고유한 진동수와 공명합니다. 그러므로 숨을 의식적으로 확장한다는 것은 곧 자기 몸과 마음을 넘어, 우주적 질서와의 교감으로 이어집니다.

숨 나래를 펼친다는 것은 삶의 주파수를 넓히는 행위입니다. 좁은 가슴 속 호흡이 대지와 하늘을 가로지르는 큰 호흡으로 확장될 때, 인간은 더 이상 고립된 존재가 아닙니다. 작은 나의 호흡이 곧 숲의 바람과 연결되고, 별빛의 맥동과 맞닿으며, 바다의 물결과 어우러집니다. 이 무경계적 흐름 속에서 우리는 자아의 울타리를 넘어선 치유를 경험합니다.

명상적 차원에서 숨 나래는 내면의 미세한 파동을 듣는 귀입니다. 호흡에 집중하는 순간, 뇌파는 안정되고, 마음은 투명해지며, 몸은 스스로를 회복합니다. 이때 발생하는 변화는 단순한 심리적 안정이 아니라, 실제로 세포 수준에서의 에너지 재배치이며, 현대 양자의학이 설명하는 '의식 기반 치유'의 메커니즘입니다.

결국 숨 나래를 펼친다는 것은, 내적 고요와 외적 우주가 한 몸처럼 호흡하는 길을 여는 일입니다. 그 길 위에서 인간은 단순히 살아가는 존재가 아니라, 스스로와 세계를 치유하는 하나의 파동이 됩니다.

[철학 에세이]

숨 나래를 펴다 – 양자의학과 인간 존재의 확장

숨은 생명의 가장 원초적인 리듬이자, 의식이 드러나는 첫 무대입니다. 그러나 양자의학의 시선에서 보면 숨은 단순한 생리적 작용을 넘어, 에너지와 정보의 파동입니다. 우리가 들이쉬는 공기 분자 속에는 끊임없이 진동하는 미세 입자들이 있으며, 그 입자들은 파동적 성질을 통해 우리 몸의 세포와 공명합니다.

숨을 깊이 의식한다는 것은 곧 나와 세계의 경계를 허무는 일입니다. 나의 호흡이 숲의 나무와 맞닿아 있고, 바다의 물결과 이어져 있으며, 우주의 별빛과 교차한다는 사실을 느끼는 순간, 우리는 고립된 개체가 아닌 무한한 연결망의 일부임을 깨닫습니다.

숨 나래를 펼친다는 은유는, 곧 인간이 자기 안에 갇힌 생존적 호흡에서 벗어나 우주적 리듬과 동행하는 존재로 확장되는 과정입니다. 그 과정에서 우리는 자아를 넘어선 의식을 경험하고, 자기 자신과 세계를 동시에 치유하는 에너지의 장을 체험합니다.

숨 나래를 펴다 – 양자의학과 명상적 치유

숨, 파동의 문을 열다

숨은 인간에게 가장 원초적인 생명 리듬이자, 의식의 첫 무대입니다. 그러나 양자의학의 관점에서 바라본 숨은 단순히 산소를 교환하는 생리적 행위에 머물지 않습니다. 숨은 곧 에너지와 정보의 파동이며, 우리가 들이쉴 때마다 미세 입자들이 몸의 세포와 신경망에 공명하여 치유의 리듬을 일으킵니다.

숨을 의식적으로 확장하는 순간, 나의 호흡은 더 이상 개인적이지 않습니다. 그것은 숲의 바람과 연결되고, 바다의 물결과 이어지며, 우주의 별빛과 맞닿습니다. 이때 인간은 고립된 개체에서 벗어나 우주적 생명망의 일부임을 깨닫습니다.

'숨 나래를 편다'는 은유는 곧 좁은 가슴의 호흡에서 벗어나, 삶 전체를 품는 큰 호흡으로 확장되는 과정입니다. 그것은 자아를 넘어서는 초월의 경험이자, 내적 고요와 외적 우주가 하나의 파동으로 어우러지는 순간입니다. 이때 발생하는 변화는 단순한 심리적 안정이 아니라, 세포와 의식의 차원에서 일어나는 치유입니다.

숨 나래를 여는 길 – 명상 수행 가이드

(이제 우리는 철학적 사유를 넘어, 직접 숨 나래를 펼치는 실천의 길로 들어가 봅시다.)

자리 잡기

조용한 공간에 앉아 척추를 곧게 세우고, 어깨의 긴장을 내려놓는다. 눈을 감고 내면의 고요를 준비한다.

호흡 알아차리기

들숨과 날숨이 자연스럽게 오가는 흐름을 지켜본다. 억지로 바꾸지 않고, 단순히 '지금 이 호흡'을 알아차린다.

숨의 확장

들숨이 코끝에서 가슴, 배 깊숙이 내려가는 길을 느끼고, 날숨이 반대로 흘러나가는 길을 따라간다. 호흡이 몸 전체를 부드럽게 채우는 것을 상상한다.

나래 펴기

마음속에서 호흡이 양쪽으로 퍼져 나래처럼 펼쳐진다고 그려본다. 들숨은 우주의 빛과 에너지를 받아들이는 순간이고, 날숨은 내 안의 고요와 사랑을 세상에 흘려보내는 순간이다.

우주와의 합일

호흡이 점차 부드럽고 깊어질수록, 나의 숨이 숲의 바람, 바다의 파도, 별빛의 떨림과 하나로 어우러짐을 체험한다. 이때 몸은 치유의 리듬을 되찾고, 마음은 넓은 평화 속에 잠긴다.

마무리

몇 차례 깊은 호흡을 이어간 뒤, 서서히 눈을 뜨며 일상으로 돌아온다. 그러나 그 순간에도 호흡은 이미 '큰 나래'를 품은 리듬으로 이어지고 있음을 느낄 수 있다.

맺음말

숨 나래를 편다는 것은 단지 호흡의 기술을 넘어섭니다. 그것은 곧 삶의 주파수를 넓히는 행위이며, 인간이 자기 안에 갇힌 생존적 호흡을 넘어서 우주적 리듬과 함께 살아가는 존재로 확장되는 길입니다. 그리고 그 길 위에서 우리는 스스로를 치유할 뿐 아니라, 세상과 더불어 평화와 조화를 이루는 파동이 됩니다.

숨 나래를 펴다 – 호흡과 치유의 과학

숨, 삶을 여는 파동

우리가 매 순간 들이쉬고 내쉬는 숨은 단순히 공기의 흐름일까요? 양자의학이 말하는 숨은 그 이상입니다. 숨은 우리 몸의 세포와 신경에 미세한 파동을 전하는 에너지의 통로이자, 마음과 세계를 잇는 보이지 않는 다리입니다. 깊게 호흡할 때, 우리는 단순히 산소를 마시는 것이 아니라, 우주적 리듬과 공명하고 있습니다. 숲의 바람, 바다의 물결, 별빛의 떨림은 모두 파동이고, 우리의 호흡 또한 같은 파동으로 울립니다.

숨을 의식적으로 확장할수록, 나의 호흡은 더 이상 '나만의 것'이 아니라 세상과 이어지는 큰 호흡이 됩니다. '숨 나래를 편다.'는 말은 바로 그 경험을 가리킵니다. 나의 호흡이 작은 가슴 속에 갇혀 있지 않고, 나래처럼 펼쳐져 세상과 함께 호흡하는 순간입니다. 이때 우리는 스스로를 치유할 뿐 아니라, 자연과 우주와 어울리는 존재로 다시 태어납니다.

양자의학과 숨 - 호흡이 열어주는 치유의 문

숨, 가장 작은 입자와 연결되다

호흡은 우리가 태어나면서부터 죽을 때까지 이어지는 삶의 리듬입니다. 하지만 단순히 산소와 이산화탄소를 교환하는 기계적 작용으로만 볼 수는 없습니다. 양자의학에서는 숨을 에너지와 정보의 흐름으로 이해합니다.

우리가 들이마시는 공기 속에는 무수한 입자들이 있으며, 그 입자들은 파동처럼 진동합니다. 이 파동은 우리 몸의 세포, DNA, 신경망과 끊임없이 공명합니다. 즉 숨은 물리적 호흡이자 동시에 양자적 파동의 대화인 셈입니다.

호흡과 에너지장의 변화

양자의학은 인간을 단순한 '물질적 몸'으로 보지 않습니다. 우리는 전자기적 진동을 가진 하나의 에너지장입니다. 호흡은 이 에너지장의 파동을 정돈하는 가장 중요한 열쇠입니다.

얕고 불규칙한 호흡 → *세포의 리듬이 불안정해지고, 신경계의 균형이 깨집니다.*

깊고 의식적인 호흡 → *세포와 뇌파가 안정되고, 몸 전체가 자기치유적 조화 상태로 들어갑니다.*

명상가들이 말하는 "호흡의 평화"는 단순한 마음의 안정이 아니라, 실제로 세포 수준에서 일어나는 파동의 재정렬을 뜻합니다.

호흡, 뇌와 의식을 바꾸다

과학적으로도 호흡은 뇌와 밀접하게 연결되어 있습니다. 천천히 깊게 호흡할 때, 부교감신경이 활성화되고 뇌파가 안정되며, 스트레스 호르몬이 줄어듭니다.

양자의학적 시선에서는 이때 일어나는 변화를 의식의 진동수 변화라고 설명할 수 있습니다. 즉 호흡은 단순히 몸을 쉬게 하는 것이 아니라, 우리의 의식 수준을 전환하는 도구이다. 들숨과 날숨을 따라 의식이 확장될 때, 우리는 일상적 사고의 벽을 넘어 더 큰 자각과 연결됩니다.

숨 나래, 치유의 길로

'숨 나래를 편다'는 말은 곧 호흡이 좁은 개인적 차원을 넘어서, 우주적 호흡과 이어진다는 것을 뜻합니다. 양자의학은 바로 이 순간을 치유의 문이 열리는 지점으로 봅니다.

내 안의 호흡 ↔ 세포의 파동 ↔ 자연과 우주의 리듬
작은 숨 하나가 곧 전체 생명망의 울림과 연결되는 순간

이 흐름 속에서 우리는 스스로를 치유할 뿐 아니라, 세상과 조화롭게 공존하는 존재로 거듭날 수 있습니다.

숨 나래, 실천 – 호흡을 통한 양자 치유 명상

편안히 앉아 호흡을 지켜봅니다.
들숨에 "우주의 에너지가 들어온다."는 느낌을 가져봅니다.
날숨에 "내 안의 고요와 사랑이 세상으로 퍼져나간다"고 상상합니다.
호흡이 깊어질수록 나와 세상이 한 파동으로 연결되어 있음을 느껴봅니다.

정리하자면, 호흡은 단순한 생리 현상이 아니라 양자적 차원의 치유 통로입니다.
숨을 의식적으로 다루는 순간, 우리는 자기 몸과 마음을 넘어, 우주와 이어지는 큰 치유의 장 속으로 들어갑니다.

3. 숨 나래의 길, 뇌 감정회로를 바꾼다

숨과 감정의 과학

숨은 단순한 생리 작용이 아닙니다. 신경과학적으로 볼 때 호흡은 뇌의 감정 회로에 직접 연결되어 있습니다. 화가 날 때 호흡이 가빠지고, 불안할 때 숨이 얕아지며, 평온할 때 숨이 길어지는 것은 단순한 경험적 사실이 아니라 변연계(특히 편도체)의 활성 패턴과 호흡 리듬이 긴밀히 연동되기 때문입니다.

양자의학적 관점에서 호흡은 단순히 산소 교환을 넘어섭니다. 호흡은 세포와 신경망에 에너지 파동을 전달하는 과정이며, 의식의 리듬을 재정렬하는 통로입니다. 숨 나래의 길은 곧 뇌 감정 회로의 구조를 다시 쓰는 치유적 길입니다.

신경과학적 기전

변연계 조절: 얕은 호흡은 편도체를 과도하게 자극해 불안·공포 반응을 강화합니다. 반대로 느리고 규칙적인 호흡은 부교감신경을 활성화하여 편도체 활동을 억제하고, 전전두엽과의 연결을 강화합니다.

호흡 - 뇌파 연동: 깊은 호흡은 알파(α), 세타(θ)파를 증가시켜 정서 안정과 자기인식을 증진시킵니다. 이는 감정적 충동을 억제하고 인지적 제어를 강화시킵니다.

양자의학적 해석

호흡은 단순히 뇌의 신경전달물질을 조절하는 수준에 머물지 않습니다. 양자의학에서는 호흡을 세포와 의식이 공명하는 파동적 과정으로 봅니다.

들숨은 에너지와 정보의 파동을 세포와 뇌에 불어넣습니다. 날숨은 불균형한 파동을 배출하고, 의식장을 재정렬합니다.

이 과정에서 뇌의 감정회로는 새로운 파동 패턴을 학습하며, 감정 반응은 보다 안정적이고 조화로운 회로로 바뀝니다.

결론

따라서 숨 나래의 길은 신경과학적으로는 뇌 감정회로의 가소성을 촉진하는 메커니즘이고, 양자의학적으로는 의식과 파동장의 동기화를 통한 자기치유 경로라 할 수 있습니다.

4. 뇌 감정회로를 바꾸는 숨 나래 명상-실습

준비(2분)
조용히 앉아 척추를 곧게 세우고 눈을 감는다.
어깨와 턱의 긴장을 풀어준다.

단계별 수행
감정 알아차리기(3분)
지금 내 안의 감정을 살펴본다. 불안, 분노, 긴장이 있다면 억누르지 않고 그냥 지켜본다.

호흡 조율하기(5분)
4초 동안 코로 깊게 들이마신다.
6~7초 동안 길게 내쉰다.
내쉴 때 "안전하다"는 신호가 뇌에 전달된다고 상상한다.

숨 나래 펼치기(7분)
가슴에서 호흡이 양옆으로 퍼져 나래처럼 펼쳐진다고 이미지화한다.
들숨=우주의 에너지 유입, 날숨=내 안의 고요와 사랑 확산.

뇌 회로 재정렬하기(5분)

감정의 긴장이 날숨과 함께 흘러나간다고 느낀다.

"나는 감정의 희생자가 아니라 감정의 주인이다"라는 마음가짐을 가져본다.

마무리(3분)

몇 번 깊게 호흡하고, 천천히 눈을 뜬다.

명상 중 느낀 감각을 간단히 기록하거나, 짧게 공유한다.

맺음말

숨 나래의 길은 과학과 명상이 만나는 지점입니다.

호흡 하나가 뇌의 감정 회로를 다시 짜고, 세포의 파동장을 재정렬하며, 의식을 확장시킵니다. 그 길 위에서 인간은 더 이상 감정의 노예가 아니라, 감정을 관찰하고 다스리는 주체가 됩니다. 숨은 언제나 우리 곁에 있습니다. 그것을 펼칠 수 있을 때, 뇌는 새롭게 쓰여지고, 삶은 새로운 방향으로 열립니다.

5. 숨 나래, 편도체 조절자의 역할

편도체와 감정 반응

편도체는 뇌 변연계의 핵심 구조로, 공포·불안·분노와 같은 원초적 감정 반응의 경보 장치 역할을 합니다. 위험을 감지하면 즉각 신체를 긴장시키고, 심장 박동과 호흡을 가속화합니다.

그러나 현대인의 일상에서는 실제 위협이 없는데도 과도하게 활성화되며, 만성 불안과 스트레스 반응을 유발합니다.

숨(호흡)과 편도체의 직접 연결

최근 신경과학 연구에 따르면, 숨의 길(리듬)은 편도체와 직접 연결되어 있습니다.

얕고 빠른 호흡 → 편도체의 흥분 증가 → 불안·과민 반응 강화

느리고 깊은 호흡 → 편도체 활동 억제 → 전전두엽의 조절력이 회복

즉, 숨을 조절하는 행위 자체가 편도체의 과도한 경보 시스템을 진정시키는 열쇠가 됩니다.

숨 나래의 조절자적 기능

'숨 나래'란 호흡이 단순한 생리 작용을 넘어, 의식적·확장적 호흡으로 펼쳐지는 상태를 의미합니다. 이때 호흡은 다음과 같은 조절자

역할을 합니다.

감정 억제기: 날숨이 길어질수록 편도체의 흥분이 낮아지고, 불필요한 감정 반응이 억제됩니다.

인지 강화기: 안정된 호흡은 전전두엽의 활동을 강화하여, 감정을 객관적으로 바라보게 합니다.

파동 동기화기: 양자의학적 관점에서, 숨은 뇌 세포 간 파동 리듬을 동기화해 편도체의 불안정한 파동을 안정된 주파수로 맞춥니다.

명상과 숨 나래 훈련이 주는 변화

명상 중 숨 나래를 펼치면, 편도체의 과잉 활성화가 억제되고 뇌의 감정 회로가 새롭게 조율됩니다. 그 결과, 불안이 줄고, 감정적 충동이 완화되며, 삶을 보는 시야가 더 넓어지고 평화로워집니다. 이는 단순한 기분 변화가 아니라, 실제로 뇌의 신경회로 가소성을 통한 구조적 변화입니다.

◇편도체 조절을 위한 숨 나래 호흡 - 실천 가이드

감정 체크: 지금 느끼는 불안·긴장을 마음속으로 인식합니다.

4~6 호흡: 4초 들이마시고, 6초 이상 길게 내쉰다. 내쉴 때 편도체가 차분해지는 것을 상상합니다.

나래 펼치기: 호흡이 가슴에서 양옆으로 나래처럼 펼쳐져 뇌 전체를

감싸는 이미지로 그립니다.

파동 안정화: 들숨은 맑은 에너지를 불어넣고, 날숨은 불필요한 흥분을 배출하는 장면을 떠올립니다.

통합: 5~10분 지속하며, 감정 반응이 차분히 가라앉는 변화를 체감합니다.

맺음말

숨 나래는 단순한 호흡법이 아니라, 편도체를 다스리는 내적 조절자입니다. 이 조절자 역할을 통해 우리는 감정의 자동적 반응에서 벗어나, 평온과 균형 속에서 더 자유로운 선택을 할 수 있습니다.

[학술 에세이]

숨 나래와 편도체 – 감정 조절 메커니즘의 신경생리학적·양자의학적 탐구

서론

편도체amygdala는 뇌 변연계에서 공포·분노·불안을 조절하는 핵심 구조입니다. 과도한 편도체 활성은 스트레스 장애, 불안 장애, 충동적 감정 반응의 기저가 됩니다. 본 논문은 호흡, 특히 명상적 호흡('숨 나래')이 편도체 활동을 조절하는 메커니즘을 신경과학적·양자의학적 관점에서 분석했습니다.

신경과학적 배경

호흡과 변연계 연결: 호흡 리듬은 미주신경vagus nerve을 통해 편도체의 활동성을 변화시킵니다. 느린 호흡은 편도체의 과잉 반응을 억제하고, 전전두엽prefrontal cortex의 상위 조절 기능을 강화합니다.

뇌파와 감정 조절: 호흡의 안정화는 알파파, 세타파를 증가시켜 편도체의 흥분 상태를 낮춥니다. 이는 감정적 충동의 억제와 자기 인식 향상으로 이어집니다.

양자의학적 해석

세포 파동의 재배치: 산소 분자와 에너지 흐름은 세포 수준에서 파동적 교류를 일으킵니다. 호흡은 뇌 신경망의 파동 패턴을 안정화시켜 편도체의 불균형한 진동을 조절합니다.

의식-에너지 상호작용: 양자의학적 시각에서 의식은 뇌 활동을 넘어선 파동장field입니다. 숨 나래는 이 파동장을 재 정렬하여 편도체의 과잉경보를 진정시키는 조절자 역할을 수행합니다.

논의

숨 나래의 호흡은 감정 회로의 자동 반응성을 낮추고, 인지적 조절력을 강화시킵니다. 이는 단순히 심리적 기분 전환이 아니라, 뇌 신경회로 가소성과 파동장 동기화를 통한 구조적 변화입니다.

결론

숨 나래는 편도체amygdala를 진정시키는 내적 조절자입니다. 신경생리학적 기전과 양자의학적 해석은 호흡이 감정적 균형과 의식 확장을 동시에 촉진한다는 점에서 상호 보완적 설명을 제공합니다.

6. 숨 나래, 해마의 기억을 되새기다

해마, 기억의 관문

해마hippocampus는 뇌 변연계 깊숙이 자리한 구조로, 새로운 경험을 장기 기억으로 저장하는 기억의 관문입니다. 또한 맥락적 기억을 형성하여 우리가 삶의 사건을 이해하고 연결할 수 있게 합니다. 하지만 스트레스와 과도한 불안은 해마의 기능을 약화시키고, 기억력 저하와 우울, 심지어 치매와 같은 인지 질환의 위험 요인으로 작용합니다.

숨(호흡)과 해마의 연결

최근 연구들은 호흡 리듬이 해마 신경세포의 활동과 직접적으로 연결되어 있음을 보여주고 있습니다.

들숨은 해마의 신경세포를 자극해 새로운 정보를 각성 상태에서 각인시킵니다. 날숨은 해마의 신경망을 안정화하여 기억을 정돈하고 회상력을 높입니다.

즉, 숨의 리듬이 곧 기억의 리듬입니다. 의식적 호흡, 즉 '숨 나래'는 해마가 기억을 되새기는 과정을 돕는 조율자가 됩니다.

양자의학적 해석 – 파동으로서의 기억

양자의학에서는 기억을 단순히 신경세포의 전기화학적 흔적이 아니라, 에너지 파동의 패턴으로 이해할 수 있습니다.

새로운 경험은 뇌에 특정한 파동 흔적을 남깁니다. 호흡은 이 흔적을 되살리는 파동의 증폭기 역할을 합니다.

숨 나래가 펼쳐질 때, 해마에 저장된 기억의 파동이 현재 의식과 공명하며 되새김의 경험을 가능하게 합니다. 이 과정은 단순한 기억 회상을 넘어, 과거의 경험이 새로운 의미와 치유의 자원으로 전환되는 순간입니다.

명상과 기억 치유

명상적 호흡은 단순히 과거를 떠올리는 것이 아니라, 기억에 담긴 감정을 재구성합니다.

불안과 상처를 담은 기억은 호흡 속에서 부드럽게 재구성되며 치유적 기억으로 전환하며, 긍정적 경험의 기억은 호흡과 함께 강화되어 자기 정체감과 자존감을 회복시켜줍니다.

숨 나래는 과거의 경험을 새로운 빛으로 비추어, 기억 속 고통을 지혜로 전환하는 길을 열어줍니다.

◇해마와 함께하는 숨 나래 - 실천 가이드

자리 잡기: 편안히 앉아 척추를 곧게 세우고 눈을 감는다.

호흡 느끼기: 4초간 들숨, 6초 이상 날숨을 이어가며 호흡의 리듬을 안정시킨다.

기억 떠올리기: 특정한 기억(즐거운 경험이나 치유가 필요한 장면)을 마음에 떠올린다.

숨 나래 펼치기: 들숨과 함께 그 기억의 장면을 밝히고, 날숨과 함께 감정적 긴장을 흘려보낸다.

재구성하기: 호흡을 반복하며 그 기억 속의 내가 성장하고 치유되는 모습을 이미지화한다.

마무리: 호흡을 멈추고 조용히 느껴본다. 기억이 단순한 과거의 사건이 아니라 현재와 이어지는 자원이 되었음을 확인한다.

맺음말

해마는 기억의 저장고이자 되새김의 장치이고, 숨 나래는 그 기억을 깨우고 재구성하는 내적 조율자입니다. 숨(호흡)을 통해 과거는 단순한 사실이 아니라, 오늘의 나를 성장시키는 의식의 자원으로 되살아납니다.

[학술 에세이]

숨 나래, 해마의 기억을 되새기다: 뇌과학적·양자의학적 탐구

서론

해마hippocampus는 인간의 기억 형성과 회상에 핵심적인 역할을 수행하는 뇌 구조로, 새로운 경험을 장기 기억으로 통합하고 맥락적 기억을 저장하는 기능을 담당한다. 그러나 스트레스와 불안으로 인한 만성적 편도체 과활성은 해마 기능을 저하시켜 기억력 장애와 정서적 불균형을 초래한다. 본 논문은 호흡(숨 나래)이 해마의 기억 기능에 미치는 영향을 신경생리학적 연구와 양자의학적 관점에서 분석하고자 한다.

신경과학적 배경
해마와 호흡 리듬의 상관성

최근 신경과학 연구에 따르면, 해마의 신경세포 집단은 호흡 리듬과 직접적으로 연동된다.

들이쉼Inhalation은 해마 신경세포의 발화를 촉진하여 새로운 정보의 각인encoding을 강화시킨다. 내쉼Exhalation은 해마의 신경망을 안정화시켜 기억 공고화consolidation와 회상retrieval을 용이하게 한다. 즉 호흡의 주기적 변화는 해마 내 신경 회로망의 전기적 진동과 밀접히 연결되어 있으며, 이는 기억의 형성과 재구성 과정에 직접적 영향을 미친다.

숨(호흡)과 신경가소성

심호흡과 명상적 호흡은 해마의 신경가소성neuroplasticity을 촉진하는 것으로 보고된다. 특히 느린 호흡은 해마의 BDNF(Brain-Derived Neurotrophic Factor) 분비를 증가시켜 새로운 시냅스 연결을 강화하며, 이는 학습능력과 장기 기억 유지에 긍정적 영향을 준다.

양자의학적 해석

기억의 파동 패턴

양자의학적 관점에서 기억은 단순히 신경세포에 저장된 전기화학적 흔적이 아니라, 에너지 파동의 패턴으로 이해될 수 있다. 특정 경험은 해마와 대뇌피질 간 신경망에 고유한 파동 흔적을 남기며, 이는 의식 상태에 따라 활성화되거나 억제된다.

호흡의 파동 증폭 효과

숨 나래, 즉 의식적으로 확장된 호흡은 해마 신경망의 파동 패턴과 공명하며 기억 흔적을 되살린다. 들숨은 파동의 진폭을 증폭시켜 기억의 흔적을 떠올리게 하고, 날숨은 파동을 안정화하여 그 기억을 재정리한다. 이는 기억 회상이 단순한 과거의 재현이 아니라, 현재적 의미와 치유를 덧입히는 과정임을 시사한다.

논의

숨 나래의 호흡은 해마의 기억 과정에서 이중적 기능을 수행한다. 신경생리학적 차원에서는 해마의 신경세포 활동을 조율하여 기억의 각인과 회상을 최적화한다. 양자의학적 차원에서는 기억을 파동적 패턴으로 재구성하여, 과거 경험을 새로운 의미로 변환한다. 따라서 숨 나래는 단순한 호흡법이 아니라, 기억과 의식의 통합을 가능하게 하는 조절자라 할 수 있다.

결론

숨 나래는 해마의 기억 기능을 활성화하고 재구성하는 치유적 경로로 작동한다. 신경과학적 측면에서 호흡은 해마의 신경가소성을 촉진하며, 양자의학적 측면에서 기억의 파동 패턴을 재조율한다. 이는 호흡이 단순히 생리적 기능을 넘어 의식·기억·치유의 핵심적 매개체임을 보여준다.

7. 숨 나래, 송과선의 기능을 촉진하다

송과선(pineal gland, 松果腺)은 고대부터 '영혼의 자리', '제3의 눈'이라 불리며 신비적 상징을 지녀왔고, 현대 과학에서는 멜라토닌과 같은 호르몬 분비를 통해 생체 리듬과 의식 상태를 조율하는 내분비 기관으로 알려져 있습니다. 여기서 숨(호흡), 특히 의식적이고 확장된 호흡인 숨 나래가 송과선의 기능을 어떻게 촉진하는지 신경과학적, 양자의학적, 명상적 관점에서 살펴봅니다.

송과선의 생리학적 역할

송과선은 뇌 중앙부, 두 반구 사이에 위치하며, 주로 멜라토닌(melatonin)과 같은 호르몬을 분비합니다. 멜라토닌은 수면-각성 주기, 면역 기능, 노화 지연에 깊이 관여합니다. 또한 최근 연구는 송과선이 세로토닌serotonin과 같은 신경전달물질과도 관련되어 감정·의식 상태를 조율합니다.

숨(호흡)과 송과선의 연결

신경생리학적 메커니즘

호흡 리듬과 교감·부교감 조절: 깊고 느린 호흡은 부교감신경계를 활성화하여 송과선으로 가는 혈류와 산소 공급을 최적화해줍니다.

멜라토닌 합성 촉진: 일정한 호흡 패턴과 명상 상태는 송과선에서 멜라토닌 분비를 높여 수면 질을 개선하고, 항산화 작용을 강화시킵니다.

호흡 – 뇌파 상관성

느린 호흡은 알파파, 세타파를 증가시키며, 이 파동은 송과선의 호르몬 분비 리듬과 동기화해줍니다. 이는 송과선이 단순히 내분비 기능뿐 아니라 의식 상태와 깊은 연동을 지니고 있음을 보여줍니다.

양자의학적 해석 – 의식과 빛의 기관

양자의학적 관점에서 송과선은 단순한 생리 기관을 넘어 의식-에너지의 변환기로 이해합니다.

송과선은 미세한 생체광(bioluminescence), 즉 포톤 발산과 관련이 있다는 가설이 있으며, 이는 의식 경험과 직결된다고 여겨집니다. 숨 나래 호흡은 신체의 에너지 흐름을 안정화시켜 송과선의 양자적 공명 상태를 활성화시킵니다. 이 과정은 내적 직관, 창조성, 초월적 자각 경험으로 연결됩니다.

명상과 송과선 활성화

명상 전통에서는 송과선을 '제3의 눈'이라 부르며, 호흡과 집중을 통해 이 부위의 활성화를 추구해왔습니다.

들숨은 우주의 빛과 에너지를 송과선으로 불러들이는 행위이며, 날숨은 내적 고요를 온몸으로 확산시키는 행위로 해석합니다.

실제 명상자들은 의식적 호흡 중 송과선 주변에서 빛, 압력, 따뜻함을 체험했다고 보고 있으며, 이는 뇌의 신경-호르몬-에너지 상호작용으로 설명할 수 있습니다.

결론

숨 나래는 단순한 호흡 기술을 넘어, 송과선의 기능을 촉진하는 내적 조율자입니다. 신경생리학적으로는 멜라토닌 분비와 뇌파 안정화를 돕고, 양자의학적으로는 의식의 파동장을 정돈하며, 명상적으로는 직관과 초월적 자각을 여는 문이 됩니다.

즉, 숨 나래는 송과선의 빛을 밝히는 호흡의 날개이며, 이를 통해 우리는 기억과 감정, 의식과 치유를 새로운 차원으로 확장할 수 있습니다.

◇송과선 촉진 명상 - 숨 나래 실천 가이드

자세와 의식

척추를 곧게 세우고 편안히 앉는다.

눈을 감고 미간 중앙(송과선과 연결되는 상징적 자리)에 가볍게 주의를 둔다.

호흡 조율

4초 들숨, 6~7초 날숨을 이어간다.

들숨 때 맑은 빛이 머리 중앙으로 들어온다고 상상한다.

송과선 시각화

머리 중앙에 작은 빛의 결정체가 반짝이는 이미지를 떠올린다.

날숨과 함께 이 빛이 온몸으로 퍼져 나간다고 상상한다.

심화 단계

호흡이 깊어질수록 송과선의 빛이 강해지고, 의식이 더욱 고요하면서도 맑아지는 체험을 유도한다.

[학술논문]

숨 나래, 송과선의 기능을 촉진하다: 신경내분비학적·양자의학적 탐구

서론

송과선pineal gland은 척추동물 뇌의 중심부에 위치한 작은 내분비 기관으로, 멜라토닌 분비를 통해 수면-각성 주기, 면역 조절, 노화 억제에 중요한 역할을 한다. 또한 고대 철학에서는 송과선을 "영혼의 좌석"(Descartes) 혹은 "제3의 눈"으로 지칭하며 의식과 직관의 기관으로 이해하였다. 본 논문은 호흡, 특히 의식적 호흡(숨 나래)이 송과선 기능에 미치는 영향을 신경내분비학적 연구와 양자의학적 해석을 바탕으로 고찰한다.

신경내분비학적 배경

멜라토닌과 호흡

멜라토닌 분비 리듬: 멜라토닌은 빛과 어둠에 민감하게 반응하며, 송과선에서 분비되어 수면-각성 리듬을 조절한다.

호흡과 자율신경계: 깊고 규칙적인 호흡은 부교감신경계를 활성화하고 교감신경계의 과흥분을 억제한다. 이로 인해 시상하부-송과선 축Hypothalamus-Pineal Axis의 균형이 최적화되어 멜라토닌 분비

가 촉진된다.

뇌파와 송과선

느린 호흡과 명상은 알파(α)파, 세타(θ)파를 증가시키며, 이는 송과선의 호르몬 분비 리듬과 동기화되는 것으로 보고되었다. EEG 연구는 명상 수행자가 송과선 기능과 관련된 뇌파 동조 현상을 경험함을 보여주며, 이는 수면의 질 개선, 정서 안정, 면역력 향상으로 이어진다.

양자의학적 해석

송과선과 생체광

송과선은 미세한 생체광bioluminescence 혹은 포톤 방출과 관련이 있다는 가설이 제기되었다. 이 포톤은 신경세포의 양자적 진동과 상호작용하여 의식 경험을 매개할 가능성이 있다.

숨(호흡)과 양자적 공명

숨 나래 호흡은 체내 에너지 흐름을 안정화하여 송과선의 파동장을 활성화시킨다.

들이쉼은 외부 에너지와 빛을 받아들이는 과정으로 작용하며, 내쉼은 불균형한 파동을 배출하고 송과선의 주파수를 정돈한다.

이 과정은 송과선pineal gland의 기능을 단순한 호르몬 분비 기관을 넘어, 의식-에너지 변환기로 확장시킨다.

논의

숨 나래 호흡은 송과선pineal gland에 대해 이중적 효과를 가진다.

신경내분비학적 효과: 부교감신경 활성 → 혈류 증가 → 멜라토닌 분비 촉진 → 수면-정서-면역 균형 회복

양자의학적 효과: 송과선 파동장의 공명 → 의식 확장, 직관 증진, 심층 명상 경험 촉진

따라서 호흡은 송과선의 생리적 기능(수면과 호르몬 조절)과 의식적 기능(명상과 초월적 자각)을 동시에 증강하는 통합적 메커니즘으로 작동한다.

결론

송과선은 멜라토닌 분비와 의식 상태 조절을 담당하는 핵심 기관이며, 호흡은 이를 촉진하는 중요한 조절자 역할을 한다. 숨 나래 호흡은 신경내분비학적으로 송과선의 기능을 활성화하여 생체 리듬과 면역을 강화하고, 양자의학적으로 송과선의 파동장을 정돈하여 의식 확장과 심층적 자기 경험을 가능하게 한다.

따라서 송과선은 호흡을 매개로 과학적 신체조절과 의식적 자각을 연결하는 교차점이라 할 수 있다.

8. 명상수련의 길, '홍익인간 정신'을 함양한다

왜 지금 '홍익인간'인가

홍익인간 정신은 "널리 인간과 세상을 이롭게 한다."는 다짐입니다. 명상수련의 목적이 개인의 고요에만 머무를 때, 그 평안은 쉽게 사적 위안으로 닫힙니다. 수행의 열매가 타자·공동체·자연으로 흘러갈 때 비로소 고요는 공공선이 됩니다. 이번 장은 명상이 내적 변화 → 사회적 구현으로 이어지는 길을 체계화합니다.

원리: 내면-사회 선순환 루프

자아초월(내적 의식 확장): 호흡·주의·자비훈련을 통해 자아경계를 유연화하고, 반응적 감정을 조절합니다.

홍익인간(사회적 구현): 확장된 의식이 관계·일·시민성에서 협력·배려·책임으로 실천됩니다.

홍익인간 정신 구조화: 자각(awareness) → 조율(regulation) → 공감(empathy) → 실행(action) → 성찰(reflection) → 재자각 순으로 온몸 체득화[4] 과정을 수련합니다.

---

[4] 몸으로 직접 경험하며 깊이 이해하는 과정을 의미한다.

과학적 단서(간략)

(주요 내용은 일반적 연구 경향 요약이며, 지역·집단에 따라 효과 크기는 다를 수 있습니다.)

자기조절: 느리고 규칙적인 호흡은 부교감신경을 활성화해 스트레스 반응을 낮추고 주의집중을 높입니다.

공감·자비: 자비명상/감사훈련은 정서조절 네트워크를 강화하고 친사회적 선택 확률을 높이는 것으로 보고됩니다.

뇌 가소성: 반복 수행은 습관 회로를 바꾸어, "알고도 못 하던 것"을 "자연스레 하는 것"으로 전환시킵니다.

양자의학적 해석(은유적 모델)

몸-마음은 에너지·정보의 장(field)으로도 볼 수 있습니다. 호흡과 주의가 안정될수록 개인의 장은 질서(리듬, 공명)를 회복하고, 그 파동은 관계와 환경으로 확산됩니다. 명상은 내적 질서 → 상호 공명 → 공동의 조화로 이어지는 "파동적 윤리"를 촉진합니다.

수행 로드맵: 3×3 매트릭스

축 A(수행기술): 호흡(숨 나래)· 관찰(메타인지)· 자비(연민/감사)
축 B(실천영역): 나(몸·맘)· 우리(관계·조직)· 세계(사회·자연)
　　　　　　　나(Self)· 우리(Relational)· 세계(Societal)
호흡 4~6 호흡으로 정서 안정, 대화 전 3회 동시호흡(공감호흡),

회의 시작 1분 공동호흡으로 시작합니다.

| 관찰 | 감정·충동 메타인지 체크 | 피드백 받을 때 반사중지-관찰 | 미디어·소비 습관 관찰 |
| 자비 | 자기친절 문구 1개 | 하루 1인 칭찬·격려 | 주 1회 봉사/기부/기후행동 |

21일 홍익인간정신 프로그램 (예시)

1주차: 안정 – 아침 10분 숨 나래(4초 들숨 · 6~7초 날숨), 저녁 감정일지 3줄.

2주차: 확장 – 점심 전 3분 공감호흡, 하루 1회 '경청 5분' 실천.

3주차: 나눔 – 주 2회 작은 봉사/기여, 일과 마무리 후 감사 일기 쓰기.

원칙: 작게, 꾸준히, 피드백 가능하게.

핵심 수행법 요약

숨 나래 호흡(5~10분): 코로 4초 들이쉬고 6~7초 내쉰다. 날숨에 '안전' 신호를 마음에 새깁니다.

메타인지 스냅(1분×수시): "지금 내 몸 감각/감정/생각은?" 세 층위를 짧게 라벨링.

자비구절(30초): "나와 너 모두 안전하고 건강하길." 마음속으로 3회.

행동 전 정지(3초): 말하기/전송 전 멈춤 – 호흡 – 확인.

현장 적용: 일·관계·시민정신

일터: 회의 시작 60초 공동호흡, 갈등 시 'FACT-IMPACT-REQUEST'로 비폭력 대화를 합니다.

가정/관계: "감정요청 카드"로 욕구를 명료화(휴식·지지·정보 등).

시민성: 주 1회 지역 기여(쓰레기 줍기, 읽기 멘토링), 월 1회 공익 프로젝트에 참여합니다.

성찰과 평가(간단 지표)

주간 자기조절 점수(1~5), 공감행동 횟수, 갈등 후 회복시간(분), 나눔 실천 건수 기록.

매주 1회 '배움-기여-감사' 3줄 회고.

동료·가족 1인의 관찰 피드백(변화가 보였는가? 구체 사례 1개).

윤리와 주의

영적 회피 경계: 불편한 감정·현실 문제를 명상으로 덮지 않는다.

도그마 금지: 수행법은 도구이지 정체성이 아닙니다.

안전성: 과호흡·과도한 단식·수면 박탈 등은 피한다. 필요 시 전문가와 상의합니다.

맺음말

한 사람의 고요가 한 사람의 친절로, 그 친절과 사랑은 공동체의 질서로 번집니다. 숨 한 번의 길이만큼 세상은 달라질 수 있습니다.

들숨에 나를 깨우고, 날숨에 세상을 이롭게 하라 – 이것이 명상수련이 기르는 홍익인간의 심장박동입니다.

[학술논문]

명상수련과 홍익인간 정신 함양: 메커니즘과 구현 모델

서론

본 논문은 명상수련이 개인의 내적 변화(자기조절·자아초월)를 매개로 홍익인간정신(공익·상생·책임의 사회적 구현)을 어떻게 촉진하는지 이론화한다. 목적은 (a) 신경·심리 메커니즘 정리, (b) 사회적·윤리적 결과 변수 정의, (c) 개입·평가 모델 제시다.

이론적 배경

자기조절 메커니즘: 느리고 규칙적인 호흡과 주의 훈련은 부교감신경 활성, 주의집중 향상, 편도체 반응성 저하, 전전두엽-변연계 연결성 강화로 요약된다(정서조절·충동억제·회복탄력성).

공감·친사회성: 자비·감사·관계 명상은 공감·타인 지향성 증가와 반사회적 충동 감소에 연관된다.

홍익인간 정신: "널리 인간과 세상을 이롭게 함"이라는 규범적 지향. 본 연구에서는 공공선 지향의 의사결정·행동으로 조작화한다(봉사·협력·환경책임·공정성).

통합 개념 틀

자아초월=내적 의식 확장, 홍익인간=그 사회적 구현.

명상수련 → (자각↑, 정서조절↑, 공감↑) → 친사회적 동기·규범 내면화 → 행동 변환(홍익 실천).

매개: 메타인지·자기연민·가치 명료화. 조절: 집단규범·리더십·보상체계.

개입 설계(프로그램 프레임)

기술축(3): 호흡(숨 나래)·메타인지(주의·라벨링)·자비(연민·감사).

장소축(3): 개인(건강·정서)·관계(가정/조직)·사회(시민성/환경).

강도·용량: 8~12주, 주 2회 집합 60분 + 매일 10~15분 개인수행.

핵심 모듈: 4~6 호흡, 감정 라벨링, 자비 구절, 비폭력대화(NVC) 실습, '작은 홍익 행동' 설계.

평가 지표(다 수준)

생리/행동: HRV(RMSSD/HF), 수면(액티그래피), 스트레스 지표(선택).

심리: 상태불안(STAI-S), 지각 스트레스(PSS), 회복탄력성, 자비·공감(IRI/SCBC), 의미감·가치일치.

사회적 구현: 자원봉사/기부 빈도, 협력적 의사결정, 갈등 후 회복 시간, 친사회적 선택 과제.

질적 자료: 현장관찰, 동료·가족 피드백, 사례기록.

기대효과·한계·윤리

기대: 자기조절·공감 향상 → 친사회 행동 증가 → 조직·지역사회 신뢰 증진.

한계: 자발성 편향, 문화적 맥락, 측정 반응성.

윤리: 수행을 가치 강요 수단으로 사용 금지, 종교·정치 중립 준수, 심리 취약자 보호.

결론

명상수련은 내적 가소성을 촉발해 공공선 행동으로 이어질 수 있다. "자아초월–사회적 구현" 프레임은 홍익인간정신의 현대적 실천 모델을 제공한다.

[교양실천]
홍익인간정신을 함양하다

숨을 닦아 마음을 넓히고, 넓어진 마음을 세상에 쓰다

핵심 아이디어

명상은 나만 편 하려고 하는 기술이 아니다. 나의 고요가 타인의 평온으로 이어질 때 그게 바로 홍익이다.

홍익인간정신 함양 공식은 단순하다: 호흡으로 나를 다스리고 → 공감으로 우리를 잇고 → 작은 행동으로 세상을 돕는다.

하루 루틴(10-15분)

숨 나래(5분): 코로 4초 들이쉬고 6~7초 내쉰다. 날숨에 '괜찮다, 안전하다'를 마음에 새긴다.

메타인지 스냅(1분): 지금 내 몸 감각·감정·생각을 한 단어씩 라벨링

자비·사랑·용서 구절(1분): "나와 너 모두 안전하고 건강하길."

작은 홍익(즉시 1건): 누군가의 일을 덜어주기, 경청 5분, 칭찬 1줄, 쓰레기 1개 줍기.

일상 적용 팁

회의 시작 60초 공동호흡: 긴장 줄이고 듣는 힘을 키운다.

갈등이 있을 때 '멈춤-호흡-요청': 감정 토로 대신 구체 요청 한 문장
저녁 3감사: 하루를 공공선의 시선으로 정리한다.

21일 홍익인간정신 챌린지(예시)
1주차: 매일 숨 나래 + 감정일지 3줄.
2주차: 하루 한 번 '경청 5분' + 칭찬 1회.
3주차: 주 2회 작은 봉사/기여 + 불필요한 소비 한 가지 줄이기.

체크리스트(주간)
숨 나래 횟수 ☐☐☐☐ / 공감 행동 ☐☐☐ / 갈등 후 회복시간 단축? ☐ / 나눔 실천 ☐
"이번 주, 내가 이롭게 한 사람/장소는?" 한 줄 기록.

기억할 말
작게, 꾸준히, 즐겁게.
명상은 현실 도피가 아니라 현실 참여의 연료다.
들숨에 나를 깨우고, 날숨에 세상을 이롭게 하라.

☐ 12주프로그램 제안서 (명상수련×홍익인간 정신)

목표

내적 역량: 자기조절(호흡·주의), 메타인지, 공감·자비 강화

사회적 구현: 친사회적 행동(협력·봉사·환경 책임) 습관화

성과: 개인 웰빙↑, 관계 갈등↓, 공동체 기여 행동의 빈도·지속성 향상

운영 개요

기간/빈도: 12주, 주 1회 90분 집합 + 매일 10~15분 개인수련

방식: 이론 20% / 실습 60% / 적용·성찰 20%

세션 구조(90'): 오프닝 호흡(5') → 체크인(10') → 핵심학습(15') → 실습(35')

→ 페어/소그룹 적용(15') → 과제·마무리 성찰(10')

주차별 커리큘럼

1주 안정: 숨 나래(4~6 호흡), 신경기초(편도체·부교감)

2주 자각: 메타인지 스냅(몸·감정·생각 라벨링)

3주 자비: 자기친절·감사 루틴, 정서회복

4주 공감소통: 경청 5분, NVC(관찰-느낌-욕구-요청)

5주 갈등전환: 반사중지-호흡-요청, 회복 대화

6주 홍익 설계 ①: "작은 선(善)" 행동 디자인

7주 홍익 설계 ②: 환경/지역사회 과제 매핑

8주 홍익리더십: 회의 60초 공동호흡, 심리적 안전감 만들기

9주 실행 스프린트 ①: 개인/팀 프로젝트 착수

10주 실행 스프린트 ②: 임팩트 측정(간단 KPI)

11주 공유/코칭: 사례 피어 피드백, 장애요인 제거

12주 통합/졸업: 유지전략, 후속 커뮤니티 계획

과제(매주)

개인: 숨 나래 10분/일, 감정일지 3줄, '작은 홍익' 매일 1건

관계/조직: 회의 전 60초 공동호흡, 경청 5분 실험

사회: 주 1회 미소봉사/환경행동(예: 쓰레기 10개 줍기)

평가·지표(간단)

주간 자기조절(1~5), 갈등 후 회복시간(분), 공감행동/홍익행동 횟수

월간 WHO-5(웰빙), PSS(지각 스트레스) 축약형

선택: HRV(RMSSD) 5분 측정(사전/사후), 액티그래피(가능 시)

운영 가이드(퍼실리테이터)

규칙: 작게·꾸준히·즐겁게, 비심판·비강요, 종교·정치 중립

리스크: 과호흡·트리거 감정 노출 시 안전 브레이크(멈춤-호흡-지지)

데이터: 출석·과제·지표 간단 기록(스프레드시트 권장)

□ 참가자 워크북 시안 (발췌)

A. 데일리 루틴 카드 (10~15분)

숨 나래 5' : 코 4초 들숨 – 67초 날숨 × 1012회

스냅 라벨 1' : 몸/감정/생각 한 단어

자비 구절 30" : "나와 너 모두 안전하고 건강하길." ×3

작은 홍익 3' : 오늘 한 건(예: 경청, 칭찬, 정리, 환경행동) 체크 □

B. 주간 체크리스트

숨 나래 실행 □□□□□□

공감/경청 행동 □□□

갈등 후 회복시간 단축(예/아니오 + 사례 한 줄)

이번 주 내가 이롭게 한 사람/장소: ＿＿＿＿＿

C. 실습 워크시트

1) 공감 대화 프레임(NVC)

관찰: (사실) ＿＿＿＿＿＿＿＿＿＿

느낌: (감정 단어) ＿＿＿＿＿＿

욕구: (가치/욕구) ＿＿＿＿＿＿

요청: (구체 행동) ＿＿＿＿＿＿

2) 홍익정신 프로젝트 캔버스(1페이지)

문제/대상/행동/주기/지표(KPI)/파트너/리스크/첫걸음(48시간 내)

3) 성찰 프롬프트(세션 종료 3분)

오늘 배운 한 가지 / 바로 실천할 한 가지 / 도움 필요한 한 가지

D. 부록

감정 라벨 목록 (긍정·중립·도전 감정 60단어)

호흡 트러블슈팅 (어지럼·잡념·졸림 대응법)

유지전략 (알람·버디·환경 큐, 21일·66일 습관 루프)

V
숨 나래 효과

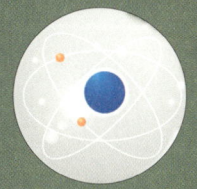

『숨(호흡)은 세포와 면역, 자율신경, 정서 회복까지 이끄는 치유의 힘이다. 숨의 과학적·임상적 효과를 탐구하며, 불안과 우울, PTSD까지 호흡이 치유하는 가능성을 살핀다.』 -본문 요약

1. 숨, 산소와 미토콘드리아 : 노화예방, NK세포 기능 등 활성화
2. 자율신경계의 조절자controller : 교감신경 안정과 부교감신경의 조절
3. 심신치유의 효과 : 불안, 두려움, 우울증상, 공황장애, PTSD증후군 등 개선

■ 서문

우리는 하루에도 수만 번의 숨을 쉬지만, 그 숨이 삶과 치유에 어떤 힘을 갖고 있는지는 자각하지 못한 채 살아갑니다. 그러나 호흡은 단순한 생리 작용이 아닙니다. 숨은 몸과 마음을 연결하는 가장 원초적인 다리이며, 동시에 인간을 자연과 우주와 이어주는 보이지 않는 날개입니다.

'숨 나래 효과'란 바로 이 숨의 힘이 펼쳐질 때 나타나는 치유적 변화들을 의미합니다. 얕고 불규칙한 호흡은 불안과 두려움을 키우지만, 깊고 고른 호흡은 신경계를 안정시키고, 세포를 되살리며, 마음에 평온을 가져옵니다. 호흡의 질이 바뀔 때, 우리의 몸과 뇌는 새로운 조화를 회복하고, 의식은 한층 더 넓은 차원으로 나아갑니다.

심리학적으로 호흡은 불안·우울·스트레스와 같은 정서적 고통을 조절하는 핵심 도구입니다. 양자의학적으로 호흡은 에너지와 파동의 균형을 회복시켜 세포와 면역계를 치유하는 힘을 지닙니다. 따라서 숨 나래는 단순히 호흡법을 익히는 것을 넘어, 몸-마음-의식이 함께 치유되는 길을 상징합니다.

이 책은 '숨 나래 효과'를 통해, 호흡이 어떻게 우리를 회복시키고, 또 어떻게 자아를 넘어선 초월의 문을 열어주는지를 탐구합니다. 숨은 이미 우리 안에 있는 치유의 날개이며, 그 날개를 펼치는 순간 우리는 자기 자신과 세계를 새롭게 만날 것입니다.

1. 숨, 산소와 미토콘드리아
: 노화예방, NK세포 기능 등 활성화

숨(호흡)의 효과는 단순히 산소를 들이마시고 이산화탄소를 내뿜는 차원을 넘어, 세포 에너지 대사, 면역 기능, 노화 억제 등 매우 광범위한 생리적·치유적 효과가 있습니다.

숨과 산소, 미토콘드리아의 관계

미토콘드리아는 세포의 에너지 공장으로, 산소를 이용해 ATP(에너지 화폐)를 생산합니다.

호흡 효율이 좋아지면 산소 공급이 원활해져 미토콘드리아의 산화적 인산화 과정이 최적화된다. 이는 활성산소(ROS) 과잉 생성 억제에도 기여해 세포 손상을 줄이고, 세포 노화 속도를 늦출 수 있습니다.

명상적 호흡법(복식호흡, 느린 호흡 등)은 산소 교환을 개선하여 미토콘드리아 기능을 강화하는 것으로 연구되고 있습니다.

숨(호흡)과 노화 예방

노화의 주요 요인 중 하나는 산화 스트레스와 염증입니다. 깊고 규칙적인 호흡은 코르티솔(스트레스 호르몬)을 낮추고, 부교감신경계를 활성화해 염증 반응을 완화합니다.

이 과정에서 텔로미어 보존 효과가 나타나는데, 명상·호흡 훈련을 꾸준히 하는 사람들이 텔로미어 길이가 더 길다는 연구 결과도 있습니다. 즉 호흡 훈련은 세포 수준의 노화 억제anti-aging에 기여합니다.

NK세포 기능 활성화

자연 살해세포(NK세포)는 암세포, 바이러스 감염 세포를 제거하는 면역의 최전선입니다. 연구에 따르면, 심호흡·명상호흡은 면역조절 기능을 강화하여 NK세포의 활성도와 수치를 높입니다. 호흡으로 교감신경과 부교감신경의 균형을 맞추면, 사이토카인 분비가 정상화되고 면역세포 활동이 활발해집니다. 이 효과는 특히 암 예방, 감염 저항력 강화와 연결됩니다.

통합 의학적 효과: 숨 나래의 치유 메커니즘

세포 수준: 산소 공급 최적화 → 미토콘드리아 ATP 생산 강화 → 세포 활력 유지.

분자 수준: ROS 과잉 억제 → 산화 스트레스 감소 → 노화 방지.

면역 수준: NK세포 기능 활성화 → 암·바이러스 방어력 상승.

신경·호르몬 수준: 스트레스 호르몬 감소, 자율신경 균형 → 항염증·항노화 환경 조성.

요약하면, 호흡은 단순한 생리적 교환을 넘어서 세포 에너지, 노화 예방, 면역 활성화까지 아우르는 전인적 치유 효과를 갖습니다. 특히 숨 나래(깊은 호흡·명상 호흡)는 산소-미토콘드리아-세포-면역으로 이어지는 전신의 조화 메커니즘을 촉진한다고 볼 수 있습니다.

[학술논문 요약]

숨, 산소와 미토콘드리아 : 노화예방, NK세포 기능 등 활성화

서론

호흡은 인간 생명 유지에 필수적인 기본 과정일 뿐 아니라, 세포 대사·노화·면역 기능에 광범위한 영향을 미친다. 최근 연구들은 심호흡 및 명상적 호흡법이 미토콘드리아 기능 강화, 산화 스트레스 감소, 자연살해세포(NK세포) 활성화를 통해 노화 예방 및 면역 증진에 기여할 수 있음을 보여주고 있다. 본 논문은 호흡의 생리적·분자적 효과를 고찰하여 치유 메커니즘을 설명한다.

본론

미토콘드리아 기능과 산소 공급

미토콘드리아는 산화적 인산화를 통해 ATP를 생산하는 주요 세포소기관이다. 깊은 호흡은 산소 분압을 증가시키고, 세포 호흡 효율을 향상시켜 미토콘드리아의 에너지 대사 최적화를 가능하게 한다. 이 과정은 활성산소종(ROS)의 과잉 생성을 억제하고, 세포 손상 및 노화를 완화한다.

노화 예방 기전

노화는 주로 산화 스트레스와 염증 반응에 의해 가속된다. 규칙적인 호흡 훈련은 코르티솔 수치를 낮추어 스트레스 반응을 완화하고, 부교감신경계를 활성화하여 항염증 환경을 조성한다. 명상 호흡 수련자들이 일반인 대비 상대적으로 긴 텔로미어 길이를 유지한다는 연구 결과는 호흡과 세포 노화 억제 간의 연관성을 뒷받침한다(Epel et al., 2009).

면역기능과 NK세포 활성화

NK세포는 종양 세포 및 바이러스 감염 세포를 제거하는 선천 면역의 핵심이다. 호흡과 명상은 자율신경계 조절을 통해 사이토카인 네트워크를 안정화시키며, 이로 인해 NK세포의 활성이 증가한다는 보고가 있다(Black & Slavich, 2016). 이는 암 예방 및 감염 저항력 증진에 중요한 역할을 한다.

결론

호흡은 단순한 기체 교환의 과정이 아니라, 세포 수준의 에너지 대사에서 면역 기능 조절에 이르기까지 다차원적 효과를 발휘한다. 특히 심호흡 및 명상 호흡은 미토콘드리아 기능 강화, 노화 억제, NK세포 활성화를 매개로 항노화적·면역증강적 효과를 제공한다. 따라서 호흡 훈련은 통합의학적 치유와 예방의학적 관점에서 중요한 개입 전략이 될 수 있다.

[대중교양]

숨, 산소와 미토콘드리아 : 노화예방, NK세포 기능 등 활성화

숨이 만드는 몸의 기적

우리가 매 순간 쉬고 있는 숨은 단순히 산소를 들이마시고 이산화탄소를 내뿜는 행위가 아니다. 사실 숨은 세포 하나하나에 생명을 불어넣는 에너지의 근원이며, 몸과 마음의 건강을 지키는 보이지 않는 치유 도구이다.

미토콘드리아: 세포 속 에너지 공장

숨을 깊게 쉴 때 더 많은 산소가 몸속으로 들어오고, 세포 속 미토콘드리아는 이 산소를 이용해 에너지를 만든다. 호흡이 잘 되면 에너지 생산이 원활해지고, 세포는 더 젊고 건강하게 유지된다. 반대로 얕고 빠른 호흡은 에너지 공장을 지치게 하고, 노화 속도를 빠르게 한다.

호흡과 젊음 유지

노화는 세포가 서서히 손상되면서 일어난다. 특히 '산화 스트레스'라 불리는 세포 손상이 문제인데, 깊은 호흡은 이를 줄여주는 역할을 한다. 또 호흡은 스트레스 호르몬을 낮추고, 신체를 편안하게 만들어 우리 몸이 스스로 회복할 수 있는 환경을 조성한다. 그래서 꾸준히 호흡과 명상을 하는 사람들은 실제로 세포 노화 속도가 늦춰진다는 연구도 있다.

숨(호흡)과 면역력

우리 몸의 경찰관 같은 NK세포는 암세포나 바이러스에 감염된 세포를 찾아내 제거한다. 호흡이 안정되면 이 NK세포가 더 활발해진다. 즉 올바른 호흡만으로도 몸의 방어력이 강화되고, 질병에 잘 걸리지 않는 체질로 바뀔 수 있는 것이다.

숨 나래를 펼칠 때

깊고 규칙적인 호흡은 단순히 산소를 들이마시는 것이 아니라, 세포를 건강하게 하고, 노화를 늦추며, 면역력을 강화하는 자연의 선물이다. 우리가 "숨 나래를 펼친다"는 것은 곧 몸과 마음, 세포와 면역에 활력을 불어넣는 행위이다.

☐ 숨 나래 워크숍 교재

주제: 숨과 세포, 노화 예방, 면역력 강화

1. 학습 목표

호흡이 미토콘드리아, 노화, 면역(NK세포)에 미치는 영향을 이해한다.

숨을 통해 몸과 세포의 활력을 되살리는 방법을 체득한다.

일상에서 적용 가능한 호흡법을 익혀 건강을 증진한다.

2. 이론 요약 (쉬운 해설)

미토콘드리아와 에너지

미토콘드리아는 세포의 '작은 발전소'

산소가 충분하면 에너지(ATP)가 잘 만들어짐

깊은 호흡=세포가 더 활발해지고 피로 회복이 빨라짐

호흡과 노화 예방

얕은 호흡 → 스트레스 호르몬↑ → 세포 손상↑

깊은 호흡 → 스트레스 호르몬↓ → 세포 회복, 노화 지연

꾸준한 호흡 훈련은 '젊음을 지키는 생활 습관'

NK세포와 면역력

NK세포는 암세포, 바이러스 감염 세포를 제거하는 면역군

호흡과 명상은 NK세포의 기능을 활성화시켜 면역력을 높임

'잘 쉬는 숨=강력한 면역의 무기'

3. 실습 프로그램

실습 1: 세포 활력을 깨우는 복식호흡

등을 곧게 펴고 편안히 앉습니다.

코로 천천히 들이마시며 배가 부풀어 오르는 것을 느낍니다. (4초)

숨을 잠시 멈추고 세포 속 미토콘드리아에 산소가 전달된다고 상상합니다. (2초)

입으로 천천히 내쉬며 배가 줄어드는 것을 느낍니다. (6초)

하루 5분, 3회 반복 → 에너지 대사 강화

실습 2: 젊음을 지키는 느린 호흡 명상

편안히 앉아 눈을 감습니다.

'내 숨이 세포를 회복시킨다'라는 마음으로 천천히 호흡합니다.

1분에 5~6회 정도 느린 호흡을 유지합니다.

숨을 내쉴 때마다 긴장이 풀리고, 세포가 빛나듯 정화된다고 상상합니다.

하루 10분 → 산화 스트레스 감소, 노화 예방

실습 3: 면역력을 깨우는 NK세포 호흡

손을 아랫배에 얹고 코로 깊이 들이마십니다.

숨을 잠시 머금고, 몸속 면역세포(NK세포)가 빛처럼 퍼져나가는 장면을 떠올립니다.

입으로 길게 내쉬며 "내 몸은 안전하다, 치유되고 있다"라고 속으로 되새겨 줍니다.

아침에 5분 → 면역력 활성화, 활력 증진

일상 적용 TIP

아침 기상 후: 세포 에너지 충전 호흡
업무 중 스트레스 받을 때: 느린 호흡 명상
잠자기 전: 면역력 활성 호흡으로 숙면 유도

마무리 메시지

숨은 단순히 생명을 유지하는 기능이 아니라, 세포의 활력·젊음의 유지·면역의 강화를 가능하게 하는 내 몸속 치유 약이다.

오늘 배운 호흡법을 일상에 적용한다면, "숨 나래"는 여러분의 건강과 행복을 지켜주는 든든한 날개가 될 것이다.

2. 자율신경계의 조절자 controller
: 교감신경 안정과 부교감신경의 조절

숨(호흡)은 단순히 산소와 이산화탄소를 교환하는 기능을 넘어서, 자율신경계(교감·부교감신경)의 조절자로서 작동합니다. 이를 신경생리학적, 그리고 양자의학적 관점에서 나누어 설명합니다.

자율신경계와 호흡

자율신경계는 교감신경(긴장·흥분 시스템)과 부교감신경(이완·회복 시스템)으로 나뉩니다.

교감신경: 심박수 증가, 혈압 상승, 에너지 동원 → "싸우거나 도망가라(fight or flight)"로 반응합니다.

부교감신경: 심박수 저하, 혈압 안정, 소화·면역 촉진 → "휴식하고 소화하라(rest and digest)"로 반응합니다. 호흡은 이 두 신경계를 연결하는 유일한 '의식적으로 조절이 가능한' 생리적 통로입니다.

숨(호흡)과 교감·부교감 신경 조절 기전

느린 호흡 (예: 1분 5~6회)

횡격막이 깊게 움직이며 미주신경(vagus nerve)을 자극 → 부교감

신경 활성화

심박변이도(HRV) 증가 → 스트레스 완화

빠른 얕은 호흡

교감신경 흥분 → 아드레날린·코르티솔 분비 증가

긴장·불안·피로로 이어짐

호흡-심장 연동(Respiratory Sinus Arrhythmia)

들숨 시 심박수 증가하고, 날숨 시 심박수 감소가 감소합니다. 호흡을 의식적으로 조절하면 심장박동 리듬과 신경계 균형까지 조절이 가능합니다. 즉 숨은 자율신경계의 '조율 리모컨'이라 할 수 있습니다.

양자의학적 접근

양자의학에서는 호흡을 단순한 기체 교환이 아니라 에너지 장(energy field)과 파동 진동의 조율 과정으로 봅니다.

파동으로서의 호흡: 들숨과 날숨의 리듬은 뇌파, 심장 리듬, 세포 미토콘드리아 진동과 동조entrainment함 → 교감·부교감의 균형은 곧 에너지 파동의 조화로 설명 가능합니다.

양자적 관찰자 효과: 호흡에 '집중 의식'을 기울이는 순간, 단순한 생리적 행위가 아닌 의식 - 물질 상호작용으로 작동 → 신경 회로, 호르몬 분비, 세포 활성도가 바뀝니다.

미주신경과 에너지 흐름: 미주신경의 활성은 생체 전자기장과 상호작용하여 전신적 파동 안정성을 제공한다고 해석 가능 → 곧, 호흡은 신체-의식-에너지장을 연결하는 양자적 인터페이스 역할을 합니다.

요약

생리학적 측면: 호흡은 자율신경계를 직접 조절하는 유일한 수단 → 교감신경 안정·부교감 활성화시킵니다.

기전적 측면: 횡격막 움직임과 미주신경 자극 → HRV 향상, 스트레스 호르몬이 감소합니다.

양자의학적 측면: 호흡은 의식과 에너지 장을 연결하는 파동적 조율 과정 → 뇌·심장·세포 리듬을 동기화시킵니다.

정리하면, 숨은 단순한 호흡이 아니라 신경·호르몬·에너지·의식을 아우르는 "자율신경계의 지휘자"라고 할 수 있습니다.

[학술논문, 요약]

제목: 호흡을 통한 자율신경계 조절과 양자의학적 해석

서론
자율신경계는 인간의 생리적 항상성을 유지하는 핵심 시스템으로, 교감신경과 부교감신경의 균형에 의해 조절된다. 최근 연구는 호흡이 이 균형을 직접적으로 조율할 수 있는 중요한 생리적 경로임을 제시한다. 본 논문은 호흡을 통한 자율신경계 조절의 기전을 설명하고, 이를 양자의학적 관점에서 재해석한다.

본론
자율신경계와 호흡의 관계

교감신경 활성: 빠르고 얕은 호흡 → 심박수 증가, 스트레스 호르몬 분비.

부교감신경 활성: 느리고 깊은 호흡(복식호흡) → 미주신경 자극, 심박변이도(HRV) 향상.

호흡은 의식적으로 조절할 수 있는 유일한 자율신경계 통로이다.

생리학적 기전

횡격막 움직임: 느린 호흡 시 횡격막이 깊게 수축 → 흉강 압력 변

화 → 미주신경 자극.

호흡-심장 연동(RSA): 들숨 시 교감 활성, 날숨 시 부교감 활성 → HRV 증가.

호르몬 조절: 코르티솔 억제, 세로토닌·멜라토닌 분비를 증가시킨다.

양자의학적 해석

호흡은 단순한 기체 교환이 아니라 에너지 파동의 조율.

뇌파, 심장박동, 세포 미토콘드리아 진동과 동조(entrainment) 현상을 일으키고,

의식이 호흡에 집중되는 순간, '관찰자 효과'가 발생하여 신경·호르몬 반응이 변한다.

또한, 미주신경을 통한 생체 전자기장 안정은 신체-의식-에너지장을 통합하는 양자적 인터페이스 역할을 한다.

결론

호흡은 자율신경계의 균형을 조절하는 가장 직접적이고 효과적인 방법이다. 생리학적으로는 HRV 향상, 스트레스 호르몬 감소를 유도하고, 양자의학적으로는 파동적·에너지적 동조 과정을 매개한다. 따라서 호흡은 신체적·정신적 치유, 그리고 의식 기반 치유 패러다임에서 핵심적 도구로 기능한다.

[워크숍 실습 가이드]

주제: 숨, 자율신경계의 지휘자 되기

이해하기

교감신경: 긴장, 흥분, 에너지 동원 ("액셀踏 밟기")

부교감신경: 휴식, 회복, 면역 활성 ("브레이크踏 밟기")

숨은 이 두 가지를 스스로 조절할 수 있는 리모컨입니다.

실습 프로그램

실습 1: 교감신경 안정 호흡

자세: 등을 곧게 펴고 앉기

방법: 코로 4초간 들이마시고 → 6초간 길게 내쉬기

효과: 미주신경 자극 → 심장 박동이 안정되고 긴장 완화

실습 2: 부교감신경 활성 호흡

방법

코로 5초 들이마시며 "몸이 열리고 있다" 상상

5초간 숨 머금으며 세포 속 에너지가 충전된다고 느끼기

8초간 내쉬며 "몸이 치유되고 있다" 되뇌기

효과: HRV 상승, 깊은 이완, 숙면 촉진

실습 3: 양자의학적 호흡 명상

방법

호흡의 리듬을 빛의 파동으로 상상

들숨: 에너지가 세포 미토콘드리아에 스며드는 느낌

날숨: 불필요한 긴장과 불안이 파동처럼 흩어짐

효과: 뇌파·심장 리듬 동조 → 전신적 조화와 에너지 균형

일상 적용 TIP

아침: 교감 안정 호흡 → 하루의 균형 잡기

업무 중: 느린 호흡 → 스트레스 순간 회복

잠들기 전: 양자 호흡 명상 → 깊은 수면

마무리

숨은 단순한 호흡이 아니라, 자율신경계의 리듬을 조율하고, 몸과 의식의 에너지장을 하나로 묶는 힘입니다.

숨을 의식적으로 다스리는 순간, 우리는 스스로를 치유하는 주체가 됩니다.

즉, 숨은 자율신경계를 '자동차의 액셀과 브레이크'처럼 조율하는 리모컨이라고 할 수 있습니다.

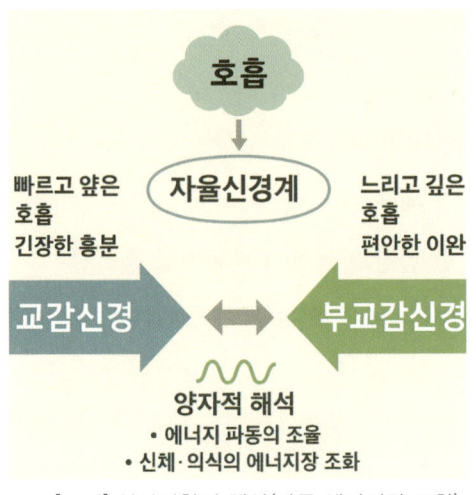

[그림] 양자의학적 해석(파동·에너지장 조화)

위쪽: "호흡 → 자율신경계"의 직접적 연결

왼쪽: 빠르고 얕은 호흡 → 교감신경 항진 (긴장, 흥분, 스트레스)

오른쪽: 느리고 깊은 호흡 → 부교감신경 활성 (이완, 회복, 안정)

아래쪽: 양자적 해석 (호흡이 에너지 파동을 조율하고, 신체·의식의 에너지장을 조화시킨다.)

즉, 이 그림은 단순히 생리적 신경 조절에서 멈추지 않고, 호흡을 통해 파동·의식·에너지장의 조율까지 연결되는 양자의학적 관점을 포함한 다이어그램이다.

3. 심신치유의 효과 : 불안, 두려움, 우울증상, 공황장애, PTSD증후군 등 개선

숨과 심신치유의 기본 원리

자율신경계의 조절

숨은 교감신경(긴장·흥분)과 부교감신경(휴식·이완)을 오가는 스위치입니다. 깊고 느린 호흡은 부교감신경을 활성화하여 몸과 마음을 안정시킵니다.

호르몬·스트레스 반응 조절

심호흡은 스트레스 호르몬인 코르티솔을 낮추고, 행복 호르몬인 세로토닌·도파민 분비를 촉진합니다. 따라서 마음이 안정되고 긍정성이 회복됩니다.

뇌와 감정 회로의 안정

비강을 통한 호흡은 편도체(두려움·불안 담당), 해마(기억·학습 담당)와 동기화되어 정서적 안정을 돕습니다.

불안과 두려움 개선

불안할 때는 호흡이 얕고 빠르게 바뀝니다. 이는 교감신경을 과도하게 자극해 불안을 악순환시킵니다. 특히, 깊은 복식호흡은 미주신경을 자극하여 심박을 안정시키고, 불안한 마음을 진정시킵니다.

명상적 호흡 훈련은 불안장애 환자에서 증상을 유의하게 감소시킨다는 임상연구들이 다수 있습니다.

우울 증상 완화

우울 상태에서는 기운이 없고 숨이 가쁘며 얕은 경우가 많습니다. 규칙적인 호흡 훈련은 세로토닌 분비를 촉진하고, 뇌의 전두엽과 변연계 활동을 조율하여 우울감 완화에 기여합니다.

실제로 복식호흡·요가 호흡(SKY) 같은 프로그램은 항우울제 보조 치료로 효과를 보였다는 연구가 있습니다.

공황장애 개선

공황 발작 시 과 호흡으로 인해 체내 이산화탄소가 줄고, 어지럼증·심계항진·질식감이 심해집니다. 캡노미터 보조 호흡훈련(CART)은 이산화탄소를 정상화하는 훈련으로, 공황 증상을 유의하게 줄이는 치료 효과가 입증되었습니다. 즉 호흡을 바로잡는 것이 공황 발작의 핵심 증상을 다루는 치료 전략이 됩니다.

PTSD(외상 후 스트레스 장애) 개선

PTSD 환자는 과각성 상태와 불면, 플래시백으로 고통받습니다.

이때 호흡은 늘 빠르고 얕습니다. 수다르샨 크리야(SKY) 호흡 같은 명상적 호흡법은 재향군인 PTSD 연구에서 불면·과각성·불안 증상을 크게 줄었다는 연구가 있습니다. 호흡 훈련은 몸의 과도한 경계 반응을 완화하고, 안정감을 회복하게 해줍니다.

통합 의학적 효과

    신체적: 심박수·혈압 안정, 긴장완화, 면역력 강화

    정신적: 불안·두려움 완화, 기분 향상, 안정된 집중

    심리적: 공황 발작 조절, PTSD 과각성 감소, 우울 증상 완화

요약하면, 숨은 단순한 생리 기능을 넘어 신경계·호르몬·감정 뇌 회로를 조절하는 치유의 열쇠입니다. 꾸준한 호흡 수련은 불안·두려움·우울·공황·PTSD까지 다양한 심리적 고통을 개선하는 데 효과적임이 다수의 연구로 확인되고 있습니다.

[학술논문, 요약]

제목: 호흡 기반 중재의 심신치유 효과: 불안, 우울, 공황장애 및 PTSD 증상 개선에 대한 임상적 고찰

초록

숨(호흡)은 단순한 생리적 가스 교환을 넘어, 자율신경계와 정서 뇌 회로를 조절하는 심신치유의 핵심 기제로 작용한다. 본 논문은 호흡의 심신치유 효과를 검토하고, 불안·우울·공황장애·PTSD 환자에서 보고된 임상적 개선 사례를 종합한다.

본론

자율신경계 조절

느린 호흡(5~6회/분)은 부교감신경 활성, 심박변이도(HRV) 증가, 코르티솔 감소를 유도한다.
이로써 신체적 이완, 정신적 안정이 동시에 유도된다.

불안 및 두려움 완화

불안장애 환자 대상 연구에서 복식호흡과 HRV 바이오피드백이 불안 척도를 유의하게 낮춤.
편도체·해마의 동조 현상은 호흡이 정서 조절 신경망을 안정화함을 시사한다.

우울 증상 개선

SKY 호흡 등 요가 호흡법은 항우울제 치료 반응을 보조하며 임상적 우울 점수를 개선.

호흡을 통한 세로토닌 활성 및 정서 회로 조율이 기전으로 제시된다.

공황장애 개선

캡노미터 보조 호흡훈련(CART)은 과호흡과 저탄산혈증을 교정하여 공황발작 빈도를 감소시킨다. 이는 호흡 조절이 공황 증상의 핵심 병태에 직접 작용함을 의미한다.

PTSD 개선

재향군인 대상 RCT에서 SKY 호흡이 과각성, 불면, 불안 증상을 유의하게 줄임.

CART 또한 과각성 감소 효과가 보고됨.

결론

호흡은 자율신경계와 정서 뇌 회로를 매개로 불안, 우울, 공황, PTSD 증상 개선에 기여한다. 기법별 효과는 다르나, 호흡 훈련은 보조적·통합적 치료 전략으로 임상적 활용 가치가 크다.

[양자의학 워크숍, 발제]

제목: 숨은 몸과 마음의 치유자

숨은 단순히 공기를 들이마시고 내쉬는 일이 아닙니다. 숨은 우리의 신경계와 감정, 심지어 뇌의 회로를 직접 조율하는 자연 치유의 열쇠입니다.

불안과 두려움이 줄어든다.

불안할 때 숨은 빨라지고 얕아집니다. 이는 교감신경을 과도하게 자극하여 불안이 더 심해지는 악순환을 만듭니다. 하지만 깊고 느린 복식호흡은 미주신경을 자극해 심장을 안정시키고, 마음을 차분하게 가라앉혀 줍니다.

우울한 마음이 밝아진다.

우울증이 있으면 숨도 얕아지고 무겁습니다. 숨(호흡) 훈련은 뇌의 행복 호르몬(세로토닌)을 활성화하고, 기분을 회복시키는 데 도움을 줍니다. 실제로 명상 호흡이나 요가 호흡을 꾸준히 한 사람들은 우울감이 완화된다는 연구가 있습니다.

공황 발작을 다스린다.

공황 발작은 갑작스러운 과 호흡으로 시작됩니다. 이산화탄소가 줄어들면 심장이 두근거리고 질식할 것 같은 두려움이 몰려옵니다. 호흡 훈련은 이런 과호흡을 바로잡아 발작을 예방하고 조절할 수 있게 해 줍니다.

PTSD의 상처를 완화한다.

외상 후 스트레스 장애(PTSD)는 늘 과각성 상태에 놓이게 합니다. 하지만 호흡 명상은 몸과 마음을 차분히 가라앉히고, 불면과 불안을 줄여줍니다. 미국의 재향군인을 대상으로 한 연구에서도 호흡법이 큰 도움이 된 것으로 나타났습니다.

결론: 숨은 삶을 회복하는 열쇠

숨은 우리의 몸과 마음을 동시에 치유합니다. 불안, 두려움, 우울, 공황, PTSD까지—숨은 언제나 우리 안에서 작동하는 가장 강력하고도 단순한 치유의 도구입니다.

[숨, 치유 워크북]

주제: 숨을 통한 불안·우울·공황·PTSD 회복 프로그램

프로그램 개요

목표: 호흡 훈련을 통해 불안, 두려움, 우울, 공황, PTSD와 같은 심리적 고통을 완화하고 심신의 균형을 회복한다.

구성: 4주간 단계별 호흡 훈련 + 기록 + 자기 성찰

방법: 하루 2회(아침·저녁), 10~15분 훈련

핵심 호흡법 소개

복식호흡: 배가 부풀고 줄어드는 것을 느끼며 깊고 천천히 호흡한다. (불안 완화용)

4-7-8 호흡법: 4초 들숨, 7초 멈춤, 8초 날숨. (불면·PTSD 안정)

공명호흡(5~6회/분): 심장과 뇌파를 동기화시키는 호흡. (우울·스트레스 회복)

CART 방식(공황용): 얕고 빠른 호흡을 교정하여 이산화탄소를 정상화. (공황 예방)

주차별 실습 계획

☐ 1주차 – "숨을 느끼기"

아침: 복식호흡 5분

저녁: 4-7-8 호흡법 5분

기록 질문: 오늘 호흡 후 몸과 마음의 변화를 한 문장으로 적어보세요.

☐ 2주차 – "리듬 찾기"

아침: 공명호흡 10분 (5~6회/분)

저녁: 복식호흡 + 4-7-8 호흡법 각 5분

기록 질문: 불안/우울 정도를 0~10점 척도로 기록하세요.

☐ 3주차 – "감정 다루기"

아침: 공명호흡 10분

저녁: 호흡 + 짧은 명상("내 숨이 나를 치유한다") 10분

기록 질문: 오늘 호흡 후 떠오른 감정이나 생각을 자유롭게 적어보세요.

☐ 4주차 – "안정과 회복"

아침: 복식호흡 + 공명호흡 15분

저녁: 4-7-8 호흡 + 명상 호흡 15분

기록 질문: 호흡 훈련 4주간의 변화를 정리하세요. (수면, 불안, 기분, 신체감각 등)

체크리스트 (매일 기록)

날짜	훈련 종류	수행시간	불안정도 (0~10)	우울정도 (0~10)	몸·마음 변화 메모
메모					
1일차	복식호흡 4-7-8	아침10분 저녁10분	6	5	호흡후 가슴이 편해짐
2일차	…	…	…	…	…

자기 점검 & 성찰

1주차 성찰 질문: 나는 숨을 얼마나 의식하며 살고 있었나요?

2주차 성찰 질문: 불안이나 두려움이 올라올 때 숨으로 어떻게 다룰 수 있었나요?

3주차 성찰 질문: 내 감정과 숨 사이에는 어떤 연결이 있음을 알게 되었나요?

4주차 성찰 질문: 앞으로 숨을 통해 어떻게 내 삶을 회복하고 싶나요?

마무리 메시지

숨은 언제나 내 곁에 있는 치유의 도구입니다.

깊고 의식적인 호흡은 불안·우울·공황·PTSD를 넘어,

몸과 마음 전체를 회복의 길로 이끄는 가장 단순하면서도 강력한 방법입니다.

[참고사항]

숨(호흡)이 심신치유에 미치는 효과와, 불안·두려움·우울·공황장애·PTSD 증상 개선과 관련된 *연구 근거(주요 메타분석·무작위대조시험) 리서치 서베이(요약)

작동 기전(요약)

- 자율신경계 조절: 느린 복식호흡/공명호흡(≈5~6회/분)은 미주신경·바로리플렉스를 강화하고 HRV(심박변이도)를 높여 불안·과각성 억제에 기여. HRV 바이오피드백(HRVB)은 이러한 기전을 체계화한 중재로, 불안·스트레스 완화 효과가 메타분석에서 확인됨.
- 내분비·염증 조절: 느린 호흡/복식호흡은 코르티솔을 낮추고(일부 RCT·실험), 스트레스 반응을 완화.
- 신경네트워크 동조: 비강 호흡 자체가 편도체·해마 등 변연계 진동을 동조시켜 정서·기억 처리에 영향을 줌(인간 iEEG·fMRI 연구). 이는 '숨-정서 회로'의 뇌생리학적 경로를 뒷받침.

임상근거 by 증상/질환

A. 불안·스트레스(범 불안 포함)

- 메타분석(2023, 70개 이상 연구): 호흡중재 전반이 불안(g≈-0.32), 우울(g≈-0.40) 에서 유의한 개선. 이질성 존재, 방법론적 품질 개선 필요.

- 임상진단 불안장애 대상 체계적 고찰(2023): 성인 DSM-5 불안장애 환자만 포함한 16편 분석에서 호흡중재 단독으로도 불안 증상 유의 개선.
- HRV 바이오피드백(메타분석): 불안·스트레스 유의 감소(대규모 인용 메타분석). 우울감 감소에 대한 별도 메타분석도 긍정적.

B. 우울(주요우울장애, 보조치료)

- 무작위 대조 파일럿(RCT): 항우울제 반응불충분 MDD 환자에서 SKY(수다르샨 크리야) 보조치료로 HDRS 등 임상적 개선 보고.
- 대조적 결과: 2023~24년 공명호흡(coherent breathing) 대규모 위약-대조 시험에서는 위약 대비 추가효과 없음 보고 → 프로토콜·대상·기대효과 관리 등 설계 변수의 중요성 시사.
- 요약: 우울에 대한 호흡중재는 보조요법으로 유망하나, 기법·강도·대상 적합성에 따라 효과가 달라질 수 있음(근거 혼재).

C. 공황장애(과호흡/저탄산혈증 교정)

- CART(캡노미터 보조 호흡훈련): 말초 이산화탄소($ETCO_2$)를 상승·정상화하도록 훈련하는 기법. 무작위 비교시험에서 증상·과호흡 지표 개선 보고.
- 치료요소 해부 연구: 전통 CBT에서의 '호흡 재훈련' 필요성은 연구마다 상이(일부 RCT에선 필수 아님). 그러나 저탄산 교정형 호흡훈련(CART)은 기전 타깃이 명확해 효과 근거가 비교적 견고.

- 재향군인 RCT: SKY 호흡 기반 명상이 PTSD 증상을 유의하게 감소(미국 재향군인 대상, 무작위·대기자 대조).
- CART(PTSD 과각성): 군 재향군인 대상 무작위 임상시험에서 과각성(hyperarousal) 감소 보고.
- HRV 바이오피드백(군 PTSD 메타분석 2024): 예비적으로 증상 완화에 유익하다는 결론(근거는 아직 제한적).

실무 적용(근거기반 범위, 요약)

기본 처방(자가훈련)

- 느린 복식호흡/공명호흡: 4~6초 들숨 / 6~8초 날숨, 5~6회/분, 10~20분/회, 하루 1~2회, 최소 4~8주. HRV·코르티솔·주관적 스트레스 개선 연구 다수.
- 불안·공황 경향: 과호흡 유발 주의. 비강 호흡·복식·천천히·무억지 원칙. 필요시 CART/호기 CO_2 피드백이 적합.
- PTSD/고도 불안: 단독치료보다 정신치료(예: CBT, 노출)·약물과 보조적 통합 시 권장. HRVB·SKY의 병합 근거 축적 중.
- 신경기전 관점의 팁: 비강호흡 유지(변연계 동조·정서 처리에 유리). 훈련 중 **불편 감각(어지럼, 손저림)**이 생기면 즉시 중단·자연호흡 회복.

해석상 주의점

연구 전반에 이질성(대상·기법·용량·대조조건) 이 큼. 최신 위약-대조 시험에선 특정 호흡법이 위약 이상 효과를 보이지 않음도 보고되므로(특히 공명호흡), 과장 없는 적용이 필요.

그럼에도 불구하고, HRV-BF·CART·SKY 등 기전이 명확하거나 표준화된 중재는 불안·PTSD·우울에서 보조요법으로 실질적 이득을 보여 옴.

핵심 참고문헌(대표)

- Fincham GW et al., Scientific Reports 2023: 호흡중재 메타분석(불안 · 우울 소 · 중간 효과). Nature
- Zaccaro A et al., Frontiers in Human Neuroscience 2018: 느린호흡 기전 · 뇌신경 생리 리뷰. Frontiers
- Goessl VC et al., Psychological Medicine 2017: HRV 바이오피드백 메타분석(불안 · 스트레스). PubMed
- Pizzoli SFM et al., Scientific Reports 2021: HRVB의 우울 개선 메타분석. Nature
- Seppälä EM et al., J Trauma Stress 2014: SKY-재향군인 PTSD RCT. PMC
- Jamison AL et al., Psychological Trauma 2019: CART-PTSD 과각성 RCT. PTSD VA
- Meuret AE et al., 2010 RCT: CART vs 인지치료, 공황장애 CO_2 정상화 · 증상 개선. PMC
- Ma X et al., Frontiers in Psychology 2017: 복식호흡이 코르티솔 · 정서 · 주의에 미치는 효과(RCT). Frontiers
- Zelano C et al., J Neurosci 2016: 비강 호흡-편도체/해마 동조(iEEG · 행동). The Journal of Neuroscience
- Fincham GW et al., Scientific Reports 2023/24: 공명호흡 위약-대조 결과(무차별)-방법론 중요성 시사. PMC

Ⅵ
숨 명상과 치유 오행 食

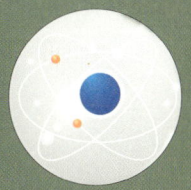

『숨(호흡)과 음식은 함께 치유를 완성하는 두 축이다.

음양오행 음식과 명상, 숲과 호흡의 만남 속에서 삶의 균형과 회복을 찾는다.』

1. 숨 명상과 어울리는 치유음식 군群
2. 숨과 명상수련-자아초월 수련 노트
3. 치유 음양오행 食 입문
4. 숨, 치유의 숲을 만나다

■ 서문

숨 명상과 함께 할 수 있는 치유음식Healing Foods은 몸에 부담이 없고, 색, 향기가 안전적인 게 좋습니다.

숨 명상은 자율신경계를 조절하고 심신을 안정시키는 효과가 있으므로, 음식도 이를 돕는 방향으로 선택하는 것이 좋습니다.

■ 기본 원리

호흡 + 음식의 상호작용: 숨 명상은 신체를 이완시키고 소화계를 강화합니다. 따라서 위장에 부담이 적고, 뇌와 신경 안정에 도움이 되는 음식이 적합합니다.

음식 선택 기준:

자율신경계 안정(부교감신경 활성)에 필요한

항산화·항염 효과(세포 노화 억제)가 있는

세로토닌·멜라토닌 등 신경전달물질 대사 지원에 필요한 음식을 지원합니다.

1. 숨 명상과 어울리는 치유음식 군群

뇌·신경 안정 음식

호두, 아몬드, 캐슈넛 → 마그네슘 풍부, 신경 안정 & 수면 호르몬 멜라토닌 생성에 도움이 됩니다.

바나나 → 트립토판과 비타민 B6 풍부 → 세로토닌 합성 촉진

귀리, 퀴노아 → 복합 탄수화물 → 뇌에 안정적 에너지 공급

항산화·항염 음식

블루베리, 체리, 아사이베리 → 항산화성분(안토시아닌) 풍부, 뇌와 심장 보호

녹차, 허브티(카모마일, 레몬밤) → 테아닌·플라보노이드가 스트레스 감소

토마토, 당근, 시금치 → 비타민 A·C·E → 활성산소 억제

면역·장 건강 음식

발효식품(김치, 요구르트, 된장) → 장내 미생물 균형 → 면역력 강화 및 기분을 안정시켜 줍니다.

마늘, 생강 → 천연 항염·항바이러스 효과

해조류(미역, 다시마) → 미네랄 풍부, 혈액 정화

수면·이완 보조 음식

따뜻한 우유 → 트립토판과 칼슘이 수면 유도

꿀차 → 혈당을 천천히 올려 이완감 제공

호박죽 → 소화가 잘 되고, 마음을 편안하게 하는 전통 힐링 음식

추천 식단 예시 (숨 명상 전·후)

아침 명상 전

따뜻한 레몬워터 한 잔 → 위장 깨우기, 체내 독소 배출

소량의 견과류와 바나나 → 혈당 안정, 기분전환

점심 명상 후

현미밥 + 나물류(시금치, 콩나물) + 된장국

발효김치 곁들이기 → 장 건강 & 기분 안정

저녁 명상 전

허브차(카모마일·라벤더) 한 잔 → 이완 준비

블루베리·요구르트 스무디 → 장·뇌 건강 동시 강화

취침 전 명상 후

따뜻한 우유나 꿀차 → 멜라토닌·세로토닌 촉진

호박죽 소량 → 위 부담 없이 숙면을 유도해 줍니다.

마무리

숨 명상과 치유음식은 몸-마음-영양-의식이 하나로 연결되는 과정입니다.

숨은 자율신경계를 안정시키고,

음식은 세포와 뇌를 치유하며,

두 가지가 만나면 심신의 회복 시너지가 극대화됩니다.

[워크숍 교재]

주제: 숨 명상과 치유음식의 만남

학습 목표

호흡 명상과 치유음식이 신체·정신 회복에 어떻게 시너지를 내는지 이해한다.

일상에서 쉽게 활용 가능한 호흡 + 음식 실습을 체득한다.

이론 요약

호흡: 자율신경계를 조절하여 불안·우울·긴장을 완화.

치유음식: 뇌·신경 안정, 항산화·항염, 면역 및 장 건강, 수면 보조에 도움.

시너지 효과: 호흡이 신경계를 안정시킬 때, 음식이 세포와 뇌를 영양적으로 지원 → 심신 치유 극대화.

실습 프로그램 (워크숍 예시)

세션 1: 아침 활력

호흡: 복식호흡 10분

음식: 따뜻한 레몬워터 + 견과류 & 바나나

세션 2: 점심 안정

호흡: 공명호흡 10분

음식: 현미밥 + 채소 나물 + 된장국 + 발효김치

세션 3: 저녁 이완

호흡: 4-7-8 호흡법 5분 + 명상호흡 5분

음식: 블루베리 요거트 스무디 / 허브티

세션 4: 취침 전 회복

호흡: 느린 복식호흡 10분 (수면 준비)

음식: 따뜻한 우유 + 꿀차 / 호박죽 소량

토론 & 체험

참가자들이 호흡 전·후의 신체 변화와 음식 섭취 후의 기분 변화를 기록하고 공유합니다.

강사는 호흡과 음식이 '몸-마음-의식' 삼위일체로 작용한다는 점을 강조해 줍니다.

[워크북, 레시피]

제목: 숨과 음식이 만나는 치유의 식탁

아침 레시피 (활력 & 집중)

레몬 따뜻한 물 1잔

바나나 1개 + 아몬드 5알

Tip: 아침 호흡 후 섭취 → 하루의 리듬을 안정적으로 시작

점심 레시피 (소화 & 안정)

현미밥 + 시금치나물, 콩나물무침

된장국 한 그릇

발효김치 약간

Tip: 호흡 명상 후 소화기관이 열려 있을 때 가벼운 전통식으로 심신 회복

간식 레시피 (뇌 & 마음 강화)

블루베리 + 요거트 스무디

호두 3알

허브티(레몬밤·카모마일)

Tip: 스트레스가 올라올 때 잠시 호흡 후 섭취하면 기분이 안정

저녁·취침 전 레시피 (수면 & 회복)

따뜻한 우유 + 꿀 한 스푼

호박죽 소량

Tip: 4-7-8 호흡 후 섭취 → 수면 호르몬(멜라토닌) 분비 촉진

기록 페이지 (참가자용)

오늘 호흡과 함께 먹은 음식

호흡+음식 후 내 몸의 느낌

불안/긴장/기분 점수 (0~10)

요약

워크숍 교재: 강사용 이론·세션·토론 자료 중심

참가자 레시피북: 실습형 레시피 + 기록 페이지

2. 숨과 명상수련: 자아초월 수련 노트

숨과 명상수련의 이론

숨과 의식의 관계

호흡=의식의 다리

호흡은 무의식적 생리작용이지만 동시에 의식적으로 조절할 수 있습니다. 따라서 숨은 무의식 ↔ 의식을 연결하는 관문입니다.

호흡과 뇌·신경

깊은 호흡은 미주신경을 자극하여 부교감신경을 활성화시키고, 뇌의 변연계(편도체, 해마)를 안정시켜 감정과 기억을 조율합니다.

명상수련의 기본 구조

집중(Concentration) → 호흡, 만트라, 감각에 주의를 모음

통찰(Mindfulness) → 지금 일어나는 감각·감정을 알아차림

초월(Transcendence) → 자아 동일시를 넘어, '나=의식=전체'로 확장되는 체험

숨과 자아초월

들숨은 삶의 에너지(氣)를 받아들이고, 날숨은 에고와 집착을 내려

놓는 과정으로 상징된다. 일정한 호흡리듬(예: 공명호흡, 5~6회/분)은 뇌파를 안정시켜 알파세타 상태로 진입하게 하고, 자아초월의 기초가 된다.

자아초월 수련노트 작성 방법

노트 구성 기본 틀
날짜 / 시간 / 장소
호흡/명상 방식 (복식호흡, 4-7-8, 만트라 등)
수행 시간 (10분, 20분 등)
수행 전 상태 (기분, 몸의 느낌, 불안·긴장 정도 0~10점 척도)
수행 중 경험 (호흡의 질감, 떠오른 생각·감정, 신체감각)
수행 후 변화 (몸·마음·집중력·통찰 변화)

자아초월 기록 포인트
호흡 인식
숨이 깊어졌는가, 일정한가, 편안한가?
"호흡이 나를 이끌었다 / 내가 숨을 이끌었다"의 감각

감정 변화
불안 → 차분, 긴장 → 이완

감정의 무게가 어떻게 가벼워졌는지 기록

의식의 확장
"나는 몸/생각/감정을 넘어선 존재처럼 느껴졌다"
"나와 세계의 경계가 옅어졌다"
작은 자아(Ego)에서 큰 자아(Self, 의식)로 옮겨가는 순간의 경험
상징적 체험
빛, 공간, 파동, 에너지 등 직관적 상징이 떠오를 수 있음 → 그대로 기록

자아초월 수련노트 (예시)

날짜/시간: 2025.08.22, 저녁 9시
방법: 공명호흡 + 호흡관찰 20분
수행 전 상태: 긴장도 7/10, 불안감 약간
수행 중 경험: 숨이 깊어질수록 가슴이 확장되는 느낌. 생각은 잠시 일어나지만 금세 흘러감.
수행 후 변화: 긴장도 3/10으로 감소. 마음이 고요해지고, "나"가 몸 안에 한정되지 않고 공간 전체와 연결된 듯한 느낌.

정리

숨과 명상 이론: 숨은 의식과 무의식, 자아와 초월을 잇는 다리.

수련노트 작성법: 객관적(호흡·시간·상태) + 주관적(체험·감정·통찰)을 함께 기록.

자아초월 노트의 목적: 단순히 수행 내용을 기록하는 것을 넘어, 내면의 변화 과정을 추적하고, 작은 자아에서 큰 자아로 확장되는 길을 문서화하는 것.

자아초월 수련 워크북

워크북 사용법

매일 기록: 아침/저녁 명상 후 간단히 작성 (5분 내외)

주간 성찰: 일요일마다 일주일 노트를 돌아보고 변화를 정리

목적: 숨과 명상을 통해 내면 변화를 추적하고, 자아의 확장을 경험적으로 기록

수련 이론 요약 (참가자 안내문)

호흡은 의식과 무의식의 다리: 숨을 관찰하면 지금-여기의 자각이 깊어진다.

명상 수련의 3단계

집중: 호흡·만트라에 주의 모으기

알아차림: 떠오르는 생각·감정 관찰하기

초월: '나'를 넘어 전체와 연결된 의식 경험

자아초월: 작은 자아(ego)에서 큰 자아(Self)로 이동하는 과정

일일 수련 기록지 (Daily Practice Note)

오늘의 수련노트

날짜/시간/장소: _____

호흡/명상 방식: _____

수행 시간: _____분

수행 전 상태

기분: □□☹ (선택)

긴장도(0~10) ___

몸의 느낌 _____

수행 중 경험

호흡의 질감: (깊다/얕다/편안/불안정)

떠오른 생각·감정: _____

몸의 변화: _____

수행 후 변화

긴장도 변화: ____ → ____

마음의 상태: _____

깨달음/통찰: _____

주간 성찰 노트 (Weekly Reflection)

이번 주 수련 횟수 ____회

가장 큰 변화_____

불안/우울/긴장 정도 변화 (0~10) ____ → ____

자아초월 경험 기록

경계가 옅어지는 순간이 있었는가? (예/아니오)

빛, 공간, 파동, 에너지와 같은 상징적 체험이 있었는가?
_____

앞으로의 다짐: _____

자기 성찰 질문 (Reflection Prompts)

나는 숨을 통해 내 몸과 마음의 어떤 변화를 느꼈는가?

숨을 의식하는 순간, 생각과 감정은 어떻게 달라졌는가?

'나'라는 감각이 확장되거나 사라지는 경험이 있었는가?

나의 수행에서 가장 크게 다가온 통찰은 무엇인가?

앞으로 더 깊이 다루고 싶은 내면의 주제는 무엇인가?

체크리스트 (습관화)

오늘 호흡/명상 10분 이상 실습/ 수행 전·후 상태 기록/ 오늘의 깨달음 한 문장 기록

주간 성찰 작성

이 워크북은 단순한 기록장이 아니라, 숨을 통한 자기인식 → 의식 확장 → 자아초월의 과정을 추적하는 안내서입니다. 꾸준히 작성하면 스스로의 성장과 내면의 진화를 한눈에 확인할 수 있습니다.

3. 치유 음양오행 食 입문

음양오행 음식의 기본 이해

음(陰): 시원하고, 진정시키며, 수분을 공급하는 성질 → 과열·염증 완화

양(陽): 따뜻하고, 순환을 돕고, 기운을 북돋우는 성질 → 냉증·기력 저하 보완

오행(五行: 木·火·土·金·水): 음식과 장부(臟腑)를 연결하는 동양의학적 분류

목(木): 간(肝) – 푸른 채소, 신맛

화(火): 심(心) – 붉은 과일·곡물, 쓴맛

토(土): 비(脾, 소화) – 노란 채소·곡물, 단맛

금(金): 폐(肺) – 매운맛, 흰 음식

수(水): 신(腎) – 검은 곡물·콩류, 짠맛

치유를 위한 오행 음식 – 예시

목(木, 간): 시금치, 부추, 레몬, 매실 → 간 해독, 기분 안정

화(火, 심장): 토마토, 석류, 홍삼, 비트 → 혈액순환, 심장 강화

토(土, 소화): 호박, 고구마, 기장, 인삼 → 위장 기능 강화

금(金, 폐): 배, 무, 도라지, 생강 → 폐와 호흡기 강화

수(水, 신장): 검은콩, 미역, 다시마, 검은깨 → 신장·하체 건강

체질별 음양오행 음식 – 간략 입문용

① 소양인 (열이 많고, 상체가 발달)

권장: 오이, 배추, 무, 보리차 (시원한 성질)

주의: 고추, 마늘, 술, 기름진 음식 (열을 더함)

② 태양인 (흉곽 크고 활동적, 드묾)

권장: 율무, 메밀, 오이, 무 → 기운 안정

주의: 기름진 음식, 지나치게 따뜻한 음식

③ 소음인 (냉증, 하체 발달, 소화 약함)

권장: 인삼, 대추, 계피, 호박죽 (따뜻한 성질)

주의: 차가운 음식, 날 것, 얼음음료

④ 태음인 (체격 크고, 하체 발달, 습담 많음)

권장: 녹두, 율무, 도라지, 배, 무 (담·열 배출)

주의: 기름진 음식, 과식, 고열량 음식

입문자를 위한 활용 TIP

명상 전: 가볍고 소화 잘 되는 음식 (따뜻한 차, 과일 소량)

명상 후: 오행 균형이 맞는 한 끼 (곡물 + 채소 + 약간의 단백질)

음양 균형: 몸이 더우면 음성 음식(시원·맑은), 몸이 차면 양성 음식(따뜻·순환)을 선택

요약

음식도 호흡과 마찬가지로 자율신경과 기운을 조율하는 치유 도구이고, 음양은 체질·상태에 따라 조절하고, 오행은 장부와 연결해 균형을 맞추는 기준이 됩니다. 숨 활동 치유자는 "내 몸 상태(열 많음·냉증)"와 "장부 균형(간·심·비·폐·신)"에 맞게 음식을 선택해야 합니다.

[워크숍, 강사]

주제: 음양오행 음식과 체질별 치유식 입문

강의 목표

음양오행 이론을 이해하고, 음식과 건강의 연결을 학습한다.

자신의 체질(소양인·소음인·태양인·태음인)에 맞는 음식을 이해하고 활용한다.

숨·명상과 결합한 치유적 식습관을 실천한다.

이론 요약

음(陰): 시원·진정·수분 → 열·염증 완화

양(陽): 따뜻·순환·활력 → 냉증·기력 저하 보완

오행(五行)

목(木, 간): 푸른 채소, 신맛

화(火, 심장): 붉은 음식, 쓴맛

토(土, 소화): 노란 음식, 단맛

금(金, 폐): 흰 음식, 매운맛

수(水, 신장): 검은 음식, 짠맛

체질별 음식 안내

소양인: 열이 많음 → 오이, 배추, 무 (차가운 성질)

소음인: 냉증 많음 → 인삼, 대추, 계피 (따뜻한 성질)

태음인: 습담 많음 → 도라지, 율무, 배, 무 (담·열 배출)

태양인: 활동적, 드묾 → 메밀, 율무, 오이, 무 (기운 안정)

숨·명상과 결합

명상 전: 소화 부담 없는 가벼운 차, 과일 소량

명상 후: 체질 맞춤형 음식 + 오행 균형 식사

원칙: "몸이 덥다 → 음성 음식 / 몸이 차다 → 양성 음식"

실습·토론

나의 체질 체크하기(간단 설문)

오늘 섭취한 음식 오행 분류해 보기

내일 실천할 "오행 한 끼" 작성해 보기

[워크북, 참가자용 체크리스트]

오늘의 오행 식단 체크

항목	섭취 음식	오행	음양	내 몸의 반응
아침	레몬워터, 사과	목(木)	음(陰)	상쾌함
점심	현미밥, 시금치, 된장국	목/토	균형	안정감
저녁	호박죽, 대추차	토/화	양(陽)	따듯함

체질별 권장 음식 미니가이드

소양인: 오이, 무, 보리차 / 피할 것: 술, 고추

소음인: 인삼, 대추, 계피 / 피할 것: 찬 음식, 얼음

태음인: 율무, 도라지, 배 / 피할 것: 기름진 음식, 과식

태양인: 메밀, 오이, 무 / 피할 것: 고열량, 자극적 음식

나의 하루 기록

오늘 기분 상태: ☐☐

몸의 상태(열/냉/피로/소화) _____

오늘의 치유음식 한 가지 _____

명상과 음식이 준 깨달음 _____

요약

본 강의안은 강사가 이론과 실습을 진행할 수 있도록 구조화한 후, 체크리스트는 참가자가 직접 기록하고 실천하며 체질·음식 등 명상 경험을 통합적으로 체득하게 합니다.

4. 숨, 치유의 숲을 만나다

숨, 치유의 숲을 만나다

숲길에 들어서면 가장 먼저 들려오는 것은 새소리나 바람소리보다, 사실은 내 숨소리다. 평소엔 의식하지 못했던 호흡이, 고요한 숲의 울림 속에서 갑자기 존재감을 드러낸다. 나와 숲을 잇는 첫 번째 다리는 언제나 숨이다.

숨은 생명을 지탱하는 가장 단순하면서도 가장 근원적인 리듬이다. 하지만 현대인의 일상 속에서 우리는 숨을 잃어버렸다. 얕고 빠른 호흡은 불안과 긴장의 반영이며, 스스로를 쫓아내는 작은 폭력이다. 숲에서의 깊은 들숨과 날숨은 이 긴장을 풀어낸다. 나무의 잎새가 내뿜는 산소와 내 날숨이 섞이며, 숲과 나는 보이지 않는 호흡의 순환으로 이어진다.

인문학에서 숨은 곧 '생명과 의식의 상징'이다. 동양에서는 기(氣)라 불리고, 서양에서는 spirit(숨, 영혼)이라는 동일한 어원을 공유한다. 숨을 쉰다는 것은 단순히 산소를 교환하는 일이 아니라, 내적 생명과 세계의 호흡을 나누는 참여이다. 숲은 그 호흡을 가능케 하는 거대한 폐(肺)이며, 우리는 그 안에서 새로운 호흡법을 배우는 서생이다.

숨의 깊이가 달라지면 마음의 깊이도 달라진다. 얕은 호흡은 불안을 낳고, 깊은 호흡은 신뢰를 불러온다. 숲에서의 명상적 호흡은 단지 몸의 산소 공급을 넘어서, 억눌린 감정을 풀어내고 두려움을 가라앉히며, 상처 입은 기억을 치유하는 힘을 발휘한다. 불안은 바람처럼 사라지고, 우울은 이끼 위에 내려앉은 물방울처럼 고요히 흡수된다.

그 순간 우리는 자아의 경계를 넘어선다. 숨은 나와 숲을 분리하지 않는다. 내가 내쉰 숨은 숲의 나무가 들이마시고, 나무가 내쉰 숨은 내가 들이마신다. 주체와 객체, 나와 세계, 인간과 자연의 구분이 흐려진다. 숨은 경계를 허무는 철학적 행위다. 이 초월의 체험 속에서 우리는 더 이상 고립된 개인이 아니라, 생명의 순환 속에 함께 살아가는 존재로 거듭난다.

숲에서의 숨 명상은 결국 우리에게 이렇게 속삭인다. "너의 숨은 곧 숲의 숨, 숲의 숨은 곧 우주의 숨이다." 그리고 그 깨달음 속에서, 우리는 비로소 자신과 타자, 인간과 자연을 치유하는 길 위에 서게 된다.

숨과 치유의 숲 이야기

숨과 치유의 숲, 그리고 명상의 혼이 깃든 한국의 대표 숲

지리산 피아골 숲 (智異山 彼我谷)

의미: 한국 불교와 선도의 숨결이 깃든 숲. 지리산은 예로부터 수행자와 은자들이 가장 많이 찾던 성산(聖山)이다.

특징: 피아골 계곡을 따라 울창하게 뻗은 원시림은 맑은 물과 깊은 숲이 어우러져, 호흡만으로도 정화되는 느낌을 준다.

명상적 가치: 산사(禪寺)와 암자가 곳곳에 있어 수행·명상과 밀접히 연결되어 있습니다. 깊은 들숨과 날숨은 곧 숲과 하나 되는 경험으로 이어진다.

오대산 전나무 숲 (五臺山 傳나무 숲)

의미: 강원도 월정사로 이어지는 전나무 숲길은 한국을 대표하는 '치유의 길'로 꼽힌다.

특징: 500m 이상 곧게 뻗은 전나무들이 양옆에 서 있는 길은, 걷는 순간 숨이 저절로 고요해지고, 가슴이 열리는 듯한 느낌을 준다.

명상적 가치: 전나무의 피톤치드 향은 심신 안정에 효과적이며, 숲길 자체가 명상 워킹(걷기명상)의 최적지로 활용된다.

속리산 정이품송 숲 (俗離山 正二品松)

의미: 고려 시대부터 보존된 천연기념물 소나무(정이품송)를 중심으로 한 숲. 소나무는 한국 정신문화에서 곧음·청정함의 상징이다.

특징: 속리산 법주사와 이어져 불교적·선도적 수련지로 활용되어 왔으며, 숲과 수행이 만나는 대표적 장소이다.

명상적 가치: 소나무 숲의 맑은 기운은 잡념을 걷어내고 '곧은 마음'을 세우는 데 도움을 준다.

지리산 피아골 → 깊은 원시림, 불교·선도의 명상 숲
오대산 전나무 숲 → 걷기 명상과 치유의 길
속리산 소나무 숲 → 소나무 기운을 통한 정신적 정화

이 세 숲은 단순히 아름다운 자연을 넘어, 숨과 명상, 그리고 한국적 치유의 혼이 함께 깃든 공간으로 평가할 수 있다.

민주지산의 숲 단상 - 詩

2023년 봄 머물다

희망

꽃망울 머금어

봄볕이 산 비스듬하게
내리니

내 가슴 너머 반짝이고

또한, 봄은 이처럼 오나 보다

생명

살아 움직이는 게 곧 보이는 걸까요.
방바닥을 이리저리 뛰노는 벌레를
유심하게 쳐다보니.
넌 나랑 친구 할 수 있겠는가

태어나고 죽는 것은 너, 나 소관이 아니고
그저 존재하는 것만 너와 똑같은 건데,
어찌 내가 너를 거둘 수 있겠는가

지난 겨우 내 친구였을 건데, 눈치 아려 보니
넌 나보다 더 미물이구나!
너를 거둘 수 없는 건 나도 너보다 더 나은 게 없어서일 거다.

우리 자연 앞에 보잘것없는 티끌이거늘 어찌 내가
너보다 더 생명이 귀하다고 할 수 있겠냐?
너의 가녀이나 나의 가녀가 내 눈앞에 노니는 봄 이파리 같거늘
너와 나, 이제 귀중함을 나누고
그래도 너, 내가 있어 자연의 꾸밈이 어울릴 건데,
어찌 하찮다 할 수 있겠냐.

민주지산의 품

아침 새소리가 하늘에 메이더니
눈에 보이지 않고 높이만 있어
이리저리 둘러보고
깊은 숨만 가득하다.

외로움에 지친 목소리가 청량함 그득
채우고
너를 붙잡으려는 내 마음 실어
너를 보고 싶어 둘러본다.

보이지 않고 꽃이 인사를 대신하니
파릇한 초목이 손 마주하고 고개를
내민다.

민주지산이 너를 친구로 맞이하는 것처럼.
그래, 너랑 매일 인사하는 인연을 이어
세상 밖 넘어 초월의 다리를 놓아보자.

저 너머...본능

지난겨울에 숨죽여 지켜보던
배 속에 꿈틀거리는 본능
계절이 무서워 차마 뱉지 못하고.
웅크린 채 있더니만

이제 기지개 켜 하늘을 보고

[목원 현용수 씀]

VII
양자의학, 심리학을 말하다

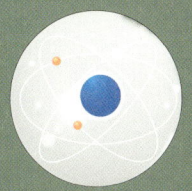

『양자의학과 심리학이 서로에게 이야기를 나누며, 치유의 새로운 언어를 만든다.

숨·몸·맘을 잇는 다리로서의 호흡, 그리고 보이지 않는 연결의 과학과 심리를 탐구한다.』

1. 숨, 맘, 몸 - 심리학을 만나다
2. 양자의학, 치유심리학을 말하다

■ 들어가기

우리는 오랫동안 몸과 마음을 서로 다른 영역으로 나누어 이해해 왔습니다. 의학은 육체의 질병을, 심리학은 정신의 고통을 다루는 별개의 학문처럼 여겨졌습니다. 그러나 실제 인간의 삶은 그 둘을 분리할 수 없습니다. 마음의 상처는 몸을 아프게 하고, 몸의 질환은 마음의 무게로 이어지게 합니다. 이 교차점에서 양자의학과 심리학은 서로를 향해 말을 걸기 시작합니다.

양자의학은 인간을 물질적 존재가 아니라 의식과 에너지, 파동의 통합체로 바라봅니다. 마음의 변화는 뇌와 세포, 신체의 에너지장에 실제적 흔적을 남긴다고 설명합니다. 반면 심리학은 불안, 우울, 공포와 같은 정서가 신경계와 호르몬을 거쳐 신체 건강에 영향을 미친다는 사실을 실증적으로 보여주었습니다. 두 학문이 다루는 언어는 다르지만, 결국 가리키는 방향은 같다. "의식과 몸은 분리되지 않는다."는 것입니다.

이제 우리는 두 학문이 만날 때의 풍요로운 가능성에 대해서 이야기해야 합니다. 양자의학은 심리학을 통해

의식과 감정의 구체적 작동을 설명할 수 있고, 심리학은 양자의학을 통해 마음이 어떻게 에너지와 파동으로 변환되어 몸을 치유하는지를 새롭게 해석할 수 있어야 합니다.

〈양자의학, 심리학을 말하다〉는 학제 간의 대화를 기록한 첫 장(章)이 될 것입니다. 여기서 우리는 질문을 해야 합니다.

의식은 어떻게 몸의 질서를 바꾸는가?

마음의 상처는 어떻게 세포와 에너지의 흔들림으로 이어지는가?

호흡과 명상, 심리적 통찰은 어떻게 신체 치유와 자아초월의 문을 열어주는가?

이 책은 분리된 학문을 다시 연결하려는 시도입니다. 몸과 마음, 물질과 의식, 과학과 철학이 만나 새로운 치유의 길을 모색하는 대화의 장이 될 것입니다. 양자의학과 심리학이 함께 말하는 순간, 우리는 인간이라는 존재를 더욱 온전히 이해할 수 있을 것입니다.

1. 숨, 몸, 맘—심리학을 만나다

숨과 심리학: 호흡은 마음의 거울

심리학에서 호흡은 정서 상태의 직접적 지표로 이해됩니다.

불안·긴장 → 얕고 빠른 호흡/ 안정·평화 → 느리고 깊은 호흡

이것은 자율신경계와 밀접히 연관되어 있으며, 호흡 조절이 곧 정서 조절로 이어진다는 점이 임상심리학과 상담심리학에서 중요하게 다루어집니다.

몸과 심리학: 신체감각과 마음의 연결

체화된 인지Embodied Cognition이론에 따르면, 우리의 사고와 감정은 몸의 상태와 긴밀히 연결되어 있습니다. 예를 들면, 가슴이 조여 드는 느낌은 불안을 강화하고, 어깨를 펴고 호흡을 깊게 하면 자신감이 높아집니다. 따라서 심리치료에서는 바디 스캔body scan, 호흡 기반 이완훈련 등을 활용해 몸과 마음을 동시에 다룹니다.

맘(마음)과 심리학: 감정·인지·호흡의 순환

인지행동치료(CBT): 불안·우울을 다룰 때, 생각·감정·신체 반응(호흡 포함)이 상호작용하는 인지-정서-신체 순환 구조를 강조합니다.

수용전념치료(ACT): 호흡을 통한 마음챙김을 통해, 부정적 감정을

억압하지 않고 수용하는 방식으로 심리적 유연성을 키웁니다.

트라우마 치료(PTSD): 호흡·몸의 감각을 회복시키는 작업이 심리적 회복의 핵심으로 연구되고 있습니다.

세 가지의 통합: 숨-몸-맘의 심리학적 모델

숨(호흡): 자율신경계를 직접 조절하는 관문/ 몸(신체): 긴장·이완의 상태가 심리 경험을 형성/ 맘(심리): 사고·정서가 호흡과 몸을 다시 조절

이 3가지는 선순환(깊은 호흡 → 몸의 이완 → 마음의 안정) 혹은 악순환(불안한 마음 → 얕은 호흡 → 신체 긴장)으로 연결됩니다.

심리학적 적용-예시

불안장애: 복식호흡 훈련으로 교감신경 과잉을 완화/ 우울증: 호흡 기반 마음챙김 명상으로 인지적 반추(rumination) 감소/ 공황장애: 과호흡 조절(CART, 캡노미터 훈련) → 공황발작 완화/ PTSD: 호흡-몸 감각 회복 → 안정감 회복, 과각성 완화

결론적으로, 숨은 몸과 마음을 잇는 다리이며, 심리학적으로 숨·몸·맘은 하나의 시스템으로 이해할 수 있습니다.

숨은 자율신경계와 정서의 조절자이고, 몸은 심리적 경험의 표현자로, 맘은 숨과 몸을 지휘하는 인지·정서적 주체입니다.

따라서 숨(호흡)을 통한 명상과 심리치유는, 숨-몸-맘의 조화로운 순환을 회복하는 작업이라 할 수 있습니다.

□ 숨·몸·맘 심리학 치유 워크숍, 교재

워크숍 목표
숨(호흡), 몸(신체), 맘(심리)의 상호작용을 이해한다.
호흡과 신체감각을 통해 정서(불안·우울·긴장)를 조절하는 방법을 체득한다.
자기 성찰과 기록을 통해 자아초월적 성장의 길을 경험한다.

이론 요약
숨(호흡): 정서의 거울, 자율신경계의 조절자
몸(신체): 감정을 담는 그릇, 긴장·이완이 곧 마음의 상태
맘(심리): 생각·정서가 숨과 몸을 다시 지휘하는 조율자

이 세 가지는 하나의 시스템으로 연결되어 있어, 숨을 조절하면 몸이 풀리고, 몸이 풀리면 마음이 안정된다.

실습 프로그램
실습 1: 호흡 관찰하기 (5분)
편안히 앉아 눈을 감는다.
호흡을 조절하지 않고 있는 그대로 관찰한다.
들숨과 날숨의 길이, 속도, 깊이를 마음속으로 기록한다.

기록 질문: 지금 내 호흡은 얕은가, 깊은가? 빠른가, 느린가?

실습 2: 몸 스캔 명상 (10분)

발끝에서 머리까지 천천히 몸의 감각에 주의를 기울인다.

긴장이 느껴지는 곳에 숨을 불어넣는다고 상상하며 이완한다.

각 부위의 긴장이 풀리는 느낌을 경험한다.

기록 질문: 몸의 어떤 부분이 가장 긴장되어 있었는가? 호흡을 통해 얼마나 풀렸는가?

실습 3: 숨-몸-맘 통합 훈련 (15분)

복식호흡(들숨 4초, 멈춤 2초, 날숨 6초)으로 리듬을 잡는다.

호흡하면서 "내 몸이 편안하다, 내 마음이 고요하다"라는 짧은 문구를 속으로 되뇌인다.

숨-몸-맘이 하나로 연결되어 있음을 느낀다.

기록 질문: 호흡 후 마음의 상태는 어떻게 달라졌는가?

성찰 질문: 숨-몸-맘이 하나로 연결된 경험을 한 문장으로 표현해 보라.

일일 기록표 (참가자용)

날짜	오늘의 호흡법	수행 전 기분 (0~10)	수행 후 기분 (0~10)	몸의 긴장 변화	오늘의 깨달음
예: 8/23	복식호흡 10분	불안 7	불안 3	상쾌함	숨이 고요하면 마음도 고요해진다

주간 성찰

이번 주 가장 자주 사용한 호흡법은?

내 몸의 긴장 패턴은 어떻게 변했는가?

불안/우울/긴장 점수는 어떻게 달라졌는가?

숨·몸·맘이 하나로 연결된 체험을 적어본다면?

마무리 메시지

"숨은 몸과 마음을 이어주는 다리입니다.

숨을 의식하는 순간, 몸은 치유되고 마음은 고요해집니다.

이 워크숍은 단순한 실습이 아니라, 나 자신을 회복하고 초월로 나아가는 여정입니다."

2. 양자의학, 치유심리학을 말하다

■ 들어가기

21세기 인류의 과학과 철학은 새로운 패러다임의 문턱에 서 있습니다. 의학은 더 이상 단순히 육체의 질병을 치료하는 기술만으로는 설명되지 않으며, 심리학 역시 단순한 정신 기능 분석을 넘어 의식과 존재의 본질을 탐구하는 길로 나아가고 있습니다.

양자의학은 물질을 에너지와 파동으로 이해하고, 의식이 신체와 우주의 근원적 작용에 참여한다는 관점을 제시합니다. 이는 단순한 치료학을 넘어 인간을 '의식-에너지-물질'의 통합체로 바라보는 새로운 의학적 세계관입니다.

한편 심리학은 인간의 마음을 탐구하며, 정서와 사고, 무의식과 의식의 상호작용이 삶과 건강에 미치는 영향을 밝혀왔습니다. 최근 심리학은 뇌 과학·인지과학과 더불어, 마음의 변화가 곧 신체의 변화로 이어진다는 심신 상호작용 모델을 실증적으로 제시하고 있습니다.

이제 양자의학과 심리학은 서로의 언어를 필요로 하고 있습니다. 양자의학은 심리학을 통해 의식과 감정, 마음의 실제적 작동을 설명할 수 있으며, 심리학은 양자의학의 통찰을 통해 마음의 힘이 물질적 차원에 어떤 영향을 미치는지 새롭게 조망할 수 있습니다.

이 책은 바로 이 지점에서 출발했습니다. "의식은 어떻게 몸을 바꾸는가, 마음은 어떻게 세포와 에너지에 파동을 남기는가?"

양자의학과 심리학은 각기 다른 길을 걸어왔으나, 결국 인간을 이해하고 치유한다는 같은 목적지로 향하고 있습니다. 따라서 본 저작은 두 학문이 만나 만들어내는 융합적 치유 패러다임을 탐구하는데 그 목적을 두고 있습니다. 이는 단순한 과학적 이론의 결합을 넘어, 인류의 건강과 의식 진화를 향한 새로운 통합적 길을 모색하는 시도이기도 합니다.

양자의학적 측면
의식과 파동의 상호작용

양자의학은 의식Consciousness이 물질·에너지 수준에 영향을 준다는 전제를 바탕으로 합니다. 마음의 상태(예: 불안, 우울, 평온)가 파동과 에너지장으로 표현될 수 있고, 이것이 신체 세포와 장기의 기능에 영향을 미친다고 봅니다.

심리학적 개입介入(예: 명상·인지전환·상담)은 의식의 파동 상태를 변화시켜, 세포·뇌·신경계의 에너지 패턴에 변화를 일으킬 수 있습니다.

뇌·신경계의 양자적 해석

호흡과 명상 중 발생하는 알파·세타파는 뇌의 양자적 진동 상태(동조·코히어런스)와 연결되어 있습니다. 즉 심리적 안정은 양자적 일관성

quantum coherence을 회복시켜, 신경세포의 정보처리를 효율적으로 만든다고 해석할 수 있습니다.

치유 모델

양자의학은 인간을 단순한 기계가 아니라 에너지-의식-물질의 통합체로 봅니다. 따라서 심리학이 제공하는 정신적 치유가 에너지 파동에 영향을 주어, 면역·세포 기능·호르몬 조절까지 연쇄적 효과를 낼 수 있다고 설명합니다.

심리학적 측면

마음—몸 연결 이론 Mind-Body Connection

심리학에서는 오래전부터 스트레스-심신의학 psychosomatic 모델 관심을 가지고 있었습니다.

불안·우울 → 호흡 얕아짐, 교감신경 항진 → 심혈관·면역·소화 기능 저하.

명상·호흡·심리치료 → 부교감신경 활성 → 신체 치유, 즉 심리 개입이 신체 건강에 실질적 영향을 준다는 연구가 활발하게 진행되고 있습니다.

뇌 과학적 증거

명상·호흡 훈련은 편도체 과 활성을 낮추고, 전전두엽·해마의 조절력을 강화시키며, 심리 안정이 곧 신체 호르몬(코르티솔↓, 세로토닌·멜라토닌↑) 변화로 이어집니다.

심리치료의 확장

기존 CBT, ACT, Mindfulness-based Therapy에 양자의학적 해석을 접목하면, 단순한 증상 관리가 아니라 의식 확장과 치유 에너지 증폭의 차원으로 발전 가능하다는 게 양자의학자들의 생각입니다.

두 학제 간 콜라보Collaboration 효과 (융합 관점)

양자의학: "의식과 에너지의 변화가 신체 치유를 가능케 한다."

심리학: "마음의 상태를 변화시키면 뇌-신경-호르몬 체계가 치유를 이끈다."

융합 효과: 심리학적 개입=의식·감정의 변화 → 양자의학적 해석에서 에너지 파동 변화 → 신체 치유로 확장

결과적으로, 심리치유(내적 경험)와 신체치유(외적 효과)가 동시에 일어나는 통합적 모델 구축 이 가능하다는 판단입니다.

결론

양자의학은 의식-에너지-물질을 통합적으로 바라보고, 심리학은 생각-정서-행동-신체의 상호작용을 과학적으로 설명합니다. 두 학문이 만나면, "마음의 변화 → 파동·에너지장 변화 → 신체 회복"이라는 다층적 치유 모델이 가능해집니다.

[학술논문, 요약]

제목: 양자의학과 심리학의 융합: 의식-에너지-정서 통합 치유 모델의 가능성

초록

본 논문은 양자의학과 심리학을 통합한 치유 패러다임을 고찰한다. 양자의학은 의식과 에너지장의 상호작용을 강조하며, 심리학은 정서와 신체 반응 간의 상호연결을 설명한다. 두 학문의 협업은 의식·파동·심리 변화를 매개로 한 새로운 통합적 치료 가능성을 제시한다.

이론적 배경

양자의학: 의식이 물질·에너지 수준에 영향을 준다는 가설, 뇌·세포·면역계의 파동적 해석.

심리학: 인지-정서-행동 모델, 스트레스-심신의학, 뇌과학 기반 정서 조절 연구.

두 학문간 융합 모델

의식의 변화(심리학 개입) → 에너지장 진동 변화(양자의학) → 신체·세포 치유

심리적 안정=양자적 일관성(Quantum Coherence) 회복 → 신경정보처리 효율화

임상 적용 가능성

불안·우울: 호흡 기반 심리치료 + 에너지 동조 훈련
공황장애: CART(호흡 재훈련) + 양자적 호흡 파동 해석
PTSD: 심리적 외상 치유 + 에너지장 안정화 명상

결론

양자의학과 심리학은 내적 의식 변화가 곧 외적 신체 회복으로 이어진다는 통합 치유 모델을 구축할 수 있다. 이는 현대 심리치료의 한계를 넘어선 의식-에너지-신체 통합 패러다임을 가능하게 한다.

[워크숍, 교재]

주제: 숨-의식-마음의 치유: 양자의학과 심리학의 만남

핵심 개념
양자의학 관점: 마음이 곧 파동, 생각이 에너지를 바꾼다.
심리학 관점: 불안·우울은 생각-감정-몸의 순환에서 생긴다.
통합 관점: 숨과 마음을 다스리면 몸과 에너지가 치유된다.

실습 프로그램
실습 1: 호흡-파동 조율
방법: 복식호흡 5분 (들이마시기 4초, 멈춤 2초, 내쉬기 6초)
상상: 숨이 몸 전체로 퍼져나가면서 세포의 진동을 안정시킨다고 느껴보기
기록: "호흡 후 내 몸의 에너지는 어떤 느낌인가?"

실습 2: 감정-의식 관찰
방법: 눈을 감고 최근의 불안·우울한 생각을 떠올린 뒤, 호흡으로 흘려보낸다.
심리학적 포인트: '생각-감정-몸'의 연쇄 반응을 관찰
양자의학적 포인트: 의식이 감정의 파동을 바꾸는 경험

기록: "불안이 줄어든 순간을 파동의 변화로 묘사해본다면?"

실습 3: 통합 명상

방법: "내 숨은 곧 에너지, 내 마음은 곧 파동, 내 몸은 곧 빛"이라고 마음속으로 되뇌며 10분간 명상

효과: 심리적 안정 + 에너지장 동기화 경험

기록: "오늘 명상에서 내 숨·몸·마음은 어떻게 하나가 되었는가?"

체크리스트 (학생용)

오늘 숨을 의식하며 호흡했다.
내 감정의 변화를 호흡으로 관찰했다.
의식이 에너지를 바꾸는 순간을 경험했다.
오늘의 깨달음을 한 문장으로 기록했다.

마무리 메시지

"심리학은 우리의 마음을 치유하고, 양자의학은 우리의 에너지를 치유합니다.

숨과 의식을 통해, 우리는 몸과 마음과 에너지를 하나로 회복할 수 있습니다."

[시사칼럼, 통권 369호]
양자Quantum, 마음을 치유하다

∝양자, 보이지 않는 치유의 언어∝
"모든 것은 연결되어 있다."

글 | 현용수 (NWSSU-SAP 양자의학부 학장(대)/석좌교수/양자의학박사)

□ 보이지 않는 양자, 첫 번째 인문적 사유

오늘날 '양자Quantum'라는 단어는 단순히 물리학을 넘어, 인간의 건강과 의식, 치유의 영역으로 확장되고 있습니다. 그렇다면 양자는 도대체 무엇일까요?

양자란 쉽게 말해 에너지와 물질의 가장 작은 단위입니다. 우리가 알고 있는 전자, 광자(빛의 알갱이) 등이 모두 양자의 대표적인 예입니다. 흥미로운 점은, 양자는 입자이면서 동시에 파동처럼 행동하고, 떨어져 있어도 서로 영향을 주는 '얽힘Entanglement' 현상을 보인다는 사실입니다. 즉 우주는 단순한 톱니바퀴 기계가 아니라, 보이지 않는 파동과 연결망으로 얽혀 있다는 뜻입니다.

세상의 모든 생명은 양자와 연결되어 있습니다. 물질과 정신, 몸과 마음, 영과 육은 양자 장(우주 생기)의 역할에 따라 생·노·병·사를 함께 합니다. 그렇다면 생명 속의 양자는 어떤 역할을 하는 것일까요?

최근 과학자들은 생명 현상 속에서도 양자의 흔적을 발견하고 있습니다. 식물의 광합성은 빛 에너지를 효율적으로 전달하는데, 그 과정에서 양자 점프가 일어납니다. 즉 생명체내에서 단백질이 접히는 과정, 뇌신경의 정보 전달에서도 양자적 코히어런스(파동의 조화)가 개입한다는 연구들이 나오고 있습니다. 이는 우리 몸이 단순한 화학 공장이라기보다, 양자의 무대 위에서 춤추는 존재라고 볼 수 있는 것입니다.

양자의학Quantum Medicine은 질병을 단순히 세포가 망가진 결과가 아니라, 에너지와 정보의 흐름이 깨진 상태로 바라보는 것입니다. 그래서 양자의학에서의 치유란 이 불균형을 다시 조율하여, 몸과 마음을 하나의 조화로운 파동으로 회복시키는 과정입니다. 예를 들어, 특정 주파수의 빛이나 소리, 전자기장을 이용한 치료, 또는 깊은 명상을 통한 뇌파 동기화가 양자의학의 응용 사례로 언급되고 있습니다.

또한, 명상과 양자의학의 만남은 인간치유에 있어 어떤 역할을 할까요? 명상은 단순히 마음을 고요히 하는 행위가 아닙니다. 과학적 연구에 따르면, 깊은 명상 상태에서는 뇌파가 안정되고, 심장 박동이 일정한 리듬을 찾으며, 몸 전체가 코히어런트(동기화) 상태에 들어갑니다. 이것은 마치 오케스트라가 제각기 연주하다가 지휘자의 한 손짓에 맞춰 조화로운 선율을 만들어내는 순간과 같습니다. 양자의학은 이 순간(동기화 상태)을 치유의 열쇠로 인정합니다.

최근 새로운 치유 패러다임이 도입되고 있습니다. 이를 양자적 시각에서 본다면, 우리는 단순히 '고장 난 기계를 고치는 환자'가 아니라, 보이지 않는 파동과 연결망 속에서 살아가는 존재입니다. 그러므로 진정한 치유란 몸뿐 아니라, 마음과 의식, 나아가 자연과의 관계까지 아우르는 전인적(全人的) 과정일 수밖에 없습니다.

우주는 거대한 파동의 바다이고, 우리는 그 안에서 서로 울림을 주고받는 존재입니다. 어쩌면 건강이란, 이 울림을 아름답게 맞춰 가는 예술일지도 모릅니다.

끝으로, 양자의학은 아직 과학적 검증이 더 필요하고, 논쟁의 여지가 많은 분야입니다. 그러나 분명한 사실은, 양자가 보여주는 '연결'과 '조화'의 원리가 우리가 건강과 치유를 새롭게 바라보게 만든다는 점입니다.

□ **보이지 않는 양자, 두 번째 과학적 사유**

양자와 양자의학, 과학과 치유가 만나는 새로운 시선 "우리는 단지 물질적 기계인가, 아니면 보이지 않는 정보와 에너지의 흐름 속에서 살아가는 존재인가?" 이 질문은 현대 의학과 물리학(과학)이 만나는 접점에서 점점 더 자주 등장하고 있습니다. 그 중심에는 '양자 Quantum'라는 개념이 있습니다.

20세기 초 플랑크(Max Planck)와 아인슈타인(Albert Einstein)은 빛

과 에너지가 연속적인 흐름이 아니라, 작은 묶음Quantum으로 흡수되고 방출된다는 사실을 발견했습니다. 전자에 기술한 것처럼, 양자의 특징은 크게 세 가지로 요약됩니다. 불연속성, 파동-입자 이중성, 얽힘Entanglement 등 이러한 특성은 고전 물리학의 직선적이고 기계적인 세계관을 넘어, 우주가 확률과 관계, 연결의 원리 위에서 작동한다는 사실을 보여줍니다.

양자의 생명현상은 수십 년간의 과학적 연구를 통해 생명 현상에도 양자가 깊숙이 개입하고 있음을 시사하고 있습니다. 과학적 연구 사례를 살펴보면, 첫 번째, 광합성의 효율성입니다. 식물은 햇빛을 화학 에너지로 전환하는 과정에서, 광자의 에너지를 거의 손실 없이 전달합니다. 이는 전자가 여러 경로를 동시에 '탐색'하는 양자 중첩 현상 덕분이라는 연구 결과가 있습니다(Engel et al., Nature, 2007).

두 번째, 새의 항법(quantum compass)입니다. 일부 철새는 지구 자기장을 감지해 장거리 이동을 합니다. 과학자들은 새의 망막 단백질 속에서 양자 얽힘이 작동하여 자기장을 '감지'할 수 있다는 가설을 제시하고 있습니다.

세 번째, 뇌의 양자적 가능성입니다. 로저 펜로즈(Roger Penrose)와 스튜어트 해머로프(Stuart Hameroff)는 뇌 신경세포의 미세소관(microtubule)에서 양자 코히어런스가 발생하며, 이것이 의식의 기초일 수 있다고 주장했습니다(Orch-OR 이론). 아직 논쟁적이지만, 뇌와 의식 연구에서 중요한 화두가 되고 있습니다.

그렇다면, 과학적 시각에서의 양자의학(Quantum Medicine)이란 무엇인가?

과학적 입장에서의 양자의학은 이러한 연구 흐름을 바탕으로, 인간을 단순한 화학적·물리적 기계가 아닌, 양자적 정보와 에너지의 장(場) 속 존재로 바라보는 새로운 의학적 관점을 말합니다. 과학적 입장에서의 양자의학의 핵심 가정은 다음과 같습니다. "질병은 단순히 세포의 손상 때문이 아니라, 에너지와 정보 흐름의 불균형 때문일 수" 있다. 양자적 치유란 이 불균형을 바로잡아, 신체와 마음이 코히어런트(동기화·조화) 상태로 돌아가는 과정이다. 이를 바탕으로 다양한 과학적/ 양자적 의학의 응용이 시도되고 있습니다.

첫 번째 응용 사례로는 빛·레이저 치료입니다. 특정 파장의 빛을 이용하여 세포 재생을 촉진시킵니다. 두 번째, 자기장·주파수 치료입니다. 전자기장이 신경계와 세포막 전위에 영향을 미쳐 치유를 유도합니다. 세 번째, 명상·의식 기반 치유입니다. 뇌파와 생체리듬의 동기화를 통해 면역력과 자율신경계를 조절합니다. 특히, 명상은 양자의학과 자주 연결되는 주제입니다. 뇌 과학 연구에 따르면, 깊은 명상 상태에서는 뇌의 서로 다른 영역이 동기화되고, 심장 박동과 호흡이 안정되며, 신체 전반이 리듬의 조화(코히어런스, Coherence)를 이룹니다.

한편, 양자의학의 과학적 한계와 가능성은 항상 병존합니다. 양자의학은 아직 초기 단계이며, 많은 부분이 가설과 가능성의 영역에 머물러 있습니다. 기존의 의학처럼 임상시험과 재현성 있는 데이터가 충분히 축적되어야만 정식 의학 패러다임으로 자리 잡을 수 있을 것입니다. 그럼에도 불구하고, 양자 물리학이 보여주는 연결·관계·조화의 원리는 우리가 건강과 치유를 바라보는 방식을 바꾸고 있습니다. 몸과 마음, 환경을 하나의 통합된 시스템으로 이해하려는 시도 자체가 양자역학과 의학이 새로운 지평을 여는 중요한 발걸음일 수 있습니다.

양자역학은 20세기 물리학의 혁명을 가져왔습니다. 이제 그 파동은 의학과 치유의 영역으로 확장되고 있습니다. 양자의학은 아직 미완성이지만, "인간은 물질 이상의 존재"라는 오래된 직관을 과학적 언어로 다시 탐구하려는 시도라 할 수 있습니다.

어쩌면 진정한 건강이란, 우주와의 보이지 않는 양자적 리듬에 조율된 상태일지도 모릅니다.

□ 참고문헌(예시)
- Engel, G. S., et al. (2007). Evidence for wavelike energy transfer through quantum coherence in photosynthetic systems. Nature.
- Hameroff, S., & Penrose, R. (2014). Consciousness in the universe: A review of the Orch-OR theory. Physics of Life Reviews.
- Ritz, T., et al. (2000). A model for photoreceptor-based magnetoreception in birds. Biophysical Journal.

[새로운 시대를 만나다] 통권362호 한글판

국립 노스웨스트 사마르 대학교(NWSSU-SAP)
현용수 석좌교수 인터뷰
-양자의학 40選

제2의 불의 혁명!!
양자QUANTUM 시대 도래
미래의 新 학문, 양자의학!!

■ 머리말

"100년의 양자Quantum, 미래를 다시 보다"

1925년 젊은 과학자들이 세계를 전혀 다른 방식으로 바라보기 시작했습니다. 물질은 더 이상 단순한 입자가 아니었고, 현실은 관찰로부터 독립된 실체가 아니었습니다. 이 해를 기점으로 양자역학이라는 혁명이 태동했고, 인류는 그 이후로 100년 동안 이미지의 영역을 탐험해 왔습니다.

이제 우리는 그로부터 정확히 1세기가 지난 시점에 서 있습니다. 이 100년 동안 과학기술의 눈부신 발전은 물론, 철학적 사고와 인간의 의식에 대한 질문들을 끊임없이 진화되어왔습니다. 양자역학은 단지 물리학의 범주를 넘어 인간 존재와 우주의 본질을 다시 묻는 패러다임의 전환이었습니다. 한 세기 동안 양자역학은 정보기술, 의학, 생명과학, 심지어 인간의 의식 연구까지 파고들며 상상조차하지 못했던 변화들을 이끌어 왔습니다. 오늘날 양자컴퓨터, 양자의학, 양자심리학, 양자의식 등 새로운 영역을 이야기하고 그 가능성을 실험하고 있는 중입니다.

본 대담 특집은 양자 100주년을 기념하며 과거를 돌아보고, 지금 우리가 다시 묻고 있는 질문들, 즉 '현실이란 무엇인가', '의식은 어

특별인터뷰

디에서 오는가?', '몸과 마음의 치유는 가능한가?'를 중심에 두고 양자의학의 미래의 문을 열어봅니다.

"양자 100년, 그 여정을 끝이 아니라 또 다른 시작입니다."

필자는 오래전부터 "양자의 시선으로 본 명상과 치유", "자아초월 명상", "마음 챙김", "에너지 치유와 양자의 연계성" 연구를 해오면서 양자혁명의 진짜 메시지는 불확실성이 아니라 가능성의 세계이며, 정해진 현실이 아니라, 무한한 잠재성을 지닌 열린 현실일 거라는 확신이 제 자신의 의식을 감싸고 있었습니다.

그 후, 양자와 명상에 대한 관심이 달아오를 때 필리핀 '국립 노스웨스트 사마르대학교'에서 양자의학부 학장(대)겸 석좌교수 제안이 들어왔습니다. 그 당시에는 기쁨보다는 이 분야 무지에 대한 두려움이 더 컸습니다.

하지만, 지금 우리에게 필요한 것은 양자의학의 가능성을 함께 '보다'라는 용기가 필요할 때입니다. 그래서 저는 용기를 내어 인터뷰에 응했으며, 그 인터뷰 내용을 부족한 소신을 실어 후학들에게 전달하기로 했습니다. 비록 늦게 출발한 학문의 길이지만 교만보다는 겸손을 갖고 이 분야를 정진하려는 각오를 다시 다짐합니다.

2025.6

木 元 현 용 수

Q1. 양자의학에 처음 관심을 갖게 된 계기는 무엇이었나요?

양자의학에 관심을 가지게 된 것은 여러 이유가 있지만, 나는 데이비드 봄의 양자물리학에 대한 흥미가 결정적인 계기였습니다. 데이비드 봄의 이론이 의학에 어떻게 적용될 수 있는지에 대한 탐구와 호기심이 양자의학 연구를 시작하게 된 동기가 되었다고 볼 수 있습니다.

특히, 양자물리학의 이론을 기초로 동양의 우주 생기학과 서양의 형이상학이 건강과 질병, 특히 원인 불명의 질환을 이해하는 데 중요한 역할을 할 수 있다고 생각했습니다. 또한, 양자의학이 양자물리학과 우주 생기학의 원리를 이용하여 질병을 치료하고, 삶의 질을 향상시킬 수 있는 새로운 의학적 접근 방식에 대한 가능성을 탐색하는 데 큰 흥미를 느꼈습니다.

양자의학은 현대 의학이 설명할 수 없는 질병의 원인을 찾고, 몸과 마음을 통합적으로 치료하는 새로운 의학적 패러다임을 제시한다는 점에서 나의 관심을 끌었습니다. 양자의학은 현대 의학의 한계에 도전하고, 인간의 육체건강은 물론이고 마음건강에 대한 더 넓고 심오한 이해를 제공할 수 있다는 점에서 매력적인 분야로 인식되었습니다.

따라서 나는 데이비드 봄의 양자물리학에 대한 이해를 바탕으로, 양자의학을 통해 양자의학 분야에 새로운 가능성을 제시하고 싶다는 열정으로 연구와 저술을 이어가고 있습니다.

특별인터뷰

Q2. 기존 의학과 양자의학의 가장 큰 차이점은 무엇이라 보시나요?

현대 의학은 항생제 발견으로 수많은 치명적인 세균성 질환으로부터 인류를 해방시킨 사실과 수술요법으로 수많은 생명을 죽음으로부터 구해낼 수 있게 된 점이 오늘날의 위상을 공고히 하는 계기가 된 의사와 외과 수술 중심의 의료체계입니다.

그러나 병의 원인을 찾아내 바로 잡는 근본 치료를 하는 것이 진정한 의술임에도 불구하고, 증상만 억누르는 대증요법 중심이 되다 보니 질병이 급성질환에는 나름의 가치가 있지만, 만성적으로 존재하는 경우에는 의학적 한계가 있음을 알게 되었습니다.

그러기에 만성적으로는 존재하는 원인이란 대체로 생활습관에 기인한 원인으로 유기체가 건강하지 못함이기에 이미 발생한 질병을 대상으로 할 것이 아니라, 질병이 발생할 수밖에 없는 원인과 환경을 건강의 대상으로 하는 통합의학이 절실히 필요합니다.

또한 우리 몸의 자연치유력을 무시하고 사소한 병에도 약에 의지하다 보면 치유력이 점점 약해지고, 특히 현대 의학이 지나치게 의료장비에 의한 검사에 의존하기 때문에 검사 시스템으로는 측정할 수 없는 질환의 경우 나중에는 중병에 속수무책으로 당하게 되는 결과를 낳을 수 있습니다.

현실은 현대 의학 한계점을 보완 대체할 수 있는 치료법이 절실한 시점이며, 환자들은 자구책으로 자연치유나 대체의학에 의존하는 인구가 점차 늘어 가고 있는 실정입니다.

대체(통합)의학의 종류는 워낙 많지만, 국내는 물론 인도의 아유르베다와 중국 전통의술(중의학) 그리고 일본의 니시의학 등이 새롭게 재조명을 받는 현실에 즈음하여, 서구의 양자역학에 기반을 둔 양자의학이 새로운 대안으로 떠오르고 있습니다.

양자의학과 현대 의학의 다른 점은 우선 인간을 보는 구조론에서 차이가 나는데, 현대 의학은 인간이 눈에 보이는 '육체(분자·세포·조직·장기 등)'만으로 구성되었다고 보는데, 양자의학은 인간이 3중 구조로 되어 있다고 봅니다.

즉, 육체 이외에도 에너지장(파동구조)과 마음이 존재한다고 봅니다. 다시 말하면, 현대 의학은 뉴턴 물리학에 기초한 의학이기 때문에 측정 가능한 것만 인정하지만, 양자의학은 측정 가능한 부분과 측정이 불가능한 인간의 생각, 의식, 무의식, 정서, 마음 그리고 기(氣)와 같은 부분까지도 의학의 범주에 포함시키고 있습니다.

선진 외국에는 데이비드 봄의 양자이론을 의학에 접목하여 저술한 여러 권의 책들이 출판되어있으며, 예를 들면 양자의학, 파동의학, 에너지의학, 인체에너지장, 양자힐링, 양자장치유 등이 있습니다.

특별인터뷰

양자의학의 이론은 인체를 구성하는 분자에는 여러 파동장이 존재하는데, 이 파동장들은 전체적으로 하나로 연결되어 있고, 이와 같이 하나로 연결된 구조를 에너지장(파동구조)이라고 말합니다.

그러므로 양자의학에서는 인간이 3중 구조로 되어 있다는 기초에서 시작하며, 첫째는 우리의 눈으로 볼 수 있는 '몸'이고, 둘째는 육체에 중첩되어 있으나 우리의 눈에는 보이지 않는 '파동구조'이며, 셋째는 역시 우리의 눈에는 보이지 않는 '마음'을 말하기도 합니다.

양자물리학자 봄은 소립자를 포함하여 가시세계의 모든 존재는 항상 입자적 요소와 파동적 요소의 이중성을 갖고 있다고 보았습니다. 마치 동전의 양면과 같이 눈에 보이는 동전의 앞면은 '입자적 요소(물질)'로 구성되어 있고, 눈에 보이지 않는 동전의 뒷면은 '파동적 요소'로 구성되어 있다고 본 것입니다. 따라서 동전의 양면과 같이 앞면이 없으면 뒷면이 존재할 수 없듯이 둘은 분리되어 있는 듯하지만 그 기능상으로는 다시 연결되어 있는 관계라는 것입니다.

이와 같은 데이비드 봄의 이중구조 원리에 의하여 인체를 구성하는 분자에는 분자 고유의 분자파동장, 세포에는 세포 고유의 세포파동장, 조직에는 조직 고유의 조직파동장 그리고 장기에는 장기 고유의 장기파동장이 존재하고 있습니다. 그런데 이 모든 장기 에너지장(파동구조)은 전체적으로 하나로 연결되어 있습니다. 이것은 양자물리학의 비국소성 원리를 따른 것입니다. 이 비국소성의 원리는 몸과 마음은 서로 별개로 존재하지만 긴밀히 연결되어 있다는 원리를 말합니다. 따라서 마음은 몸의 구석구석과 연결되어 있습니다. 마음이 몸과 구석구석 연결되었다고 생각하는 이유는 분자는 눈에 보이는 분자와 에너지장, DNA는 눈에 보이는 DNA와 에너지장, 세포는 눈에 보이는 세포와 에너지장, 조직은 눈에 보이는 조직과 에너지장, 장기는 눈에 보이는 장기와 에너지장 그리고 육체는 눈에 보이는 육체와 에너지장으로 구성되어 있고 마음 또한 입자와 에너지장으로 구성되어 있어 육체의 부속된 에너지장과 마음에 부속된 에너지장은 서로 연결되어 있다는 논리입니다.

또한, 현대 의학에서는 환자를 육체만을 보는 관점이지만 양자의학에서는 초의 몸통에 비유한 육체가 있다면 에너지장(파동구조)에 해당하는 초의 불꽃과 마음은 초의 밝은 빛을 비유할 수 있으므로 양자의학과 동양의학의 정·기·신(精·氣·神)은 밀접한 연관성이 있다고 봅니다. 정·기·신(精·氣·神)을 초에 비유해서 설명하자면, 정(精)이란 초의 몸통과 같고, 기(氣)는 초에 타는 불꽃과 같으며, 신(神)은 그 타는 불에서 발하는 빛과도 같다고 표현합니다. 결국 양자의학에서 육체는 정, 에너지장은 기, 마음은 신에 비유하면 이해하기 쉽습니다.

양자의학과 동양의학의 통합적 관점에서 정·기·신(精·氣·神)을 좀 더 자세히 알아보면, 식물의 씨앗이나 인간의 정자(精子) 등 생명력의 핵을 정(精)이라고 하듯이, 생육을 중심으로 하는 동물적 본능을 상징하는 정(精)은 인간의 건강한 삶의 생물학적 근원 혹은 기초로서, 정(精)이 적절하게 있어야 비로소 건강한 삶을 영위할 수 있습니다.

그러나 정(精)이 너무 왕성하면 주체를 할 수 없으며, 정(精)이 너무 부실하면 신약(身弱)하여 허약 할 수밖에 없다. 초의 심지는 작은데 초만 크면 불이 가물가물 거리다 잘 꺼지는 원리입니다.

기(氣)는 인간의 활동적인 생명력 자체로서, 정(精)이 생명력의 근원 혹은 기초라면 기(氣)는 그것에 기반(基盤)하여 활성화된 생명력입니다. 기(氣)가 충분하게 있어야 인간으로서 제대로 활동할 수 있습니다. 그러나 기(氣)가 너무 왕성하여 지나치게 많아지면 산만해지고, 또한 기(氣)가 너무 부실하여 침체되어 무력하게 되는 이치입니다.

신(神)은 인체의 정기가 충실하면 신이 밝아집니다. 정(精)은 본래 하늘에서 생하는 법이므로 천일생수(天一生水)라고 하며, 신(神)은 땅에서 밝게 되는 법이므로 지이생화(地二生火)라고 합니다. 그러므로 정과 신을 합하여 보통 '정신(精神)'이라고 합니다. 그리고 신이 밝아지는 것을 가리켜 신명(神明)이라 하는데, 마음이 밝아지는 상태를 의미합니다.

그러므로 양자의학은 한의학(동양의학과 유사한 개념)에서 말하는 정기신(精·氣·神)과 일맥상통하는 바가 있어 양자의학은 우리나라의 현대 의학과 한의학을 하나로 통합할 수 있는 가능성을 가지고 있으므로 대체의학(통합의학)의 하나의 이론서가 될 수 있을 것입니다.

Q3. QM양자의학부의 설립이 갖는 시대적 의미는 무엇인가요?

양자의학은 현대 의학의 한계를 넘어서 새로운 의학 패러다임을 제시하며, 질병의 원인, 진단, 치료를 보다 심층적으로 이해하고 접근할 수 있는 기회를 제공합니다. 이는 현대 의학이 육체적 측면에만 집중하는 데 반해, 양자의학은 육체, 정신, 에너지 수준까지 고려하여 환자 중심의 의학으로 발전할 수 있다는 의미를 지닙니다.

현대 의학은 물질적인 측면에 집중하여 질병을 진단하고 치료합니다(다수의견설). 하지만 인간의 정신적, 심리적, 에너지적 요인이 각 질병에 영향을 미칠 수 있다는 것을 간과할 수 없습니다. 이에 양자의학은 양자 물리학의 개념을 의학에 적용하여 질병의 원인, 진단, 치료를 보다 심층적으로 이해하려고 노력합니다.

양자의학에 대한 특징과 시대적 의미 그리고 예시를 간단하게 정리해 보면…

양자의학의 특징으로는 양자의학은 환자의 육체, 마음, 에너지 수준을 모두 고려하여 환자 중심의 의학으로 발전할 수 있습니다.

시대적 의미로는 양자의학은 현대 의학의 한계를 뛰어넘고, 질병의 원인과 치료에 대한 새로운 접근 방식을 제시하며, 미래 의학 발전에 중요한 역할을 할 수 있을 것입니다.

특별인터뷰

예시로는

현대 의학: 특정 질환에 대한 약물 치료를 통해 육체적인 증상을 완화하는 데 초점을 맞추어 가는 게 현실입니다.

양자의학: 질환의 원인뿐만 아니라 환자의 정신적, 심리적 상태를 고려하여 개인에게 맞는 치료법을 찾으려고 노력합니다.

하지만, 양자의학은 아직 발전 단계에 있으며, 많은 연구가 필요합니다. 또한 양자의학은 미래 의학의 새로운 길을 제시하며, 건강한 미래사회를 만들 수 있을 것으로 기대됩니다.

Q4. 이번 NwSSU-SAP 양자의학 석좌교수 임용은 박사님께 어떤 의미로 다가왔나요?

Northwest Samar State University(국립 노스웨스트 사마르 대학교)는 유네스코(UNESCO)와 협력하는 세계 고등교육 데이터베이스(WHED: World Higher Education Database)에 등재된 필리핀의 명문 국립대학교로서 온라인 특별교육 과정을 시행하고 있습니다. 저는 온라인 과정의 석좌교수이며 Dept of Quantum Medicine의 주임교수입니다.

해당 대학은 최근 미래 유망 학문 분야로 주목받고 있는 '양자의학(Quantum Medicine)'을 중심으로 우주생기 에너지학, 디지털파동응용의학, TSC청각의학, QM명상심리치유학(실습)을 주요 전공으로 한 의학사(12학기), 석사(5학기), 박사(6학기), 석박사 통합과정(8학기)을 독립하여 현용수 박사를 석좌 교수 및 학장(대우)으로 영입했습니다.

현 박사는 경영학 박사이자, 명상 치유, 뇌과학 기반 자연치유교육, 통합의학(양자의학 전공) 등 다양한 융합 연구를 수행해온 인물로, 이번 임용을 통해 "AI와 양자의학의 융복합"이라는 차세대 다학제 간 협력 연구를 본격화할 것으로 기대를 모으고 있습니다.

본 NwSSU-SAP(Special Academic Program)은 국립 노스웨스트 사마르 대학교가 운영하는 특별학습 과정으로, 재교육 기반의 학사·석사·박사 및 통합 과정이 운영되고 있습니다. 교육 콘텐츠는 약 7,800여 개에 달하며, 교육학, 호텔관광학, IT공학, 동양한방의학, 메디컬미용, 카이로프랙틱, ESG경영, 자연치유, 대체의학, 환경안전보건, 퀀텀메디슨 등 다양한 미래지향 학과들이 주목받고 있습니다.

그중 'QM양자의학부'는 최근 NwSSU-SAP 과정 내에서 가장 높은 관심을 받고 있는 미래과학-의학 융복합 학문으로, 뇌과학·심리학·에너지치유·양자파동이론 등을 기반으로 질병의 근본 원인에 접근하는 새로운 의학진단 패러다임을 제시하고 있습니다. 한편, 현 박사는

특별인터뷰

QM양자의학부의 전 과정을 국내외 대학과 다학제 간 협동 학과 시스템으로 운영할 예정이며, 직접 실습 주임교수로 참여하게 됩니다.

현 박사는 "현대 의학이 물질 구조 중심의 진단과 치료에 머물러 있다면, 양자의학은 양자물리학과 형이상학의 원리를 인체 생명현상에 적용해 질병의 근원을 해석하고 치유를 시도하는 학문"이라며, "인체를 몸과 마음, 에너지장(파동장)이 통합된 유기적 존재로 보고 조화로운 균형을 회복하는 데 초점을 맞춘다"고 설명했습니다.

한편, 현 박사가 지도하게 될 QM양자의학부는 향후 마닐라 메트로 캠퍼스 내에 Quantum Medicine(양자의학) 전문대학과 병원을 설립하고, 이를 거점으로 한국, 중국, 일본, 미국, 동남아, 인도 북부, 티베트, 중앙아시아, 중남미 등 전 세계를 대상으로 '양자의학 전문인력 10만 명 양성'을 목표로 하는 글로벌 프로젝트로 확대될 예정입니다.

Q5. NwSSU-SAP 프로그램 안에서 양자의학부는 어떤 역할을 할 예정인가요?

양자의학부는 양자물리학과 동서양의 형이상학 철학의 근본 원리를 통합의학 분야에 접목하여 다양한 치료/치유영역 및 진단 기술을 개발하는 데 주력할 예정입니다. 특히, 미래기술인 양자컴퓨팅을 활용하여 다양한 영역에서의 발생하는 질병을 예방할 수 있는 양자의학의 고유한 부분을 데이터화하는 데 주력할 것입니다. 또한 양자진단 디바이스와 결합하여 환자 중심의 맞춤 의료 서비스를 제공할 수 있도록 다양한 분야와 협조해 나아갈 것입니다.

참고로, 미래에 예상되는 양자의학의 주요 역할과 미래의 기대를 정리해 보면

• 양자컴퓨팅 기반 신약 개발

양자컴퓨터를 이용하여 분자의 구조와 상호작용을 정확히 모델링하여 신약 개발 과정을 효율적으로 단축하고 성공 가능성을 높일 수 있습니다.

• 환자 별 맞춤 의료 서비스

개인별 유전자 정보를 분석하여 맞춤형 치료법을 개발하고 제공할 수 있습니다.

• 질병 진단 기술 개발

양자물리학적 원리를 활용하여 질병을 조기에 진단하고 예방할 수 있는 기술을 개발할 수 있습니다.

• 에너지 의학 분야 연구

우주의 에너지 장(양자장, 전자기장)을 이용한 치료법 및 진단 기술 연구를 수행할 수 있습니다.

특별인터뷰

- **심신의학 통합 연구**

마음과 몸의 상호작용을 연구하여 전일 의학(Holistic) 관점에서 질병을 치료할 수 있는 방법을 모색할 수 있습니다.

양자의학이 미칠 수 있는 미래의 의료분야 기대 효과:
* 기존 의학 분야에서 해결하기 어려운 난치병 치료법 개발.
* 질병을 조기에 진단하고 예방하여 국민 건강 증진에 기여.
* 의료 기술 발전을 통해 의료 서비스의 질을 향상시키고 비용을 절감.

비록 본교에서 진행하는 양자의학 분야가 초창기 학문이지만, 분명 미래의 학문으로서 양자의학부는 새로운 역할을 통해 신의학 분야의 패러다임을 변화시키고 국민 건강 증진에 기여할 것으로 기대됩니다.

Q6. NwSSU-SAP 교육 커리큘럼은 구체적으로 어떤 구조로 구성되어 있나요?

본교 양자의학 교육 커리큘럼은 현재 학계에서 활발하게 연구되고 있는 우주생기학(양자장의 원리), 디지털파동응용학(양자진단 분야), TSC청각의학, QM명상치유학(BMI명상실습 등)을 주 전공으로 다양한 교육 프로그램을 제공하고 있습니다. 양자의학은 양자물리학과 동양철학 등 우주의 양자장의 원리를 의학에 적용하여 치료 및 진단 기술을 개발하고, 현대 의학의 한계를 극복하기 위한 새로운 패러다임을 응용하려는 노력을 계속해서 진행해 나아갈 것입니다.

양자의학 교육 커리큘럼은 다음과 같은 내용들을 포함하거나 미래 커리큘럼으로 포함하거나 예상되는 연구 분야 과목입니다.

- **양자물리학의 기본 원리**

파동 역학, 양자 전자기학 등 양자물리학의 기본 이론을 학습하고, 인체에 적용되는 양자 현상을 이해합니다.

- **양자생물학**

생체 시스템에서 양자 현상이 어떻게 작용하는지, 양자생명물리학 및 양자생물전자공학을 통해 생물학적 감지, 영상, 조작 기술을 개발합니다.

- **양자 진단 장비 및 기술**

양자물리학을 바탕으로 개발된 양자 진단 장비의 원리와 활용법을 배우고, 진단 결과 해석 및 현대 의학과의 비교 분석을 수행합니다.

- **양자의학 이론 및 응용**

양자의학의 다양한 이론과 응용 분야를 탐구하고, 현대 의학과의 통합 및 융합을 위한 연구 활동을 수행합니다.

• 의료 기술 개발

양자의학적 지식을 바탕으로 새로운 의료 기술을 개발하고, 임상 적용 및 연구 활동에 참여합니다.

종양생물학 협동과정을 통해 이공계 지식 함양 및 기초의학 교육을 병행하며, 의사 출신과 비의사 출신 학생들이 협력하여 연구에 참여할 수 있도록 지원이 가능합니다..

현재, 양자의학 교육 커리큘럼은 계속 발전하고 있으며, 국내외 다양한 연구기관에서 양자의학 전문가를 양성하기 위한 노력을 기울이고 있습니다.

Q7. '양자파동이론'은 진단에 어떻게 적용되는지 설명해 주실 수 있나요?

양자파동이론은 질병 진단에 비침습적이고 빠른 방법을 제공하며, 인체 에너지 필드의 변화를 통해 질병을 감지하고 진단할 수 있습니다. 이는 현대 의학의 침습적인 진단 방법(피검사, 조직검사 등)의 단점을 보완할 수 있는 잠재력을 가지고 있습니다.

양자파동이론을 활용한 양자의학적 예상 진단의 구체적인 방법:
1. 에너지 필드 스캔

양자파동치유 기기 등을 사용하여 환자의 에너지 필드를 스캔하고, 에너지의 왜곡 및 불균형을 확인합니다.

2. 주파수 분석

각 조직과 세포는 고유한 주파수를 가지고 있으며, 질병 상태에서 이러한 주파수가 변화합니다. 이를 통해 질병을 감지할 수 있습니다.

3. 비침습적 진단

파동요법은 피 검사, 조직 검사처럼 몸을 침습하지 않고 외부에서 양자 진단기를 대거나 소변, 머리카락 등과 같이 파동을 감지하는 방식으로 환자의 질병 상태를 파악합니다.

양자파동이론의 장점:
* 비침습성: 몸에 부담이 없는 진단 방법입니다.
* 빠른 진단: 에너지 필드 스캔을 통해 빠르게 질병을 감지할 수 있습니다.
* 세포 수준의 진단: 세포 수준의 파동 변화를 감지하여 질병을 조기에 진단할 수 있습니다.

참고: 양자파동이론은 아직 초기 단계에 있으며, 양자 진단 및 치료 효과에 대한 연구가 계속 필요합니다. 그리고 현재 의학계의 다수 의견은 양자의학과 진단을 유사과학 또는 비과학적 방법으로 인식하고 있습니다.

특별인터뷰

Q8. 뇌 과학과 명상치유가 융합되는 방식은 어떤 것인가요?

뇌 과학과 명상치유는 서로 연관된 분야로, 명상의 긍정적인 영향을 과학적으로 증명하고, 명상 훈련을 통해 뇌의 구조와 기능 변화를 이끌어내어 심신 건강 증진에 활용하는 방식으로 융합됩니다. 뇌는 마음을 형성하지만, 마음 또한 뇌를 변화시킬 수 있다는 뇌의 가소성(Brain Plasticity)을 활용하여 명상 훈련을 통해 스트레스, 우울증, 강박장애 등의 질환 치료에 적용할 수 있습니다.

특히, 현 박사가 직접 개발한 BMI명상치료는 뇌 속 변연계(Limbic system) 중에서 편도체(Amygdala) 기능을 조절하여 자율신경계에 미치는 영향으로 현대사회의 중독, 분노, 우울증 등에 양자적 치유 효과가 있음을 증명하고 있습니다. 뇌 과학과 명상치유의 융합 방식은 다음과 같습니다.

1. 명상의 뇌 과학적 효과 증명

명상을 통해 뇌파 변화, 뇌 혈류 변화, 뇌 구조 변화 등을 과학적으로 측정하고 분석하여 명상의 효과를 객관적으로 입증합니다. 예를 들어, 명상 훈련을 통해 뇌의 전전두엽 활동이 활성화되고, 스트레스 호르몬인 코르티솔 수치가 감소하는 것이 관찰됩니다.

2. 명상 훈련을 통한 뇌 구조 변화

명상 훈련을 통해 뇌의 특정 부위가 활성화되거나 억제되면서, 뇌의 구조와 기능이 변화합니다. 예를 들어, 명상 훈련은 뇌의 기억력과 집중력을 향상시키고, 스트레스에 대한 저항성을 강화하며, 감정 조절 능력을 높입니다.

3. 명상과 심리치료 융합

명상 훈련을 심리치료와 함께 활용하여 스트레스 해소, 우울증 완화, 불안 감소 등 다양한 심리적 문제를 해결하는 데 활용합니다. 예를 들어, 명상 훈련은 심리치료의 효율을 높이고, 치료 효과를 지속시키는 데 도움을 줄 수 있습니다.

4. 명상치유를 통한 사회적 건강 기여

명상치유를 통해 사회적 건강 증진에 기여하는 다양한 프로그램 개발 및 실행을 통해, 개인의 심신 건강뿐 아니라, 사회 전체의 건강 증진에 기여합니다. 예를 들어, 학교, 기업, 병원 등 다양한 환경에서 명상 프로그램을 개발하여 사회적 건강을 증진하는 데 활용합니다.

결론은 뇌 과학과 명상치유는 서로를 보완하는 관계라는 것입니다. 뇌 과학은 명상의 뇌에 미치는 영향을 객관적으로 증명하고, 명상치유는 뇌의 가소성을 활용하여 심신 건강을 증진시키는 훈련입니다. 뇌 과학과 양자의학 분야의 융합은 개인의 심신 건강뿐 아니라 사회 전체의 건강 증진에도 기여할 수 있는 가능성을 제시합니다.

Q9. 실습 주임교수로서 가장 중점을 두는 교육 방식은 무엇인가요?

실습 주임교수로서 가장 중점을 두는 교육 방식은 학생들의 능동적인 학습 참여와 협업을 촉진하는 교육입니다. 즉 강의식 교육보다는 학생들이 직접 문제 해결, 프로젝트 수행, 토론 등을 통해 지식을 습득하고 실력 향상을 도모하는 방식입니다. 특히, 양자의학 분야의 실습은 형이하학적인 몸 학을 중심으로 하는 게 아니라 형이상학적인 마음과 정신을 다스리고, 우주 기운, 즉 양자장(파동과 입자, 전자기장 등)의 적용 기술을 활용할 수 있도록 하는 게 중요한 실습 과제이기도 합니다.

특히, 외국계 학생들은 본 교육의 전 과정을 온라인으로 학습한 뒤, 필리핀 마닐라 실습병원 또는 국내 협약기관에서 실습과정을 마치면 수료 후 본교 'QM양자의학부'의 학점으로 환산 누적되어 학위를 취득할 수 있고, 만약, 외국 학생들이 국내 협약기관을 선택하여 실습을 한다면 K-한글, K-pop, K-관광 등 다양한 한국 문화를 접할 기회를 제공합니다.

Q10. AI와 양자의학이 어떻게 시너지를 낼 수 있다고 보시나요?

현대사회는 급격히 변화하고 있습니다. 특히 인공지능(AI)의 발전은 우리의 일상과 다양한 산업에 큰 영향을 미치고 있습니다. 물리적으로 반복되는 작업은 이제 로봇이 더 정교하고 정확하게 수행하고 있으며, 의료 현장도 예외는 아닙니다. AI 영상판독과 진단, 처방 그리고 로봇수술이 점차 늘어나면서, 전통적인 의료인들의 역할이 변화하고 있습니다. 그렇다면 이러한 변화 속에서 의사, 한의사, 약사들은 어떤 길을 찾아야 할까요? 그 해답은 바로 양자의학에서 찾을 수 있습니다.

양자의학은 눈에 보이는 육체뿐만 아니라 눈에 보이지 않는 영혼까지도 다루는 신학문입니다. AI가 물리적이고 반복적인 작업을 대체할 수 있지만, 인간의 고유 영역인 영혼의 세계는 다룰 수 없습니다. 양자의학은 현대 의학처럼 육체의 증상만을 질병으로 정하지 않습니다. 인간은 다차원적 존재이며, 그에 맞는 의료 시스템이 절실히 필요한 때입니다. 대신 정보에너지장의 변형을 질병의 원인으로 봅니다.

현대 의학에서는 육체적인 변형을 겪는 사람을 환자로 봅니다. 하지만 양자의학에서는 정보에너지장의 변형을 겪는 사람을 환자로 봅니다. 이 개념의 전환은 예방의학과 역 노화에 적합한 새로운 의료 시스템을 제안합니다. 양자의학은 질병이 발생하기 전에 정보에너지장의 변형을 감지하고, 이를 바로잡음으로써 질병을 예방할 수 있습니다. 이는 AI와 결합하여 보다 정밀하고 개인화된 의료 서비스를 제공할 수 있는 가능성을 열어줍니다.

AI는 방대한 데이터를 분석하고, 패턴을 인식하며, 정밀한 진단과 치료를 가능하게 합니다. 양자의학은 이러한 AI의 능력을 활용하여 정보에너지장의 변형을 정밀하게 측정하고 분석할 수 있습니다. 예를 들어, AI는 환자의 건강 데이터를 바탕으로 정보에너지장의 변형을 감지하고, 이에 대한 치료법을 제시할 수 있습니다. 이는 기존의 증상 중심의 치료에서 벗어나, 근본적인 원인을 다루는 치료로의 전환을 의미합니다. 양자의학은 예방의학과 역 노화의 핵심적인 축이 될 수 있습니다. 정보에너지장의 변형을 조기에 감지하고 바로잡음으로써, 우리는 질병을 예방할 수 있습니다.

또한, 양자의학은 세포 수준에서의 변화를 조절하여 노화 과정을 늦출 수 있는 방법을 제시합니다. 이는 현대 의학이 꿈꾸던 이상을 현실로 만들 수 있는 가능성을 제공합니다. AI 시대에 적합한 의료 시스템으로서 양자의학은 우리의 건강과 삶의 질을 획기적으로 향상시킬 수 있는 잠재력을 가지고 있습니다. 인간의 다차원적 특성을 반영한 양자의학은 예방의학과 역 노화를 실현하는 데 중추적인 역할을 할 것입니다. 이제 우리는 육체와 영혼을 모두 아우르는 포괄적인 의료 시스템을 통해 더 건강하고 행복한 삶을 향해 나아갈 수 있습니다.

양자의학의 부상은 AI 시대에 새로운 의료 혁명을 예고합니다. 이는 단순한 기술의 발전을 넘어, 인간 본연의 건강과 행복을 추구하는 새로운 패러다임의 시작을 의미합니다.

Q11. 현재 국내에서 양자의학을 바라보는 시선은 어떤가요?

현재 국내에서는 양자의학에 대한 일반적인 시선은 아직까지 비판적이고 회의적인 경향이 강합니다. 현대 의학의 관점과는 다른 양자의학의 접근 방식과 임상적 증거 부족에 대한 우려 때문입니다.

하지만 양자의학에 대한 관심과 연구는 꾸준히 증가하고 있으며, 일부에서는 현대 의학의 한계를 극복하고 새로운 치료법을 제시할 가능성을 높이 평가하고 있습니다.

양자의학에 대한 국내 시선을 몇 가지로 정리해 보면 우선, 현대 의학에서 공식적으로 인정받지 못하고 임상적 증거가 부족하다는 이유로 비판적인 시각이 많습니다. 또한, 양자의학의 이론적 기반이 과학적이지 않다는 주장이며, 단순한 대체 의학으로 인식하는 경우가 있습니다.

하지만 긍정적 의견도 만만치 않습니다. 일부에서는 현대 의학의 한계를 뛰어넘는 새로운 치료법을 제시할 가능성을 높이 평가하고 양자의학 연구에 대한 기대감을 표하기도 합니다. 또한, 양자의학에 대한 관심과 연구는 지속적으로 늘어나고 있으며, 양자의학의 임상적 활용에 대한 가능성이 높게 평가되고 있습니다.

현 박사가 바라보는 양자의학은 현대 의학이 설명하기 어려운 현상을 이해하고, 질병의 근본 원인을 찾아 해결할 수 있는 가능성을 제시합니다. 또한, 양자의학은 현대 의학, 물리학, 생물학, 심리학 등

특별인터뷰

다양한 분야의 지식을 융합하여 건강에 대한 새로운 시각을 제공합니다. 그리고 양자의학은 환자의 에너지 상태, 감정 상태, 신체적 특성 등을 고려하여 개별적인 맞춤형 치료를 제공할 수 있습니다.

결론적으로, 국내에서 양자의학에 대한 시선은 아직까지 비판적이고 회의적인 부분이 있지만, 양자의학의 긍정적인 측면과 연구의 지속적인 발전은 양자의학에 대한 관심을 더 높이고 있습니다.

Q12. QM양자의학의 교육은 한국 학생에게도 열려 있나요?

교육계에서는 양자의학의 미래에 대한 갑론을박이 있지만, 분명한 것은 각국 정부가 어마어마한 예산을 투입하고 있다는 것입니다. 시간이 문제될 뿐, 양자의학의 잠재성을 부정하는 건 위험한 일입니다. 과소 투자가 과대 투자보다 더 위험하다는 것입니다. 무언가를 해야 하는데, 지금 단계에서 가장 중요한 건 국민의 인식, 특히 미래 세대의 인식 변화입니다. 미래 세대를 위한 교육은 현 단계에서 가장 필요하고 효율적인 사업이라고 교육 확대의 필요성을 강조했습니다.

현 박사는 비록 필리핀에서 양자 분야의 의학이 온라인부터 시작하지만, 분명 한국 대학에서도 정식교육 과정으로 시작할 것을 예상하고 있습니다. 현 박사는 한국에서도 양자의학의 교육의 수요가 많을 것으로 판단하여 의학사, 석/박사 과정을 활성화시킬 예정입니다. 특히, 양자의학 진단사(예, 방사선사 등)가 미래 새로운 직업군으로 등장할 것임을 판단하여 이 분야의 새로운 인력창출에 매진하겠다는 포부입니다.

Q13. 필리핀에서 양자의학을 먼저 시작하게 된 배경은 무엇인가요?

국내에서 양자 관련 의료 등 전문 커리큘럼을 만들거나 학과 증설은 상당히 까다롭습니다. 또한 의료법 등 넘어야 할 벽이 매우 높은 편입니다. 그래서 제 입장에서는 이미 개설된 양자의학의 커리큘럼과 전문 학위과정이 있는 비록, 로컬 대학이지만, 국립 정규대학이면서 유네스코가 인정하는 학교에서 양자의학 전문가를 양성하는 것도 나쁘지 않다고 판단했습니다.

특히, QM양자의학부는 향후 마닐라 메트로 캠퍼스 내에 Quantum Medicine 전문대학과 병원을 설립하고, 이를 거점으로 한국, 중국, 일본, 미국, 동남아, 인도 북부, 티베트, 중앙아시아, 중남미 등 전 세계를 대상으로 '양자의학 전문 인력 10만 명 양성'을 목표로 하는 글로벌 프로젝트로 확대할 수 있기 때문에 저에게는 새로운 도전이고 기회로 활용할 수 있다고 생각했습니다.

출처: 현용수 박사, 필리핀 국립 노스웨스트 사마르대 QM양자의학부' 학장 대우 임용: 시사앤피플 -https://www.sisanpeople.com/11016

특별인터뷰

Q14. 이번 양자의학 석좌교수 임용과 함께 예상되는 글로벌 파급 효과는 어떤가요?

양자의학은 질병 진단 및 치료 기술을 혁신하고, 암 치료 효과를 높이며, 심리적 문제까지 통합적으로 해결하는 등 다양한 파급 효과를 가져 오고 있습니다. 양자역학 원리를 이용한 센서 개발, 양자 얽힘을 이용한 질병 감지, 그리고 정신과적인 문제까지 고려하는 전일 의학 접근 방식은 미래 의학의 새로운 지평을 열고 있습니다.

양자의학 분야의 글로벌 파급 효과를 정리해 보면 진단 및 치료 기술 혁신 분야에서 양자 얽힘과 같은 양자 현상을 이용한 센서를 개발하여 질병을 조기에 진단하는 데 활용할 수 있습니다. 또한 양자물리학의 원리를 적용하여 암세포를 효과적으로 죽일 수 있는 연구가 진행되고 있습니다.

특히, 양자심리학은 인간의 심리적 문제까지 통합적으로 해결 단순히 신체적 질병뿐 아니라 마음의 문제까지 고려하는 전일 의학 관점을 제시합니다. 그리고 환자의 믿음이 치료 효과에 미치는 영향(위약 효과)을 중요하게 생각하고 연구합니다.

이와는 별개로, 의학 발전을 통해 의료비 부담을 줄이고, 평균 수명 연장으로 인한 사회적 효과를 기대할 수 있습니다. 한편, 양자역학 원리를 활용한 치료법 개발은 의학 분야에 혁신적인 변화를 가져올 수 있습니다.

[양자 기술에 대한 소견]

불과 10여 년 전까지만 해도 양자 기술은 새로운 것을 탐구하는 과학자들의 관심사에 불과했습니다. 하지만 이제는 인류의 미래를 좌우하는 핵심 기술의 하나로 꼽힐 정도로 위상이 높아졌습니다. 이제 양자 기술은 기술적 난이도, 파급 효과, 적용 분야를 고려할 때 산업 발전과 경제적 이익뿐 아니라 안보 관점에서도 국가가 반드시 확보해야 할 기술로 인식되고 있습니다.

이에 다수의 국가가 양자 기술 육성책을 다투어 내놓고 있고, 민간에서도 글로벌 정보기술(IT) 기업을 중심으로 대규모 투자를 통한 초기 기술시장 선점 경쟁이 치열합니다. 최근에는 핵심 요소 기술을 확보한 스타트업이 하루가 다르게 늘어나는 등 예전과 비교할 수 없을 정도의 속도로 변화가 진행 중입니다.

대중의 높은 관심과 함께 기술 발전의 속도가 빨라지고 있지만, 냉정히 평가하면 양자 기술은 아직 가야 할 길이 멀고도 지난합니다. 특히 산업 관점에서 보면 양자 기술은 아직 걸음마 단계라고 할 수 있습니다. 양자컴퓨터, 양자통신, 양자센서 같은 개별 기술의 발전은 놀라운 수준임이 틀림없지만, 이를 활용해 다른 산업 분야의 혁신을 일으키고 사회 변화를 이끄는 사례는 아직 찾기 힘듭니다.

특별인터뷰

　　1946년 개발된 최초의 컴퓨터 에니악(ENIAC)은 당시 사람들에게 상상을 초월한 성능의 계산기였을지 모르지만, 오늘날의 관점에서는 초보적 단계의 컴퓨터입니다. 이와 마찬가지로 지금의 양자 기술은 70여 년 전 에니악과 비슷한 유아기 수준에 불과합니다. 1만 8000여 개의 진공관으로 만들어진 거대한 에니악에서 시작된 컴퓨터가 우리 일상 속으로 깊이 들어올 수 있었던 것처럼 이제는 양자 기술에 대해 익숙해져야 하고 발전을 위해 방법을 모색해야 합니다.

　　기본적으로 양자 신호는 극한의 미시세계에서 관찰 가능한 현상입니다. 이런 양자 현상을 생성하고 제어하고 측정하기 위해서는 여러 단계의 고난도 연구개발이 필요합니다. 아주 작은 온도 변화, 느끼기 힘들 정도의 미세한 진동 등이 양자 세계에서는 치명적이어서 일상 공간에 존재하는 수많은 잡음 요소들을 하나하나 제거해 가면서 조작해야 합니다. 예를 들면, 에니악에서 시작된 컴퓨터의 발전이 수많은 기술 혁신과 트랜지스터의 발명, 반도체 기술로 집적화된 칩의 형태로 회로를 구성했기 때문임을 상기해 보면 양자 기술의 미래를 그려볼 수 있을 겁니다.

Q15. '유기적 존재로서의 인체' 개념이 일반 대중에겐 다소 낯설 수 있는데요, 어떻게 풀어 설명하시나요?

'유기적 존재로서의 인체' 개념은 인체를 단지 물리적인 기계나 구조물이 아닌 생명의 원리, 즉 유기체적 특성을 가진 살아있는 존재로 이해하는 것을 말합니다. 이는 인체의 각 부분들이 서로 긴밀하게 연결되어 상호 작용하며, 외부 환경과도 끊임없이 교류하며 조화를 이루는 살아있는 시스템으로서의 인체를 강조합니다. 유기적 존재로서의 인체를 구체적으로 설명하면 다음과 같습니다.

첫째, 인체의 각 기관, 조직, 세포 등은 서로 독립적으로 기능하는 것이 아니라, 마치 유기적으로 연결된 시스템처럼 상호 작용하며 조화를 이룹니다. 예를 들어, 심장은 혈액을 펌프질하여 산소와 영양소를 공급하고, 뇌는 신체의 모든 기능들을 조절하며, 소화기관은 음식을 분해하여 에너지를 흡수합니다. 이 모든 과정은 서로 밀접하게 연결되어 인체가 정상적으로 기능하도록 도와줍니다.

둘째, 인체는 단순히 물질적인 존재가 아니라 생명의 원리를 가진 유기체로서 자기 복제, 성장, 발달, 적응 등의 생명 현상을 나타냅니다. 이러한 특징은 인체를 단순한 기계와 구분되는 유기적 존재로 만들어 줍니다.

셋째, 인체는 외부 환경과 끊임없이 교류하며, 외부로부터 자극을 받아들여 반응하고, 생존을 유지하기 위해 적응합니다. 예를 들어, 외부의 온도 변화에 따라 혈관이 확장하거나 수축하고, 외부의 자극에 따라 면역 체계가 활성화됩니다. 이러한 교류는 인체를 외부 환경과 분리된 존재가 아닌, 유기적이고 상호 작용하는 시스템으로 만들어 줍니다.

넷째, 인체는 외부 환경으로부터의 변화와 내부 시스템 간의 균형을 유지하기 위해 끊임없이 노력을 기울입니다. 예를 들어, 체온이 너무 높아지면 땀을 흘려 열을 방출하고, 혈압이 너무 높아지면 혈관이 확장하여 혈압을 낮춥니다. 이러한 균형 유지 능력은 인체가 유기적이고 살아있는 존재임을 보여줍니다.

결론적으로, '유기적 존재로서의 인체' 개념은 인체를 단순한 기계나 구조물이 아닌, 생명의 원리를 가진 살아있는 시스템으로 이해하는 것을 말합니다. 이는 인체의 각 부분들이 서로 연결되어 상호 작용하며, 외부 환경과 끊임없이 교류하며 균형을 유지하는 과정을 강조합니다.

Q16. 앞으로의 연구에서 가장 기대하는 주제는 무엇인가요?

앞으로의 연구에서 가장 기대하는 주제는 기술 발전이 사회에 미치는 영향과 관련된 주제입니다. 특히, 인공지능, 로봇, 빅데이터, 바이오 기술 등 기술 혁신이 인간의 삶과 사회 구조에 어떤 영향을 미칠지, 그리고 이러한 기술 발전으로 인한 긍정적 측면과 부정적 측면을 어떻게 극복할 수 있을지 연구하는 주제가 흥미롭습니다. 특히 AI 인공지능과 양자 기술과의 조화가 양자 심리학, 의학 등 통합의학에 미치는 과정을 연구하고 적용해 보는 게 제가 관심을 갖고 있는 주제이면서 학습과제이기도 합니다.

Q17. 학문 외적으로 박사님께 영향을 준 인물이나 사건이 있다면요?

네, 다산 정약용 선생은 조선 후기 실학의 대표적인 사상가이자, 다양한 분야에서 큰 영향을 미친 인물입니다. 그는 실학사상을 집대성하고, 왕도정치를 실현하기 위해 각종 개혁 사상을 제안했습니다.

특히, 다산 정약용 선생은 성리학 위주의 교육을 비판하고 실용적인 교육을 주장하며, 새로운 교육 체제 구축을 모색했습니다. 특히, 다산 정약용 선생의 실용학문은 조선 후기 사회에 혁신적인 변화를 가져왔으며, 그의 영향은 오늘날까지도 지속되고 있습니다. 제가 대학원을 다니던 시절 강진 유배지가 있는 다산초당을 다녀 온 적이 있습니다. 특히, 다산 선생이 강진에서 4년간 마물렀던 사의재(四宜齋, 생각, 용모, 언어, 행동을 삼가라)에 대한 추억은 오늘날까지 저를 경계하는 교훈이며, 삶의 지표로 삼고 있습니다.

Q18. 명상은 양자의학에서 어떤 위치를 차지하나요?

명상은 양자의학에서 직관적으로 이해하기 어려운 현실의 본질에 대한 통찰을 제공하는 중요한 역할을 합니다. 양자역학은 우주의 근본적인 불확실성과 상호 연결성을 강조하며, 이는 명상이 추구하는 내적 통찰과 조화되는 경향이 있습니다. 명상은 심리적, 신체적 건강 증진에 도움을 주며, 양자의학의 발전과도 관련이 있습니다.

먼저 양자의학과 명상의 연결은 첫째, 양자의학은 물질의 기본 요소인 양자가 특정 상태에 놓이기 전까지는 여러 상태가 동시에 존재한다는 불확실성을 강조합니다. 이는 명상을 통해 경험할 수 있는 마음의 상태와 유사합니다. 명상은 마음의 혼란과 불안을 줄이고, 내면의 평온과 통합된 상태를 경험하게 도와주며, 이는 양자의학의 불확실성에 대한 이해를 도와줍니다.

둘째, 양자의학은 우주가 상호 연결되어 있다는 개념을 제시합니다. 이는 모든 것이 서로 영향을 주고받는다는 것을 의미합니다. 명상을 통해 이러한 연결성을 경험하고, 자신과 타인, 그리고 자연과의 조화로운 관계를 맺는 것을 도와줍니다.

셋째, 양자의학과 명상은 모두 현실의 본질에 대한 직관에 반하는 경험을 제공합니다. 양자의학은 물질의 속성이나 현상을 파악하는 과정에서 현실의 불확실성을 드러내고, 명상은 마음과 의식의 본질에 대한 통찰을 제공합니다.

양자의학에서 명상의 역할은 첫째, 스트레스 해소, 불안 감소, 면역력 강화 등 다양한 심리적, 신체적 건강 증진 효과를 가져다줍니다. 이러한 효과는 양자의학의 치료 과정에서 중요한 역할을 할 수 있습니다.

둘째, 명상은 양자의학의 치료 효과를 높이는 데 도움을 줄 수 있습니다. 예를 들어, 암 환자의 통증 완화, 면역력 강화, 삶의 질 향상에 기여할 수 있습니다.

셋째, 의료진의 스트레스를 해소하는 데 효과가 있습니다. 의료진은 환자들을 돌보는 과정에서 높은 스트레스에 노출될 수 있습니다. 명상은 의료진의 스트레스 관리를 돕고, 심리적 안정감을 제공하여 환자들에게 더 나은 의료 서비스를 제공하는 데 도움을 줄 수 있습니다.

결론적으로 양자의학과 명상은 서로 다른 분야이지만, 직관에 반하는 현실의 본질에 대한 통찰을 제공하는 점에서 공통점을 가지고 있습니다. 명상은 양자의학의 발전과도 관련이 있으며, 심리적, 신체적 건강 증진뿐만 아니라 치료 효과 증진에도 중요한 역할을 할 수 있습니다.

Q19. QM양자의학 분야 전문가 10만 명 양성 프로젝트는 어떤 방식으로 진행되나요?

양자 분야의 전문가(박사 등)와 양자 디바이스 진단사 10만 명 양성은 현재 명확하게 제시된 방식이 없지만, 다음과 같은 방식으로 진행될 가능성이 있습니다.

우선, 양자 기술 전문 인력 양성을 위한 기초단계에서의 학문 교류를 활성화시키고, 다 학제 간 협동 학과를 만들어 다양한 분야에서 인재가 들어올 수 있도록 학문의 벽을 낮게 하려고 합니다. 미래는 AI가 고도화되어 양자 기술과의 집단지성의 영역은 더 확대될 수 있기 때문에 고유한 양자의학 분야의 정체성 확립에 주력할 것입니다. 두 번째, 양자 기술을 이용하는 다양한 분야의 인력을 양성하기 위해 관련 교육 프로그램 및 실습 기회를 제공 하고, 국내에서도 양자의료 분야 학과가 태동할 수 있도록 초석을 만들겠습니다.

세 번째, 지금 전 세계(약 185국)에 세종학당, 한글학교에서 K-POP 등 K-한류에 관심이 있는 젊은 유저들이 약 6000만 명 정도 대기 수요가 있다는 통계가 있습니다. 한국에 관심이 있는 젊은 셀럽Celebrity과 크리에이티브Creative를 중심으로 장학특례제도를 활용하여 저렴하게 한국을 방문할 수 있는 기회를 제공하려고 합니다.

특히, 외국계 학생들은 본 교육의 전 과정을 온라인으로 학습한 뒤, 필리핀 마닐라 실습병원 또는 국내 협약기관에서 실습과정을 마치면 수료 후 본교 'QM양자의학부'의 학점으로 환산 누적되어 학위를 취득할 수 있고, 만약, 외국 학생들이 국내 협약기관을 선택하여 실습을 한다면 K-한글, K-pop, K-관광 등 다양한 한국 문화를 접할 기회를 제공합니다.

Q20. 국제 협력 계획이 있다면 말씀해주세요

양자의학 인재 양성을 위한 국제 협력은 양자 기술과 의료 분야 간의 융합을 통해 새로운 진단 및 치료 기술을 개발하고, 관련 분야 인재를 육성하여 미래 의료 혁신을 선도하기 위한 것입니다.

첫째, 양자의학은 양자 기술과 의료를 접목하여 새로운 진단 및 치료 기술을 개발하는 분야로, 관련 분야의 전문 인재 양성이 중요합니다.

둘째, 양자 기술과 의료 기술을 융합하여 새로운 진단 및 치료 기술을 개발하고, 양자의학 관련 인재를 양성하여 미래 의료 혁신을 선도하는 것입니다.

셋째, 국제 협력 방법으로는 해외 우수 연구기관과의 공동 연구를 통해 양자의학 분야의 기술력을 강화하고, 인재 양성을 위한 교류를 활성화합니다. 특히, 석/박사 과정의 학생들에게 해외연수 및 인턴십 기회를 제공하여 글로벌 역량을 강화하고, 해외 인재 유치에도 활용합니다.

넷째, 국제적인 표준을 개발하고, 관련 활동에 참여하여 양자의학 분야의 발전을 선도합니다. 그리고 국내적으로, 양자 생명/물리 분야 전문 인재를 양성하여 양자의학 분야의 핵심 인력으로 육성합니다. 또한, 양자 기술과 의료 분야의 산학 협력을 강화하여 양자의학 분야의 기술력을 높이고, 인재 양성을 위한 기반을 마련합니다.

마지막으로, 양자컴퓨팅을 활용하여 의학 분야의 문제를 해결하고, 데이터 의학 전문가를 양성하여 양자의학 분야의 발전을 이끌어 냅니다.

특별인터뷰

Q21. 마닐라 메트로 캠퍼스에 세워질 전문대학과 병원은 어떤 구조인가요?

마닐라 메트로 캠퍼스 내에 건설될 양자의학 전문대학과 병원은 현 박사가 지도하는 QM양자의학부가 설립할 예정이며, 이는 뇌 과학, 심리학, 에너지치유, 양자파동이론 등 미래과학-의학 융합 학문인 QM양자의학을 중심으로 운영될 것입니다. 구체적인 구조는 아직 확정되지 않았지만, 뇌 과학, 심리학, 에너지치유, 양자파동이론 등을 융합한 새로운 형태의 의료 서비스를 제공할 것으로 예상됩니다. 또한, 한국과 중국을 거점으로 삼아 국제적인 연구 네트워크를 구축할 것으로 예상하고 있습니다.

Q22. 다학제 융합의학자로서 가장 중요하게 여기는 가치는 무엇인가요?

양자융합 의학적 개념에서 현대 의학을 바라보면, AI인공지능(AI의사)이 아무리 발달을 하여도, 여전히 해결하기 어려운 영역을 가질 것입니다. 그 대표적인 영역이 환자 상황에서의 윤리적, 법적, 문화적 판단들일 것입니다. 물론 이것도 현행 법규, 법원 판례, 윤리적 원칙 등을 의료 인공지능에 입력하면, 의사들의 진료에 도움을 줄 수는 있을 것입니다. 그러나 이 부분은 기계적 방법으로 판단하기가 어려운,

훨씬 더 복잡한 인간 내면의 가치관, 종교적 믿음, 무의식적 심리, 역사적 전통 등이 들어가는 문제가 되기에, 이것은 단순한 생의학적인 지식을 가지고 만드는 알고리즘과는 비교할 수 없는 어려움을 가질 수 있습니다. 그래서 현대 의학에서 인간 의사의 역할은 환자와 보호자의 모든 상황을 종합적으로 듣고 판단하여 윤리적, 법적, 문화적 판단을 조언해 주는 것이 될 것입니다. 이에 따라 현대 의학 교육뿐만 아니라 전 분야에서도 다양한 현장에서의 사례들이 가지는 윤리적, 법적, 문화적, 사회적 딜레마들을 정확히 다루는 능력을 교육받도록 하여야 할 것입니다. 그런 의미에서 인공지능 시대의 의료와 모든 교육은 자연과학, 인문과학, 사회과학을 묶는 매우 "융합적 현상"이 될 것입니다.

저는 일찍이 미래 시대에 협력할 AI인공지능과 양자 시대에 대한 두 가지 키워드를 주창해 왔습니다. 이 두 가지 키워드는 어떤 학문이든지 간 상호보완적으로 필요한 분야이며, 제가 다학제 융합학자로서 발전시켜야 할 학문의 새로운 연구 분야이기도 합니다.

특히 다학제 학문은 이미 전문가의 시대를 넘어 학문 간의 융합을 통한 새로운 시너지 영역입니다. 예를 들면, 사회과학과 자연과학과의 결합은 단수한 학문의 결합이 아니라 자연과 인간 그리고 사회 현상을 깊이 이해하는 양자적(점프. 얽힘, 결합 등) 현상이 어떻게 나타날지 예견할 만한 사건을 이해하려면 다학제 간의 학문 연구가 이루어져야 합니다.

특별인터뷰

Q23. 양자의학의 치유 사례 중 기억에 남는 것이 있다면 소개해 주세요.

양자의학은 아직까지 과학적으로 완전히 입증된 분야는 아니지만, 몇몇 치유 사례들이 소개되어 있습니다. 이러한 사례들은 유전자의 조절을 통한 질병치료 사례, 양자파동치료(QFT: Quantum Frequency Therapy) 사례로는 특정 주파수를 이용해 신체의 장기나 세포에 공명(Resonance)을 유도하여 회복을 촉진한 사례 (만성통증, 스트레스성 질환, 공황장애, 면역력 저하 개선 효과 등), 양자바이오피드백(Quantum Biofeedback) 사례로는 인체에 발생하는 미세한 전기신호(에너지 패턴)를 측정하여 그에 다른 맞춤형 주파수를 환자에게 되돌려 줌으로써 자율신경 균형 및 심신을 조절 (PTSD 환자의 자율신경계 안정, 아동의 ADHD 증상 개선, 암 보조치료로써의 스트레스 감소 등), 광양자 치료(Photonic Quantum Therapy) 저출력 레이저 LLLT 또는 적외선/자외선을 통해 세포의 미토콘드리아 활성화 유도 (예: 상처 치유촉진, 신경통 완화, 탈모치료 등), 양자명상과 심신치유통합(Quantum Meditation) 바이오 레조넌스와 마음 챙김 병합 프로그램을 통하여 파동조율+의식상태 변화 등 심신치유 가속화 (예: 뇌파 안정화 (알파파 증가), 심박 변동수(HTV) 향상, 자연치유력 증대 등이 있습니다.

Q24. 국내 대학들과의 협력은 어떻게 진행되고 있나요?

국내 대학들과의 협력은 지역 발전을 위한 중요한 수단으로 다양한 형태가 존재합니다. 지자체-대학 협력은 지역의 특성에 맞는 맞춤형 인재 양성을 통해 지역 발전을 이끌고, 대학 간 협력은 서로의 강점을 활용하여 공동의 목표를 달성하는 데 기여합니다. 또한, 기업과 대학 간의 협력은 산학 협력을 강화하고 기술 혁신을 촉진하는 데 중요한 역할을 합니다.

현재 국내 대학에서는 양자의학에 대한 학제가 학문으로서 정의가 세워지지 않아 협동 학과를 만들기는 쉽지 않습니다. 하지만 국내 대학들도 통폐합의 위기를 극복하기 위하여 본 대학교와의 협력을 원하고 있습니다. 그래서 여기서는 밝힐 수 없지만 외국 학생들의 실습을 위하여 몇 개 대학과의 협정 조인식과 MOU를 진행하고 있습니다. 특히 본 대학의 지역적 취약점을 보완하기 위해 영어권 대학과의 교류를 적극적으로 추진하고 있습니다.

또한, 이와는 별도로 다양한 방식으로 지역사회 및 기업과 협력하며, 지역 발전과 국가 경제 성장에 기여하려고 노력하고 있습니다.

특별인터뷰

Q25. 양자의학이 대중적으로 확산되기 위해 필요한 조건은 무엇인가요?

양자의학이 확산되기 위해서는 다음과 같은 조건들이 필요합니다. 첫째, 양자의학 이론의 과학적 타당성이 입증되어야 합니다. 둘째, 양자의학 기술의 안전성과 유효성이 충분히 검증되어야 합니다. 셋째, 양자의학 관련 연구에 대한 지속적인 투자가 이루어져야 합니다. 마지막으로, 양자의학에 대한 일반인의 이해를 높이고 학문에 대한 수용도受容度를 확대해야 합니다.

양자의학은 현대 의학의 한계를 넘어, 마음과 육체의 통합적인 치료를 추구한다는 특징이 있습니다. 이러한 특성을 활용하여, 현대 의학에서 해결하지 못하는 난치성 질환 치료에 새로운 희망을 제시할 수 있을 것입니다. 하지만, 양자의학이 진정한 의학적 가치를 인정받기 위해서는, 과학적 타당성과 유효성 검증을 거쳐야 하며, 타 학문과의 교류를 증진 시키고, 특히 다 학제간의 협력을 높이는 노력이 필요합니다.

Q26. 후속 연구자나 제자들에게 가장 강조하는 것은 무엇인가요?

통상적으로 양자의학 연구자들은 현대 의학의 한계를 극복하고, 몸과 마음의 통합적인 관점에서 질병을 이해하고 치료하는 것을 강조합니다. 특히 양자역학적 원리를 활용하여 신체 내 정보 전달 및 교류, 에너지 흐름 등과 같은 양자적 현상을 연구하며, 이를 바탕으로 새로운 진단 및 치료 기술 개발에 힘쓰고 있습니다.

특히, 제자들과 저와 함께하는 양자의학 연구자들에게 강조 사항하고 싶은 사항은 양자의학을 몸과 마음의 통합적 관점에서 바라보라고 주문하고 싶습니다. 양자의학은 육체적 질병뿐만 아니라 정신적, 정서적 요소가 질병에 미치는 영향을 고려합니다. 의사의 마음이 환자의 치료에 영향을 미친다는 관점도 강조합니다.

두 번째, 양자역학적 원리를 활용하여 신체 내에서 양자적 현상이 어떻게 작용하는지를 이해하고, 이를 질병 진단 및 치료에 적용하고자 노력하라고 주문하고 싶습니다.

세 번째는 양자역학적 지식을 바탕으로 기존 의학 기술의 한계를 뛰어넘는 새로운 진단 및 치료 기술을 개발하기 위해 노력하자는 것입니다. 또한, 기존 의학과의 통합을 위해 노력하라는 것입니다. 이는 양자의학 연구 결과가 현대 의학 분야에 어떻게 적용될 수 있는지, 기존 치료법과 어떻게 결합될 수 있는지를 연구하는 자세를 견지하라고 주문하고 싶습니다.

네 번째, 의학적 패러다임 전환을 위해 노력하라는 것입니다. 특히, 양 의학은 기존의 의학적 사고방식을 넘어서, 질병의 원인과 치료 방식을 새로운 관점에서 이해하고 적용하는 것을 목표로 하기 때문입니다.

특별인터뷰

다섯 번째, 마음과 몸의 연결입니다. 양자의학은 마음과 몸이 서로 연결되어 있으며, 정신적, 정서적 상태가 질병에 미친다고 보고, 이 연결을 이해하고 치료에 활용하는 테크닉이 필요하기 때문입니다.

Q27. 박사님이 생각하시는 '미래 의학'은 어떤 모습인가요?

미래 의학은 4차 산업혁명 기술과 의료가 융합된 분야로, 인공지능, 유전체학, 3D 프린팅 등이 핵심 기술로 떠오르고 있습니다. 이를 통해 진단, 치료, 예방 방식이 혁신될 것으로 예상되며, 특히 정밀 의학, 원격 진료, 수술 로봇 등이 주요 변화를 가져올 것입니다.

미래 의학의 주요 특징 및 기술로는 4P 의학, 즉 예측(Predictive), 예방(Preventive), 개인 맞춤(Personalized), 참여(Participatory)를 강조하는 의학으로, 개인의 유전 정보와 생활 습관 등을 고려하여 질병을 예측하고 예방하는 데 초점이 맞추어질 것입니다.

차세대 기술혁명은 BT, IT, NT, CT 등 신기술 간 융·복합이 기술을 주도할 것으로 예상되는 가운데 의학은 융/복합 과학기술 및 산업의 특성으로 인해 인체와 생명현상의 특징인 다 계층, 다차원적 복잡성과 역동성 탐구를 위한 융/복합 연구가 필수적입니다. 미래 의학은 인체 구조와 기능의 다 계층적 정보통합을 통한 맞춤-예측 의학 혁명으로 정의될 수 있습니다.

현재 IT와 CT의 의료 융합은 구글 헬스와 마이크로소프트 볼트처럼 온라인 기반의 개인건강정보 서비스 시대를 열고 있으며 스마트폰의 확산으로 유비쿼터스 헬스 시대가 가속화되고 있습니다. 이제는 환자와 의료인이 네트워크를 통해 연결되기 때문에 의사결정에 협력적으로 참여하는 참여 의학과 건강한 상태에서 지속으로 건강상태의 모니터링과 관리를 하는 선제적 예방의학이 의학계의 신 패러다임입니다.

특히, 10년 후에는 기술적인 측면에서 상상을 초월하는 시대가 될 것으로 보입니다. 현재도 여러 분야에서 적용되고 있지만 의료 분야에서는 로봇을 이용한 치료법이 봇물처럼 쏟아져 나올 것으로 전망됩니다. 또한 유전자·줄기세포 치료 분야는 획기적인 발전 이룰 것으로 보이며 인공장기의 상용화로 질병치료 개념에 많은 변화가 예상됩니다.

이와 함께 암도 몇십 년 후에는 감기약을 복용하는 것처럼 몇 번의 약 투약으로 완치가 가능해지며 냉동인간의 복원도 가능한 시대가 될 것입니다. 또한 의료기기의 발달로 효율적인 진단과 치료가 가능해져 보다 건강한 삶을 제공할 것으로 기대됩니다. 아울러 재생의학 분야와 유전체 의학 등에서도 급속한 발전을 이룩할 것으로 전망됩니다.

Q28. 일반인도 이해할 수 있도록 양자의학을 쉽게 설명해 본다면요?

양자의학은 몸과 마음이 서로 연결되어 질병을 일으킨다고 보고, 양자 물리학의 원리를 활용하여 질병을 치료하는 의학입니다. 즉 현대 의학이 육체적 질환에 초점을 맞춘 것과 달리, 양자의학은 환자의 마음과 몸을 통합적으로 고려하여 치료를 시도합니다.

더 자세한 설명 하면 몸과 마음의 연결입니다. 양자의학은 인간의 몸을 단순히 물리적인 구조체로 보는 것이 아니라, 마음과 연결된 하나의 시스템으로 봅니다. 즉 마음의 상태가 몸의 건강에 영향을 미치고, 역으로 몸의 건강 상태가 마음의 상태에 영향을 미친다고 생각합니다.

특히, 양자의학은 양자 물리학을 기반으로 한 입자와 파동의 이중성의 원리를 활용하여 몸의 기능을 조절하고 질병을 치료하는 방법을 연구합니다. 예를 들어, 양자 파동 장(양자 장)을 이용하여 세포의 활동을 활성화하거나, 마음과 몸을 연결하는 에너지 흐름을 조절하는 등의 방법을 시도할 수 있습니다.

현대 의학은 질병의 원인을 주로 물리적인 요인에서 찾지만, 양자의학은 질병의 원인을 육체적인 요인뿐만 아니라 마음의 상태, 에너지 흐름 등 다양한 요인에서 찾습니다.

Q29. '웰 에이징'의 개념이 양자의학과 어떻게 연결되나요?

'웰 에이징(Well-aging)'은 단순히 노화를 막는 것(안티에이징)이 아닌, 건강하고 행복하게 늙어가는 것을 목표로 합니다. 양자의학은 이러한 웰에이징과 연결될 수 있는데, 특히 양자의학은 노화 과정에서 발생하는 다양한 변화를 이해하고, 이를 바탕으로 노화 억제 및 건강 유지에 기여할 수 있다는 점에서 주목받고 있습니다.

웰 에이징과 양자의학의 연결점은 첫 번째, 인간 노화 과정에 대한 양자의학적 이해입니다. 양자의학은 세포 수준의 노화 과정을 양자적 관점에서 설명할 수 있습니다. 예를 들어, DNA 손상, 염증 반응, 에너지 생산 감소 등은 양자적 현상과 연관되어 있을 수 있습니다. 이러한 이해를 바탕으로 노화 과정에서 발생하는 문제를 더 정확하게 진단하고, 효과적인 치료법을 개발할 수 있습니다.

두 번째, 세포 재생 및 기능 개선입니다. 양자의학은 세포의 재생과 기능을 개선하는 기술을 활용하여 노화로 인한 기능 저하를 막고, 웰에이징을 지원할 수 있습니다. 예를 들어, 줄기세포 치료, 레이저 치료, 전기자극 치료 등이 있습니다.

세 번째, 개인 맞춤형 웰에이징입니다. 양자의학은 개인의 유전자, 대사 과정, 신체 상태 등을 정확하게 분석하여 맞춤형 웰에이징 프로그램을 개발할 수 있습니다.

개인의 특성에 맞는 식단, 운동, 생활 습관 개선 등을 통해 건강한 노화를 지원할 수 있습니다. 결론적으로 말씀드리면, 양자의학은 웰에이징을 위한 새로운 가능성을 제시하고 있습니다. 양자의학적 지식을 활용하여 노화 과정을 이해하고, 개인 맞춤형 웰에이징 프로그램을 개발함으로써 건강하고 행복한 노년을 보낼 수 있을 것입니다.

Q30. 마지막으로, 이 시대에 건강을 바라보는 새로운 관점을 제시해 주신다면요?

건강에 대한 새로운 관점은 질병 부재 상태가 아닌, 생물학적, 심리적, 사회적 안녕 상태를 중요하게 여기며, 건강 불평등의 사회적 요인 및 생활 방식의 중요성을 강조합니다.

첫 번째, 건강에 대한 정의 변화가 필요합니다. 과거에는 질병이 없는 상태를 건강으로 정의했지만, 현대에는 생물학적, 심리적, 사회적 안녕 상태를 포함하는 더 포괄적인 정의를 사용합니다.

두 번째는 건강 불평등의 사회적 요인입니다. 건강 문제를 단순히 개인적인 책임으로 보지 않고, 사회적 환경, 경제적 지위, 교육 수준 등 다양한 요인이 건강에 영향을 미친다는 것을 강조합니다.

특히, 가족, 인간관계, 직업, 교육 등 사회적 맥락이 건강 불평등의 원인임을 분석합니다.

세 번째, 생활 방식의 중요성입니다. 건강을 유지하기 위한 생활

습관, 노력, 습관 등이 건강에 미치는 영향을 강조합니다. 건강한 생활 방식을 통해 질병 예방 및 건강 증진을 도모할 수 있습니다.

네 번째, 건강관리를 위한 새로운 접근의 시도입니다. 환자를 중심으로 건강 최적화를 시도하고, 적극적으로 질병 예방 및 조기 발견에 힘씁니다.

특히, 고령자의 경우, 생활 활동 패턴이 건강 상태에 미치는 영향을 고려하여 케어를 제공해야 합니다. 조직의 경우, 직원들을 중요한 결정 파트너로 보는 관점을 장착하여 조직을 건강하게 만들 수 있습니다.

다섯 번째, 의료진의 역할 변화입니다. 의료진과 환자간의 상호 교류가 필요합니다. 예를 들면, 전문 의료용어를 이해하기 쉽게 만들고, 병원의 문턱을 낮추는 환자에 인식구조의 대변환이 필요합니다.

Q31. 박사님께서 생각하시는 '질병의 근본 원인'이란 무엇인가요?

질병의 근본 원인은 다양한 요소들이 복합적으로 작용하여 발생합니다. 유전적 요인, 환경적 요인, 생활습관, 사회적 요인 등이 서로 영향을 주고받으며 질병 발병에 영향을 미칩니다.

첫 번째는 유전적 요인입니다. 개인의 유전적 특징은 질병에 대한 취약성을 결정하는 중요한 요소입니다.

두 번째는 환경적 요인입니다. 환경오염, 식습관, 스트레스, 건강

습관 등 다양한 환경적 요인들이 질병 발생에 영향을 미칩니다.

세 번째는 생활습관입니다. 흡연, 음주, 운동 부족, 불규칙적인 식습관 등은 질병 발생 위험을 높이는 주요 요인입니다.

네 번째는 사회적 요인입니다. 가족 구성원과의 관계, 사회적 지지망, 경제적 상태, 교육 수준 등은 질병 발생에 영향을 미치는 중요한 사회적 요인입니다.

또한, 질병의 근본 원인을 파악하고 치료하는 것은 재발을 예방하고 질병을 효과적으로 관리하는 데 필수적입니다. 기능 의학은 이러한 근본 원인을 파악하고 치료하는 데 초점을 맞춘 의학 분야입니다.

기능 의학의 7가지 핵심 진단을 아래와 같은 기준 참고하시면 좋을 듯합니다.

(참조: PNT몰 관련 자료)

- 유전자: 유전적 소인을 파악하여 질병에 대한 취약성을 확인합니다.
- 정신 상태: 심리적 스트레스와 정신 건강이 질병에 미치는 영향을 평가합니다.
- 영양 상태: 비타민, 미네랄 등 영양소 부족이 질병에 미치는 영향을 확인합니다.
- 장 건강: 장내세균총의 균형이 질병에 미치는 영향을 평가합니다.
- 호르몬: 호르몬 불균형이 질병에 미치는 영향을 확인합니다.
- 면역: 면역력 저하가 질병에 미치는 영향을 평가합니다.
- 독성물질: 환경오염 물질 등 독성물질이 질병에 미치는 영향을 확인합니다.

Q32. 인체 에너지장 개념은 기존 서양의학과 어떻게 조화를 이룰 수 있을까요?

인체 에너지장 개념은 동양의학과 깊은 연관이 있으며, 일부는 서양의학에서도 생체 에너지의 중요성을 인정하고 있습니다. 동양의학에서는 인체를 우주의 에너지와 연결된 체계로 보고, 에너지 흐름의 균형이 건강에 영향을 미친다고 봅니다. 서양의학에서는 생체 에너지의 측정 기술을 개발하고, 에너지를 활용한 치료법을 연구하면서 인체 에너지장 개념을 서서히 받아들이고 있습니다.

인체 에너지장 개념과 서양의학의 조화를 살펴보면 첫째, 에너지의학(Energy Medicine)적 측면입니다. 서양의학에서는 생체 에너지의 중요성을 인정하고 생체 에너지 측정 기술을 개발했습니다. 이를 바탕으로 에너지의학이라는 새로운 분야가 발전하고 있습니다. 에너지의학은 에너지 흐름의 균형을 회복하여 질병을 치료하는 것을 목표로 합니다.

두 번째, 자연의학(Naturopathic Medicine)적 측면입니다. 자연의 힘을 활용하여 치료하는 자연의학은 인체 에너지장의 균형을 회복하고 강화하는 데 초점을 맞추고 있습니다. 공기, 빛, 물, 열, 마사지 등을 활용하여 생체 에너지의 흐름을 개선하고 자가 치유력을 활성화하는 것입니다.

세 번째, 동양의학과의 융합적인 측면입니다. 동양의학에서 인체 에너지장과 관련된 개념은 서양의학에서 에너지의학, 자연의학 등의

특별인터뷰

영역으로 발전하면서 조화되고 있습니다. 경락과 오장육부, 기 순환 등 동양의학의 개념은 서양의학에서 생체 에너지의 흐름과 관련된 연구에 영향을 미치고 있습니다.

네 번째, 심리적 요인의 고려한 측면입니다. 동양의학에서는 정신적 상태가 인체 에너지장에 영향을 미친다고 보며, 심리적 스트레스와 불안이 질병을 유발하거나 악화시킬 수 있다고 봅니다. 이는 서양의학에서 심리 치료와 정신 건강의 중요성을 강조하는 것과도 연결될 수 있습니다.

다섯 번째, 과거의 오류 극복에 대한 측면입니다. 과거에는 서양의학에서 인체를 기계적인 시스템으로 간주하고 에너지장이나 심리적 요인을 무시하는 경향이 있었습니다. 그러나 최근에는 생체 에너지의 중요성이 인정되면서 인체를 하나의 시스템으로 보려는 시도가 이루어지고 있습니다.

특히, 인체 에너지장 개념은 서양의학에서 생체 에너지의 중요성을 인식하고 발전하는 데 중요한 역할을 하고 있습니다. 앞으로는 인체 에너지장과 서양의학의 조화가 더욱 발전하여 환자 중심의 통합적인 치료를 제공할 수 있을 것으로 기대됩니다.

Q33. QM양자의학이 정신건강 문제에 어떤 접근을 할 수 있을까요?

양자의학은 정신건강 문제 해결에 물질적 차원뿐 아니라 양자파동장과 마음 차원을 고려한 접근을 통해 보다 포괄적인 해결책을 제시할 수 있습니다. 에너지 불균형 해소, 마음과 몸의 연결성 인식, 그리고 양자파동장 차원에서의 치유 가능성을 강조합니다.

첫 번째, 에너지 불균형 해소입니다. 양자의학에서는 정신적인 문제의 원인을 에너지의 왜곡과 불균형으로 보고, 이를 해소하는 것을 중요하게 생각합니다. 양자파동치유를 통해 에너지 균형을 회복하고 신체 기능을 최적화함으로써 정신적 안정과 평온을 찾을 수 있습니다.

두 번째, 마음과 몸의 연결성 중요하게 인식합니다. 양자의학은 마음이 신체에 영향을 미치고, 신체적 변화가 마음에도 영향을 미칠 수 있다는 관점을 중요하게 생각합니다. 의사의 마음이 환자의 치료에 영향을 미칠 수 있다는 이론까지 제기하며, 마음의 상태를 개선하는 것이 치료의 중요한 부분을 차지한다고 설명합니다.

세 번째, 양자파동장 차원에서의 치유 가능성입니다. 양자파동장이 사람과 사람, 사람과 사물, 사물과 사물 간에 구별 없이 전달된다는 관점에서, 양자파동장 차원에서의 치유 가능성을 제시합니다. 이를 통해 마음뿐 아니라 신체적인 불편함까지 감소하고, 정신적 안정과 평온을 회복할 수 있다고 설명할 수 있습니다.

추가적으로, 양자의학은 다음 접근 방식을 통해 정신건강 문제 해결에 도움이 될 수 있습니다.

- **상상을 통한 자율 신경계 조절**: 뉴욕 록펠러 대학 연구팀은 상상을 통해 심장 박동수, 체온, 산도 등을 조절할 수 있다는 사실을 밝혀냈습니다.
- **면역 체계 조절**: 백혈구의 양을 변화시키는 시각적 생산을 통해 면역 체계를 스스로 조절할 수 있다는 가능성도 제시되고 있습니다.
- **마음과 몸의 조화**: 마음의 상태와 몸의 상태를 조화롭게 유지하는 것이 건강한 삶에 필수적이라는 관점을 강조하며, 마음의 상태를 개선하는 것이 건강한 삶에 기여할 수 있습니다.

양자의학을 다루면서 주의해야 할 부분이 있습니다. 양자의학은 현재까지 과학적 검증이 완전히 이루어진 것은 아니며, 일부 주장이 학계에서 논란이 될 수 있다는 점을 명심해야 합니다. 하지만 양자의학은 정신건강 문제 해결에 새로운 접근 방식을 제시할 수 있는 가능성을 가지고 있는 건 분명한 사실입니다.

Q34. 동양철학이 박사님의 연구에 어떤 영향을 미쳤나요?

저에게 있어 동양철학은 양자의학 연구에 주요한 영향을 미쳤습니다. 특히, 양자 역학의 주요 개념인 음양과 상보성, 에너지의 흐름과 균형 등은 동양철학의 중요한 개념들과 깊이 연관되어 있습니다. 이러한 연관성을 바탕으로 동양 의학의 치료 원리와 양자의학의 이론이 결합되어 새로운 치료법 연구에 활용될 수 있다는 확신을 갖고 있습니다.

이 부분에 대한 제 견해를 다음과 같이 정리할 수 있습니다.
• 음양과 상보성에 관한 부분입니다.
동양철학에서 음양은 서로 대립적이면서도 상호 보완적인 존재를 의미합니다. 이러한 개념은 양자 역학에서 입자와 파동의 상보성, 그리고 양자 얽힘과 같은 현상을 설명하는 데에도 사용됩니다. 예를 들어, 연구팀은 양자 얽힘 현상을 시각적으로 표현하는 연구에서 양자의 위상과 진폭 분포를 시각화한 결과, 그 패턴이 태극 문양과 유사하게 나타났다는 것을 밝혀지고 있습니다.

• 에너지의 흐름과 균형에 관한 견해입니다.
동양 의학에서 질병은 에너지(기)의 흐름이 막히거나 균형이 깨지면서 발생한다고 봅니다. 반면에 양자의학은 인간의 몸을 에너지의 흐름과 균형으로 이해하고, 질병을 에너지의 불균형으로 설명합니다. 이러한 접근 방식은 동양 의학의 전통적인 치료법과 양자의학의 새로운 치료법 연구에 활용될 수 있을 것으로 예상합니다.

• 심신일체, 즉 몸과 마음의 일원론에 관한 부분입니다.
동양철학은 마음과 몸이 서로 연결되어 있으며, 마음의 상태가 몸의 건강에 영향을 미친다고 봅니다. 양자의학에서도 마음의 상태가

특별인터뷰

질병의 발생과 치료에 중요한 역할을 한다는 점이 강조됩니다. 이러한 관점은 마음과 몸을 통합적으로 치료하는 치료법 연구에 기여할 수 있습니다. 이 부분은 마음과 몸의 통합적 개념에 대한 논란이 있을 수 있습니다. 즉 몸과 맘의 이원화설입니다. 제 견해를 첨가하자면, 몸과 마음은 분리 되어있지만, 양자장으로 연결되어 있다는 개념으로 설명할 수 있습니다.

- **양자 공진 측정 장치와 동양철학에서의 기감氣感 파악입니다.**

동양철학에서 동기감응同氣感應이나 기감의 순환을 측정하는 건 오랜 수련을 통한 숙련자들의 역할에 의존하는 경향이 있습니다. 하지만 양자의학에서는 양자 공진 측정 장치를 사용하여 인간의 몸에 존재하는 에너지의 흐름과 균형을 측정하고, 이를 바탕으로 질병을 진단하고 치료하는 데 활용하고 있다는 걸 참조하시기 바랍니다.

끝으로, 현대 의학과 대체의학의 연결입니다.

양자의학은 현대 의학의 물리적 구조와 대체의학의 에너지적 접근 방식을 연결하는 다리 역할을 할 수 있습니다. 양자의학 연구는 현대 의학의 치료법과 동양철학을 기반으로한 대체의학의 치료법을 통합하여 환자의 상태에 맞는 최적의 치료법을 개발하는 데 기여할 수 있습니다.

Q35. SAP내 타 전공들과 양자의학이 어떻게 연계될 수 있을까요?

양자의학은 의학, 물리학, 수학, 정보학 등 다양한 전공들과 융합적(다학제 방식 혹은 간학제 방식 등)으로 연계될 수 있습니다. 양자의학은 질병의 원인과 치료에 대한 새로운 접근 방식을 제공하며, 각 전공 분야의 전문 지식(예: 경영학의 뉴로 사이언스, 뇌 과학 교육, 심리학, 생물학과, 유기체 물리학 등)을 바탕으로 양자의학의 발전을 이끌 수 있습니다.

타 학문과의 연계방식은 다음과 같은 방식으로 접근할 수 있습니다.
• **현대 의학의 진단 및 치료 분야입니다.**
양자 역학적 원리를 이용한 진단 기술(예: 양자 검사)과 치료법(예: 양자 치료) 개발.
• **약물 개발과 치료제 개선 효과입니다.**
양자 모델링을 활용하여 약물의 효능을 예측하고, 더 효과적인 약물을 개발할 수 있습니다.
• **생체 시스템 이해에 대한 이해를 높일 수 있습니다.**
양자 생물학의 개념을 이용하여 생체 내에서 일어나는 복잡한 생물학적 과정을 이해할 수 있습니다. 특히, 물리학과의 연계는 매우 중요합니다.
• **양자 역학 원리 적용입니다.**
질병의 원인과 치료 메커니즘을 이해하기 위해 양자 역학적 원리를 적용합니다.
- **양자 장비 개발입니다.**

양자 검사 및 치료 장비 개발에 물리학적 지식을 활용합니다.
- **양자 모델링화를 추진합니다.**

양자 모델링을 통해 생체 시스템을 이해하고, 질병의 원인을 밝힐 수 있습니다.

또한, 〈수학과의 연계〉입니다.
- **통계 및 모델링**: 양자 데이터를 분석하고, 질병 예측 모델을 구축하는 데 수학적 지식을 활용합니다.
- **수리 모델링**: 생체 시스템을 수리적으로 모델링하여 양자의학 연구에 필요한 수학적 도구를 개발합니다.
- **양자정보론**: 양자정보론을 활용하여 양자 치료 기술을 발전시킬 수 있습니다.

〈정보학과의 연계〉
- **인공지능**: AI 기술을 활용하여 질병 진단 및 예측을 돕고, 양자 치료 계획을 수립할 수 있습니다.
- **빅데이터 분석**: 양자 데이터를 분석하여 질병의 원인과 치료법을 찾고, 개인 맞춤형 의료를 제공할 수 있습니다.
- **양자컴퓨팅**: 양자컴퓨팅을 활용하여 복잡한 양자 시스템을 모델링하고, 새로운 치료법을 개발할 수 있습니다.

〈기타〉

• **재료 과학**: 양자 재료를 이용하여 새로운 진단 및 치료 도구를 개발할 수 있습니다.

• **화학**: 양자 화학을 이용하여 약물 개발 및 치료를 돕는 화학 물질을 합성할 수 있습니다.

• **심리 및 정신의학**: 양자의학의 마음 차원 치료 접근 방식을 심리치료에 적용하여 질병 극복을 돕습니다.

이 외에도 다양한 전공 분야의 지식을 결합하여 양자의학을 발전시킬 수 있습니다. 예를 들어, 물리학과 수학을 전공하여 양자 모델링 전문가가 될 수도 있고, 정보학과 의학을 전공하여 AI 기반 양자치료 시스템을 개발할 수도 있습니다.

Q36. 앞으로 한국 내에서도 양자의학부나 프로그램이 설립될 가능성이 있을까요?

2025년은 양자과학기술 분야에 있어 특별한 해입니다. 1925년 하이젠버그(Heisenberg)가 불확정성 원리를, 슈뢰딩거(Schrödinger)가 파동방정식을 제창한 이래 100주년을 맞이하기 때문입니다. 이를 기념하여 전 세계적으로 "양자과학기술의 해"를 선포하였고, 관련 학계와 산업계가 다방면으로 기념행사를 진행하고 있습니다.

흥미로운 것은, 2025년 초 세계 최대 가전·IT 박람회인 CES에서

특별인터뷰

엔비디아(NVIDIA)의 CEO 젠슨 황(Jensen Huang)이 "실용적인 양자 컴퓨팅의 출현은 20년 정도 후"라는 발언을 하면서, 글로벌 양자산업의 가능성과 그 시기성에 대한 논쟁이 더욱 격렬해졌다는 점입니다. 단순히 "100주년 기념"이라는 학술적 차원을 넘어, 100여 년간 쌓여온 양자역학의 기초연구 성과가 우리 삶을 바꾸는 구체적 기술과 산업으로 이어질 것인지에 대한 관심이 한층 뜨거워졌습니다. 그리고, 이제는 '양자과학기술의 실현 가능한 기술이냐?'의 문제에서 '언제 가능하냐?'의 문제로 양자과학기술을 바라보는 시점이 완전히 바뀌었습니다.

국내에 양자의학부나 양자관련 기술 프로그램 등이 설립되려면 몇 가지 전제 조건이 있습니다. 첫 번째, 양자과학기술이 가져올 패러다임 전환입니다. 양자과학기술(Quantum Science and Technology)은 기존 과학기술의 단순한 성능 향상을 넘어, 이전까지는 꿈꾸기 어려웠던 문제 해결을 현실화할 가능성을 지닌 분야입니다. 양자 컴퓨팅은 막대한 연산을 동시에 처리하고, 양자 암호통신은 도청이 불가능한 완벽 보안성을 제공하며, 양자 센서 기술은 기존 센서가 탐지하기 어려운 극 미세 신호까지 감지할 수 있습니다. 바로 이러한 '게임체인저' 역할 덕분에 양자과학기술은 미국과 중국 간의 기술 패권 경쟁의 한가운데 서 있을 만큼, 글로벌 차원의 전략자산이 되었습니다.

우리나라 역시 이 점을 간과하지 않고, 2010년대 후반부터 산학·

연·관이 각종 연구개발(R&D) 과제와 대형 프로젝트에 뛰어들었습니다. 다만, 미국·유럽·일본 등 이미 100년 가까운 양자학술 전통을 가진 선진국들과 비교하면 아직 기술격차가 있는 것이 사실입니다. 그러나 대한민국 최대 자산인 우수한 인재들이 빠르게 이 분야로 진출하고 있어, 추격의 동력을 충분히 확보하고 있습니다.

두 번째, 양자산업에 주목해야 하는 이유가 분명 있습니다.

양자산업에 대한민국이 주목해야 하는 또 하나의 이유는 기존 ICT 인프라와 제조 역량이 잘 갖춰진 국가일수록 빠르게 경쟁력을 확보할 수 있다는 것입니다. 실제로 미국의 IT 대기업들은 양자컴퓨팅 분야에 대규모 투자를 단행하고 있고, 중국 정부는 국가 차원에서의 전폭적인 지원으로 관련 기술을 급격히 끌어올리고 있습니다. 그 사이에서 우리나라도 기회를 잡을 수 있느냐가 관건인데, 이를 위해서는 학계·연구소·산업계가 더욱 긴밀하게 협력하고 정부의 정책적 지원이 뒷받침되어야 합니다.

이러한 협력을 촉진하기 위해 2022년 설립된 한국양자정보학회 등은, 국내 양자 기술 전문가들을 한데 모으고 지식 교류의 장을 만들기 위해 다양한 활동을 펼치고 있습니다. 2024년 4월에 개최된 첫 정기학술대회에는 약 400명의 전문가가 모였으며, 2025년 2월에 열린 두 번째 학술대회에서는 그 규모가 두 배 가까운 700여 명으로 늘어났습니다. 특히 주목할 점은 물리학 전공자뿐 아니라 경영학, 경

특별인터뷰

제학, 뇌 과학, 심리학, 전자공학·재료공학·반도체·화학·수학 등 다양한 학문 분야의 전문가들이 하나둘씩 참여하고 있다는 것입니다. 양자 기술은 학제 간 융합이 필수적인 분야이므로, 이러한 다학제적 참여는 국내 양자산업 생태계를 탄탄하게 만드는 큰 원동력이 될 것입니다.

2025년은 양자산업 원년이 될 수 있을까? 하는 질문에, 2025년은 양자역학 태동 100주년을 기념함과 동시에, 양자산업이 본격적으로 태동하기 시작하는 원년이 될 가능성을 충분히 내포하고 있습니다. 해외 선진국은 이미 시제품 수준의 양자컴퓨터를 공개하고, 양자암호통신 인프라를 구축해가고 있으며, 산업 현장에 양자센서를 적용하려는 시도도 점차 늘어나고 있습니다. 우리나라도 이러한 변화의 흐름에 발맞추어, 글로벌 기술 경쟁에서 뒤처지지 않으려면 '선택과 집중'을 통해 명확한 전략을 세워야 합니다.

대한민국이 글로벌 기술 리더로 자리매김하기 위해서는, 지금처럼 산학연관이 힘을 모으고 지식과 노하우를 빠르게 축적·공유하는 것이 무엇보다 중요합니다. 많은 연구자와 기업이 힘을 합쳐 양자 기술의 국내 도입과 산업화를 추진한다면, 머지않아 국내에서도 의미 있는 연구성과와 상용화 모델이 탄생할 것입니다. 그 길의 중심에서 한국양자정보학회 역시 학문적 교류와 인재 양성, 산업 연계를 위한 장을 더욱 폭넓고 단단하게 마련하겠습니다.

양자과학기술 100주년을 맞은 2025년이 진정한 양자산업의 출발점으로 기록될 수 있기를 기대합니다. 또한 양자 기술과 더불어 양자의학 발전의 토대가 이루어질 수 있도록 이 분야 인재 양성을 위한 인재교육에 국가적 차원의 관심이 필요할 때입니다. 그리고 그 역사적 전환점에 대한민국이 당당히 자리잡을 수 있도록, 앞으로도 많은 관심과 참여를 부탁드립니다.

Q37. '형이상학'을 의학 교육에 포함시키는 데 있어 어려운 점은 무엇인가요?

'형이상학'을 양자의학 교육에 포함시키는 것은 여러 어려움을 겪을 수 있습니다. 우선, 양자의학 교육은 생명 과학, 임상학 등 구체적인 지식을 중시하는 경향이 있어, 추상적인 철학적 주제인 '형이상학'을 학습 시간표에 포함시키기가 어렵습니다. 또한, '형이상학'은 의학 지식과 직접적으로 연결되지 않기 때문에, 의학 교육의 목적과 관련성이 낮다고 생각될 수 있습니다. 마지막으로, 형이상학은 논쟁적인 주제이기 때문에, 교육 과정에서 어떻게 다룰지에 대한 어려움도 있을 수 있습니다. 하지만 양자의학이 가지고 있는 세계관은 물질적 세계관 보다는 비물질적(미세의 세계관)인 세계관입니다. 그래서 양자의학은 기초적으로 형이상학적인 개념을 중요시하는 학문일 수밖에 없을 것입니다.

특별인터뷰

자칫, 형이상학은 환자의 질병 치료와 직접적으로 연결되지 않기 때문에 의사들이 의학 교육에서 형이상학을 배울 필요성이 낮다고 생각할 수 있습니다. 그리고 형이상학은 다양한 견해와 논쟁이 있는 주제이기 때문에 교육 과정에서 어떻게 다룰지에 대한 어려움이 있을 수 있습니다. 이러한 어려움에도 불구하고, 형이상학은 양자의학 교육에 중요한 역할을 할 수 있습니다. 형이상학을 통해 양자적 전문의사와 박사들은 의료의 본질과 윤리에 대해 생각하고, 환자의 고통을 더 깊이 이해할 수 있습니다. 또한, 양자의사들은 환자의 삶과 죽음에 대한 더 넓은 시각을 갖게 될 수 있습니다. 따라서, 양자의학 교육에서 '형이상학'을 어떻게 효과적으로 포함시킬지에 대한 논의가 필요합니다.

Q38. 과학계 일각에서는 양자의학을 아직 낯설게 바라보는 시각도 있는데요, 어떻게 대응하고 계신가요?

과학계 일각에서는 양자의학을 정통적인 의학 이론과 다른 비주류, 혹은 사이비 과학으로 여기는 경향이 있습니다. 양자의학은 양자역학의 개념을 인간의 몸과 마음의 관계에 적용하여, 건강을 회복하고 질병을 치료하는 새로운 패러다임을 제시합니다. 그러나 이러한 주장은 아직까지 과학적인 증거가 부족하고, 실제로 치료 효과를 입증하지 못했다는 비판을 받습니다.

양자의학에 대한 과학계의 부정적인 시각은 다음과 같은 이유로 설명될 수 있습니다.

① 과학적 근거 부족

양자의학은 양자역학의 원리를 인간의 몸에 적용하는 것을 주장하지만, 양자역학이 거시적인 수준의 생체 시스템에 적용되는지에 대한 증거가 부족합니다.

② 치료 효과 불확실

양자의학을 통한 질병 치료 효과에 대한 과학적인 연구 결과가 부족하며, 실제로 치료 효과를 입증하지 못했다는 비판을 받습니다.

③ 비주류, 사이비 과학

양자의학은 정통적인 의학 이론과 다르고, 과학적 근거가 부족하며, 실제로 치료 효과를 입증하지 못했기 때문에 비주류 혹은 사이비 과학으로 여겨지는 경우가 많습니다.

④ 과도한 해석

일부 양자의학 관련자들은 양자역학의 개념을 지나치게 해석하거나, 과학적인 지식을 무시하고 주장하는 경우가 있어 더욱 부정적인 시각을 불러일으키기도 합니다.

반면에, 일부 과학자들은 양자의학이 미래의 의학 분야에 중요한

특별인터뷰

잠재력을 가지고 있다고 긍정적으로 평가하기도 합니다. 특히, 양자 컴퓨팅과 같은 기술 발전이 양자의학 연구에 활용될 수 있다는 기대감도 있습니다.

결론적으로, 과학계 일각에서는 양자의학을 비주류 혹은 사이비 과학으로 여기는 경우가 많지만, 일부에서는 미래의 의학 분야에 유용한 기술이 될 수 있다고 긍정적으로 평가하기도 합니다. 양자의학에 대한 과학적인 증거가 부족하고, 실제로 치료 효과를 입증하지 못했다는 비판을 받고 있지만, 양자 기술 발전과 함께 양자의학 연구가 더욱 활발해질 가능성도 있습니다.

Q39. 환자와의 상담이나 치료에서 가장 중요하게 여기는 태도는 무엇인가요?

환자와의 상담이나 치료에서 가장 중요하게 여기는 태도는 환자에 대한 진심 어린 배려와 존중입니다. 이는 단순한 친절함을 넘어 환자의 고통과 어려움을 깊이 이해하고 공감하며, 치료 과정을 통해 환자가 스스로 성장하고 변화할 수 있도록 돕는 것을 의미합니다. 상담이나 치료를 좀 더 상세하게 설명하면,

• **공감적 태도**: 환자의 상황과 감정을 이해하고 공감하는 태도는 치료의 성공적인 진행을 위한 필수적인 요소입니다. 이를 통해 환자

는 치료 과정에서 안전하고 편안하게 자신의 이야기를 나눌 수 있습니다.

• **개방적인 의사소통**: 환자와 치료자 간의 진솔하고 개방적인 의사소통은 신뢰를 구축하고 치료의 효과를 높이는 데 중요합니다. 환자는 자신의 생각과 감정을 솔직하게 표현하고, 치료자는 이를 존중하며 적절한 답변과 피드백을 제공해야 합니다.

• **환자의 존중**: 환자의 개인적인 가치관, 문화적 배경, 그리고 치료 목표를 존중하는 태도는 치료 과정에서 매우 중요합니다. 환자는 자신의 선택을 존중받고, 자신의 변화를 위한 주체적인 역할을 할 수 있도록 지원받아야 합니다.

• **전문적인 태도**: 치료자는 자신의 전문적인 지식과 기술을 바탕으로 환자에게 가장 적합한 치료 방법을 제공해야 합니다. 동시에 환자의 의문점을 명확하게 설명하고, 치료 과정에 대한 이해를 돕는 것이 중요합니다.

• **긍정적인 태도**: 치료 과정은 환자에게 어려움을 안겨줄 수 있습니다. 하지만 치료자는 긍정적인 태도를 유지하며, 환자가 희망을 잃지 않도록 격려하고 동기 부여를 해야 합니다.

이러한 태도들은 환자와 치료자 간의 건강한 관계를 형성하고, 치료 과정에서 환자의 긍정적인 변화를 이끌어내는 데 필수적입니다.

특별인터뷰

Q40. 박사님의 일과는 어떻게 구성되어 있나요? 연구와 교육 외에 즐기시는 활동이 있다면요?

저는 연구와는 동떨어지게 운동을 매우 좋아합니다. 개인적으로는 검도인이고, 젊은 시절부터 복싱으로 단련된 스포츠 마니아이기도 합니다. 그리고 새벽에 일어나 커피 한 잔에 창밖의 세상을 보며 묵상하다가, 서재의 책을 들춰보곤 합니다. 사무실에서나 여행 중에 자연을 관조하면서 온갖 책을 사색하는 것이 일조의 낙입니다.

아주 단순한 하루 일과를 독서를 통해 나를 찾고, 가끔 미래를 상상합니다.

① 궁금하거나 관심이 가는 책을 읽습니다. 책의 장르는 상관없습니다.

② 비판적 사고를 가지며 끊임없이 의문을 갖고 책의 내용을 훑습니다.

③ 책의 내용 또는 연관된 내용들이 떠오르며 다시 의문을 갖고, 메모를 해나갑니다.

④ 여기서 얻은 인사이트를 정리하고, 현실에 적용해 봅니다.

나는 끊임없이 생각을 하고, 책을 읽고, 글을 쓰고, 현실에 적용하면서 보다 더 나은 공동체 세상을 꿈꿉니다.

[새로운 시대를 만나다] 통권362호

-현용수 석좌교수 추가 인터뷰

양자의 개념을 말하다

"양자Quantum"란 물리학에서 에너지, 물질, 또는 어떤 물리적 속성이 연속적으로 존재하는 게 아니라 '불연속적인 최소 단위'로 존재한다는 개념을 말합니다.

쉽게 말하면, 고전 물리학에서는 에너지가 연속적으로 변화한다고 봤지만, 양자역학에서는 에너지가 불연속적Discrete 단계로 변합니다. 즉 원자 속 전자가 가질 수 있는 에너지 준위는 특정 값들로 제한되어 있으며, 그 사이 값은 존재하지 않습니다. 그래서 에너지 변화의 방식이 연속적으로 흘러가지 않고 한 준위에서 다른 준위로 "도약Jump"합니다. 이때 필요한 것은 양자화 된 에너지의 교환입니다. 이때 변화는 광자 등 양자단위의 에너지 패킷을 교환하는 방식으로 이루어지며, 이는 자연의 근본적인 불연속성을 보여줍니다.

양자의 핵심 특징으로는 첫째, 불연속성입니다. 양자의 불연속성이란 자연 속에서 에너지나 운동량 같은 물리량이 임의로 연속적으로 변하지 않고, 최소 단위를 가진 "계단식 변화"만 허용 된다는 개념입니다(예: 전자가 원자 안에서 가질 수 있는 에너지 상태가 특정 값으로만 제한됨).

특별인터뷰

둘째, 입자와 파동의 이중성입니다. 양자물리학의 입자-파동의 이중성은 "자연의 기본단위(빛, 전자 등)는 고전적으로 입자와 파동이라는 두 개의 상반된 성질을 동시에 지니며, 관측상황에 따라 다르게 나타난다."는 원리입니다.

셋째, 확률적 성질입니다. 확률적 성질이란 양자세계의 사건들이 미리 정해진 확정 값을 갖는 게 아니라, 오직 "가능성의 분포"로만 존재하다가 관측될 때 비로소 특정 결과로 나타난다는 것을 의미합니다. 즉 위치나 운동량을 동시에 정확히 알 수 없으며, 확률로만 예측 가능(하이젠베르크의 불확정성 원리)합니다.

넷째, 양자 얽힘 Quantum Entanglement입니다. 양자 얽힘은 양자역학에서 가장 신비롭고 중요한 개념 중 하나입니다. 양자 얽힘은 두 입자가 서로 멀리 떨어져 있어도 하나의 시스템처럼 행동하며, 측정순간 서로의 상태가 즉시 연결되는 현상입니다. 이는 고전적 상식으로는 이해하기 어려운 양자세계의 비국소성을 보여주는 대표적인 사례입니다.

양자의 세계를 일상적인 비유로 나타내면, 양자는 마치 계단과 같습니다. 연속적인 경사로(고전 물리학)에서는 어디든 서 있을 수 있지만, 계단(양자)에서는 특정 단(상태)에만 설 수 있는 것입니다.

덧붙이는 말
>>>양자물리학에서 코펜하겐 해석

－코펜하겐 해석의 개요

코펜하겐 해석은 1920-30년대 닐스 보어(Niels Bohr), 베르너 하이젠베르크(Heisenberg) 등을 중심으로 정립된 양자역학의 전통적·교과서적 해석입니다. 핵심 요지는 양자 이론은 관측(측정) 가능한 결과에 대한 확률적 예측을 제공하며, "측정" 순간에 파동함수(상태벡터)가 특정 관측 값으로 수축(붕괴)한다는 것입니다. 보어는 특히 "상보성"과 고전적 언어로의 기술의 필요성을 강조했습니다.

－상보성(Complementarity)이란,

파동성/입자성 같은 상반되는 속성은 서로 다른 실험 설정에서만 동시에 의미를 갖지 못하며, 서로 보완적이다(예: 간섭무늬를 보려면 "어떤 경로" 정보를 포기해야 한다).

－고전적 기술의 필요성 & 하이젠베르크 컷이란,

보어는 실험 장치와 관찰결과를 기술할 때 고전적 언어로 기술해야 한다고 주장했습니다. 어디까지를 양자적 대상으로 보고 어디서부터 고전적으로 다룰지는(Heisenberg cut) 상황에 따라 둘 수 있지만 엄밀한 기준은 없다는 점에서 애매함이 남습니다.

-핵심 의미

코펜하겐 해석은 양자 상태는 관측 결과에 대한 확률적 예측 도구이며, 측정 시 파동함수가 특정 결과로 붕괴하고, 실험적 맥락(장치의 고전적 기술)과 상보성을 강조하는 전통적 해석입니다. 그러나 '측정'의 정의와 붕괴의 물리적 기제에 대한 설명이 불충분하다는 비판을 받습니다.

양자와 양자의학의 연결성을 말하다

"양자"라는 물리학적 개념을 양자의학(Quantum Medicine)과 연결해 설명드리겠습니다. 다만 전제는, 여기서 말하는 양자의학은 아직 엄밀히 검증된 학문체계라기보다 학제 간 연구와 응용의 탐색 단계라는 점을 고려해야 합니다.

양자와 양자의학의 연결성이란, 양자 개념과 생명·치유 연결입니다. 첫째, 세포·분자 수준의 양자적 현상은 생체 내 단백질 접힘, 광합성의 에너지 전달, 뇌의 미세소관(microtubule)에서의 양자 코히어런스(질서) 가능성 등을 열어놓고 있습니다. 즉 생명은 단순한 화학 반응이 아니라 양자적 상호작용 속에서 정보와 에너지를 교환한다는 관점을 중요하게 여깁니다.

둘째, 의식과 양자의 연관성입니다. 의식과 양자세계에 대한 일부 연구자(예: 로저 펜로즈, 스튜어트 해머로프)들은 뇌 신경망 속에서 양자 상태가 의식의 기반이 될 수 있다고 주장합니다. 즉 명상, 심리적 안정, 의식 상태 변화가 뇌파나 뇌의 양자적 질서(코히어런스)에 영향을 준다는 가설도 있습니다.

셋째, 치유 메커니즘으로서의 양자입니다. 양자의학에서는 질병을 단순히 물질적 결함이 아니라 에너지-정보 불균형으로 이해합니다. 따라서 치유는 세포와 신체 전체의 에너지장(energy field)과 파동적 조화를 회복하는 과정으로 설명됩니다(예: 빛·주파수·자기장 치료, 양자파동 공명(Quantum Resonance기법 등의 응용).

넷째, 명상치유와 양자의학의 연결점입니다. 이 부분은 양자 얽힘 → 사람의 뇌파·심장박동이 집단 명상에서 동기화되는 현상과 연결해 설명하기도 합니다. 이는 양자역학에서 파동함수 붕괴 → 명상 중 관찰자의 '의도'가 뇌와 몸의 물리적 상태 변화를 해석과 결합합니다. 또한, 코히어런스(질서 또는 밀착관계) → 깊은 명상 상태는 뇌와 신체의 파동 리듬이 동기화(코히어런트)되어 면역·자가치유력이 강화된다는 관점입니다. 한마디로, 양자와 양자의학의 연결성은 양자의 불연속성, 파동-입자 이중성, 얽힘, 코히어런스와 같은 원리를 바탕으로, 생명과 의식을 단순한 물질 기계가 아니라 에너지-정보적 시스템으로 보고, 이를 조율함으로써 치유를 추구하는 시도입니다.

필자는 통합 의학적 관점에서 양자와 양자의학의 관계를 다음과 같이 정의합니다. 양자란 생명의 가장 깊은 층위에서 일어나는 "정보-에너지의 언어"이고, 양자의학은 이를 기반으로 신체·의식·환경을 하나의 통합된 치유 장(場)으로 이해하려는 새로운 의학적 패러다임이라고 할 수 있습니다.

[Reference]

- "당신도 초자연적이 될 수 있다." 조 디스펜자 지음. www.drjoedispenza.com
- 구글(Google) AI 검색. www.google.com
- 대한양자의학회"AI 시대에 필요한 의료 혁명: 양자의학의 부상" / 2024. 6. 23. / 미림바이오한의원 양자의학 교수 송태인
- 현용수 박사, 필리핀 국립 노스웨스트 사마르대 QM'양자의학부' 학장 대우 임용: 시사앤피플 -https://www.sisanpeople.com/11016
- 인류의 미래 바꿀 초미세 양자 기술/ 중앙일보 2023.04.13 00:58 / 한상욱 KIST 양자정보연구단 단장
- "You Can Be Supernatural, Too." Written by Joe Dispenza, www.drjoedispenza.com
- Google AI Search. www.google.com
- Korean Society of Quantum Medicine "Medical Revolution Needed in the AI Era: The Rise of Quantum Medicine" / June 23, 2024 / Song Tae-in, Professor of Quantum Medicine at Mirim Bio Oriental Medicine Clinic
- Dr. Hyun Yong-soo, Dean of the Department of Quantum Medicine at the National University of Northwest Samar, Philippines: Sisa & People - https://www.sisanpeople.com/11016
- Ultra-fine quantum technology that will change the future of humanity / JoongAng Ilbo 2023.04.13 00:58 / Han Sang-wook, Director of the KIST Quantum Information Research Group

부록

자아초월성이 중년 삶과 죽음 태도에 미치는 영향

『자아초월은 단순한 사유가 아니라 삶과 죽음을 바라보는 태도의 변화에 영향을 줄 수 있다. 중년기의 자기초월 경험이 어떻게 삶의 깊이와 죽음을 대하는 자세에 영향을 주는지를 고찰한다.』

자아초월성이 중년 삶과 죽음 태도에 미치는 영향
Effects of self-transcendence on middle-aged life and death attitude

연구논문: 자아 초월성이 중년 삶과 죽음 태도에 미치는 영향

현용수, 정미숙

Effects of self-transcendence on middle-aged life and death attitude

Yong-Soo Hyun[1], Mi-suk Jeong[2]

요약

연구는 40대 이상 중년을 대상으로 자아초월성, 심리적 안녕, 삶의 태도, 죽음 태도에 대한 차이를 알아보고자 하였다. 이를 위해 경기 수원 소재 6차산업대학 평생교육원에서 253명을 대상으로 설문지를 실시하였다. 자아초월성과 심리적 안녕이 중년기 삶의 태도와 죽음 태도에 미치는 영향에 관하여 연구하였다. 구체적으로, 삶과 죽음 태도에 긍정과 부정 정서와 우울감, 노화불안, 자아존중감, 생활만족도를 예측 변인으로 측정하였다. 또한 준거변인으로 삶의 가치로 측정하기 위해 자기 행복감, 자기 통합감도 측정하였다. 마지막으로 실존적 공포를 의미하는 죽음의 수용 정도를 죽음 태도로 측정하

---

[1] (Professor) 29159 Chairman of the Korea Forest Culture Association, 60, Hyuyangnim-gil, Yonghwa-myeon, Yeongdong-gun, Chungcheongbuk-do, Korea. email: dojeon1@hanmail.net
[2] (Professor) 02838 Oriental Cultural Graduate University, Seongbuk-gu, Seoul, Korea. email: ayurveda16@naver.com

였다. 연구 가설을 검증하기 위해 Spss23.0를 이용하여 기술통계, 상관분석, 단순회귀분석을 실시하였다. 그 결과 자아초월성을 대표하는 변인들이 심리적 안녕(긍정과 부정 정서와 우울감, 노화불안, 자아존중감, 생활만족도), 삶의 가치, 자기 행복감, 자기 통합감, 죽음의 수용 정도 등 실존적인 문제에 미치는 영향으로 참여자들의 자아초월성은 보통 수준이었으며, 심리적 안녕에서의 긍정과 부정 정서 역시 보통 수준으로 나타났다. 우울감은 가장 낮은 것으로 나타났다. 노화불안은 미래에 대한 불확실과 불안으로 보통 수준이었다. 자아존중감도 보통 수준이었으나 자아초월성보다는 다소 낮았다. 생활만족도도 보통 수준이었다. 또한, 삶의 태도에서의 자기 행복감과 자기 통합감이 다소 더 중요하게 생각하는 경향으로 나타났으며 죽음 태도에서의 죽음의 수용 정도도 보통 수준으로 나타났다. 자아초월성의 경우, 우울감, 노화불안은 서로 간에 조금의 차이는 있었다. 삶의 가치에는 전반적으로 부적인 영향을 미쳤고 자아초월적인 삶의 가치에서는 정적인 영향을 미치는 것으로 나타났다. 반면에, 자아초월성은 죽음의 수용 정도에는 긍정적 영향을 줌으로써 자아초월적인 사람일수록 실존적인 불안과 공포가 덜 하는 것으로 나타났다.

본 연구에서 사용한 개념으로 자아초월은 생로병사의 고되고 힘든 현실 속에서 인간의 나이 들어감보다 성장함에 중점을 두고 인간으로서 갖는 나약함에 대한 자기수용 정도를 통해 타인의 나약함을 포용함으로써 궁극적 사고로 자신을 넘어선 새로운 존재와 연결을 경험하는 것, 즉 자기의 경계를 넓히고 초월하는 것이 중년이 삶과 죽음 태도에 대한 핵심일 수 있다.

핵심어 : 자아초월성, 심리적안녕, 삶의태도, 죽음태도, 중년

Abstract

The study aimed to find out the differences in self-transcendence, psychological well-being, life attitude, and death attitude in middle-aged people in their 40s or older. To this end, a questionnaire was conducted on 253 people at the Lifelong Education Center of the 6th Industrial College in Suwon. The effects of self-transcendence and psychological well-being on life and death attitudes in middle age were studied. Specifically, positive and negative emotions, depression, aging anxiety, self-esteem, and life satisfaction were measured as predictive variables for life and death attitudes. In addition, self-happiness and self-integrity were measured to measure the value of life as a criterion variable. Finally, the degree of acceptance of death, which means existential fear, was measured by death attitude. To verify the research hypotheses, descriptive statistics, correlation analysis, and simple regression analysis were conducted using Spss23.0. As a result, the variables representing self-transcendence were found to be related to existential issues such as psychological well-being (positive and negative emotions, depression, aging anxiety, self-esteem, life satisfaction), life value, self-happiness, self-integrity, and acceptance of death. As for the effect, the self-transcendence of the participants was at a normal level, and the positive and negative emotions in psychological well-being were also at a normal level. Depression was found to be the lowest. Aging anxiety was normal with uncertainty and anxiety about the future. Self-esteem was also average, but slightly lower than self-transcendence. Life satisfaction was also average. In addition, the self-happiness and self-integration in life attitude tended to be considered somewhat more important, and the degree of acceptance of death in death attitude was also found to be at a normal level. In the case of self-transcendence, depression and aging anxiety were slightly different from each other. Overall, it had a negative effect on the value of life, and it was found to have a positive effect on the transpersonal value of life. On the other hand, transpersonality had a positive effect on the degree of acceptance of death, and the more transpersonal people were, the less existential anxiety and fear were found. As a concept used in this study, self-transcendence is a new concept that transcends oneself as an ultimate thought by embracing the weaknesses of others through the degree of self-acceptance of weaknesses as a human being, focusing on growth rather than aging in the harsh reality of life, old age and sickness. Experiencing existence and connection, that is, broadening and transcending one's own boundaries, may be the key to a middle-aged attitude toward life and death.

Keywords : self-transcendence, psychological well-being, attitude of life, deathly attitude, middle age

1. 서론

오늘날 과학기술과 의학의 발전으로 경제적 성장뿐만 아니라 사회 환경에 변화를 가져왔다. 이로 인하여 인간의 수명 또한 연장되었다. 2020년 통계청 자료에 의하면 2009년 80세, 2010년 80.2세, 2011년 80.6세, 2012년 80.9세, 2013년 81.4세, 2014년 81.8세, 2015년 82.1세, 2016년 82.4세, 2017세 82.7세, 2018년 82.7세 그리고 2019년 83.3세로 지속적으로 증가하고 있음을 알 수 있다[1]. 2020년에 보고에 따르면 60세 이상의 노인 인구는 16.7%로써 현재 고령 사회에 접어들었으며 2025년에는 30%를 넘게 될 것으로 전망됨에 따라 초고령 사회가 될 것이다[2]. 즉 고령 인구의 증가로 인하여 전 세계적으로 초고령화가 진행되고 있는 것은 사회적 현상이라 할 수 있다. 이와 관련하여 세계보건기구(Who Health Organization)와 영국 임페리얼칼리지 런던이 35개국 경제협력개발기구(Organization for Economic Cooperation and Development) 회원국을 대상으로 분석한 연구 결과에 의하면 2030년에 태어나는 한국 여성의 기대수명은 90.82세, 한국 남성의 기대수명은 84.07세로 남녀 모두 세계 1위를 차지했으며, 35개국 OECD 회원국 중 기대수명이 90세 이상인 집단은 한국 여성이 유일하였다[3]. 기대수명의 연장은 우리 사회의 인구 비율에도 영향을 미치고 있다. 미국 워싱턴대학 의과대학 산하 보건계량 분석연구소의 연구보고서에 의하면 전 세계적으로 출산율은 떨어지는 것에 반해 기대수명은 증가하여 노인 기준 연령으로 삼는 65세 이상 인구는 23억 7000만 명으로 증가해 전 세계 인구의 25%를 차지할 것이라고 설명했다. 특히 한국의 고령화 속도는 세계 1위로 가까운 일본의 경우 초고령사회[3]에 진입까지 11년, 미국은 18년, 프랑스는 39년, 영국은 53년 걸린 것에 반해 한국의 경우 불과 9년 만에 초고령사회에 진입하게 될 것으로 예측하고 있다[3].

인간의 노화는 자연스러운 현상으로 피해 갈 수 없는 생의 한 과

---

3) UN이 제시한 기준에 의하면 65세 이상 노인이 전체 인구에 차지하는 비율이 4% 미만인 경우에는 '청년기 사회(Youth society)', 4% 이상7% 미만인 경우에는 '장년기 사회(Middle aged society)', 7% 이상14% 미만인 경우에는 '고령화 사회(Ageing society)', 14% 이상 21%미만인 경우에는 '고령화 사회(Aged society)', 20%이상인 경우에는 '초 고령 사회(Post-aged society)'로 정의하고 있다.

정인 것이다. 그렇다고 노화에 대한 경험이 모든 사람에게 동일한 것은 아니다[4]. 노인들은 누구나 정신적, 신체적으로 건강을 유지하고 살면서 노년의 발달과업을 성취하여 노화를 성공적으로 이룰 수 있기를 바라지만[5] 많은 노년이 겪는 노화와 관련된 변화로 절망감, 낮은 안녕감, 우울을 경험하게 되는 것이 현실이다. 노화 과정이 진행되면서 나타날 수 있는 미래에 대한 두려움이나 불안, 걱정을 노화 불안이라고 하며 이것은 심리적, 신체, 사회, 초월적인 다차원적 측면을 포함한다[6]. 고령화 사회가 대두되고 다양한 건강문제를 경험함과 동시에 정신적인 문제에도 도달하게 되다 보니 성공적인 노화를 이루는 것에 대한 관심이 커졌다. 성공적 노화의 개념화는 초기 단계에는 삶에 생산적으로 참여할 수 있도록 정상적 신체기능과 장애와 질병에 노출되지 않고 인지기능을 유지할 수 있는 한편, 적극적인 삶을 유지하도록 하는 것으로 정의하였다[7]. 그러나 이러한 정의는 사회경제적인 혜택에서 소외되거나 활동 장애와 만성질환을 가지고 있는 노인들의 노화를 성공적으로 이룰 수 있는 설명을 하기에는 매우 제한적이다. 따라서 노화를 성공적으로 이루기 위해서는 새로운 관점과 다양한 시각이 필요한 것으로 인식되었다[8].

Flood[9]는 자아초월이 노화를 성공적으로 이룰 수 있는 요인과 관련이 있는 것으로 설명함으로써 자아초월이 노화를 성공적으로 이루기 위한 매우 중요한 요인인 것으로 강조되었으며 Reed[10]는 자아초월에 대한 중 범위 이론을 개발하였다. 이 이론에서 자아초월은 내적경계, 대인관계의 경계, 초월 경계, 일시적 경계를 확장에 나가는 것으로 설명할 수 있다. 즉 인생의 의미를 발견하고 수용, 자연과 타인과의 연결, 절대자와의 교감과 명상으로 목적에 도달하는 것과 자신의 미래와 과거를 현재로 통합하는 역동적과정으로 설명되었다. 이러한 여러 요인들 중에서 영성이 자아초월의 핵심이 되는 것으로 강조하였다.

한편, MaCarthy[11]는 자아초월에 대한 개념 분석을 자기성찰, 다양한 관계, 영성, 명상과 사색 등 다섯 가지 영역을 도출하였다. 특히 영성은 절대자와의 교감 및 일체감, 내적 평화와 수용, 성스러움 등의 속성을 포함하였으며 자기성찰은 자아초월을 자기중심에서 전환, 자아통합감, 초월로의 전환 등의 속성이 된다. 또한, 관계의 속성은 타인에 대한 연결감과 수용, 관대함과 이타성, 사회적 역할과 기대에 대한 관심을 철회하며 가치 대상과 활동에 대한 집중으로 본다. 창의성은 자아에 대한 충만감, 표현, 생산적 참여, 자아 초월의 목적 의식 등인 것으로 제시된다. 마지막으로 명상과 사색을 합리적 관점으로부터 무한한 관점으로의 전환, 우주와의 일체감, 생의 순환에 대한 지각 등의 속성이 요인들로 설명되었다.

이러한 MaCarthy[[11]의 자기초월 개념 분석 결과를 바탕으로 자아초월 심리증진 프로그램이 개발되었다[12]. 즉 자아초월에 대한 개념 분석 결과 초월에 대한 다섯 가지 영역(명상, 창의성, 성찰, 관계, 영성), 그리고 요인들을 향상 및 증진시킬 수 있는 선행연구들이 제시되었는데 이러한 결과를 기반으로 자아초월 심리증진 프로그램의 내용이 구성되었다. 한편, 선행연구를 근거로 자아초월이 노화를 성공적으로 이루기 위한 중요한 메커니즘인 것으로 제시되었으나 자아초월을 노인층 대상으로 신체와 정신적 상태 인지기능 등을 다양한 차원에서 교육과 훈련을 진행한다면 새로운 지식과 태도로 생활만족도를 높일 수는 있으나 이를 습득하기에는 다소 어려움이 있을 수 있다. 이러한 이유로 심리 중재를 극대화하기 위한 제한이 될 수 있을 것으로 판단되었다. 또한, 노화를 성공적으로 이루기 위해서는 노화에 대한 인식과 태도의 긍정적인 전환을 노년기뿐만 아니라 중년기부터 준비하고 노력이 필요하며 노화에 대한 불안과 공포, 두려움과 같은 부정적인 생각들을 자연스럽게 긍정적 생각으로 변화가 필요하다.

앞에서 살펴본 선행연구들에서 제시된 자기초월의 다섯 가지 영역(명상, 창의성, 성찰, 관계, 영성)과 요인들을 통해 볼 때 자기초월 중재 프로그램은 사회, 문화적 배경을 고려하여 내용이 구성되어야 할 것이다. 즉 자기초월 심리증진 프로그램을 참여대상자에게 적용하기 위해서는 자기초월 영역(창의성, 자기성찰, 사색 및 명상, 영성, 관계)의 그룹 과정이나 활동 있어 우리나라의 정서, 문화, 사회적 배경을 반영할 필요가 있는 것으로 인식되었다. 지금까지 연구들을 살펴볼 때 자아초월 심리증진 프로그램은 노년기를 앞둔 중년기 남·녀들을 대상으로 적용하여 자아초월감을 중진 시키도록 돕는다면 자아초월감을 높일 수 있는 것은 물론, 노화에 대한 불안을 감소시키고, 심리적 안녕감과 자아통합감을 높일 것으로 사료되었다. 인간은 자기에 대한 개념을 통해 세상과 관계를 맺는 존재이다. 그래서 자기 개념이 불안정하거나 불명확할 때 또는 왜곡되어 있을 때 세상과 건강하게 교류하기가 어렵다. 그래서 자기에 대한 건강한 존중이 필요하지만, 자기에 대한 존중을 바탕으로 타인을 이해하고 서로가 연결된 존재임을 인식하는 것까지 자기 개념이 확장될 필요가 있다. 그렇지 않으면 자아존중감이 특권의식이나 자기애와 같은 부정적인 효과로 나타날 수 있기 때문이다. 하지만 기존 연구들은 자아존중감을 만능으로 인식하는 경향이 강해서, 자기 이외의 존재와 연결감을 느끼고 자기를 확장하는 자기초월성에 대한 관심과 인식이 저조했다.

자기초월적 가치관과 태도는 학문적으로 의미가 있을 뿐만 아니라 사회문화적으로도 의미가 클 수 있다. 사회적 동물인 인간은 자기 혼자만의 힘으로 살아가기 어렵기 때문에 자신과 타인을 연결시키고 공동체 안에서 자기의 삶을 조화롭게 영위해 갈 때 개인과 사회 모두 건강한 행복을 누릴 수 있다. 이러한 입장에서, 본 연구는 기존의 자기(self)의 연구를 확장하여 자아존중감을 중심으로 자기중심성과 자기초월성의 개념적 특성을 알아보고, 이들이 삶과 죽음 태도에 미치는 영향을 비교분석함으로써 심리학적으로는 확장된 자기 개념을 소개 및 설명하고, 현실적으로는 이를 통해 한국 사회에 필요한 점들을 살펴보고자 한다.

2. 연구 방법

1) 연구 절차

본 연구는 40대 이상 중년을 대상으로 심리적 안녕, 삶의 태도, 죽음 태도에 대한 차이를 알아보고자 하였다. 이를 위해 문헌 고찰을 통하여 9가지의 측정 변인(긍정과 부정 정서, 우울감, 노화불안, 자아존중감, 생활만족도, 자기행복감, 자기통합감)을 측정하기 위한 설문을 구성하였다. 자료수집은 2022년 4월부터 2022년 7월까지 이루어졌으며 연구의 목적에 대한 설명과 자율적 참여를 할 수 있다는 것을 설명하고 동의를 받아 진행하였다. 40대 이상 중년을 대상으로 경기도 수원소재 6차산업대학 평생교육원에서 자아초월 심리증진 프로그램을 진행한 뒤 자기기입식 설문으로 진행하여 수집하였다. 수집된 자료를 Spss 23.0을 통하여 분석하였으며 연구문제의 검증은 기술적 통계, 측정 변인 간의 상관관계, 단순회귀분석을 실시하였다.

2) 연구 대상

본 연구에 참여한 인원은 총 253명으로 남성 109명(43%), 여성 144명(57%)로 여성의 비율이 남성의 비율보다 좀 더 높았다. 연령대는 40대 112명(44%), 50대 이상 141명(56%)이었다. 학력은 고졸이하 89명(35.2%), 전문대졸 114명(45.1%), 대학교졸 33명(13%), 대학원졸 17명(6.7%)이었다. 직업은 기타 74명(29.3%)으로 가장 많았고, 나머지는 사무직 52명(20.6%), 기술직 37명(15%), 판매/서비스

[Table 1] Demographic characteristics of study subjects (N=253, %)

Characteristics	categories	N	%
Gender	Male	109	43
	Female	144	57
Age	40	112	44
	over 50	141	56
Final education	High school graduate or less	89	35.2
	junior college graduation	114	45.1
	College graduate	33	13
	University graduate	17	6.7
Job	office worker	52	20.6
	Engineering, professional	37	15
	Sales/Service	12	4.7
	profession	26	10.3
	Housewife	51	20.1
	Etc	74	29.3
Religion	Christianity	68	26
	Buddhism	34	13.4
	Catholic	28	11.1
	shamanism	117	46.2
	No religion	6	2.4
Monthly income	Less than 2 million won	56	22
	Less than 2 million won and less than 4 million won	91	36
	Over 4 million won	106	42

12명(4.7%), 전문직 26명(10.3%), 가정주부 51명(20.1%)으로 그 수가 비슷했다. 종교는 무교가 117명(46.2%)로 가장 많았고, 개신교가 68명(26.9%)으로 두 번째인 것으로 나타났다. 또한, 불교 34명

(13.4%), 천주교 28명(11%), 기타 6명(2.4%)이었다. 월 소득 수준으로는 200만원 미만 56명(22%), 200만원 이상 400만원 미만 91명(36%), 400만원 이상 106명(42%)이었다 [Table 1].

3) 측정도구

(1) 자아초월(Self-transcendence)

Reed(1991)[10]가 개발한 Self-Transcendence Scale(STS)을 Kim 등(2012)이 번역하고 신뢰도와 타당도를 검정한 한국판 STS-K를 사용하였다. 한국판 STS(Kim, et al., 2012)는 번역 및 역번역의 과정을 통해 번역 타당도를 검증하였으며 요인 분석을 통해 구성 타당도를 검증한 결과 적합한 것으로 제시되었다. 또한, 한국판에서의 도구 신뢰도 역시 Cronbach's α=.00으로 양호한 편이었다. 점수가 높을수록 자아초월감이 높음을 의미하며 Reed(1991)에 의해 산출 도구의 신뢰도는 Cronbach's α=.00이었다. 본 연구를 통하여 산출된 신뢰도 계수는 Cronbach's α=.00이다.

(2) 긍정과 부정 정서(positive and negative emotions)

Philadelphia Geriatric Center for Morale Scale(이하 PGCMS)(Lawton, 1975; Liang & Bollen, 1983)를 한국어로 번역하여 번역 타당도(번역 및 역 번역 과정)를 검정한 한국판 PGCMS(Ryu, et al., 2012)를 사용하였다. 한국판 PGCMS의 타당도는 요인분석으로 기준타당도와 구성타당도를 통해 검정되었으며 신뢰도는 Cronbach's α=.79이

었다.

(3) 우울감(Depression)

대학생의 우울감을 알아보기 위해 Beck이 제작한 BDI(Beck Depression Inventory)를 한홍무 등(1986)이 번안하여 한국판으로 표준화한 것을 사용하고자 한다. 우울은 Radloff(1977)의 CES-D(The Center for Epidemiological Studies Depression Scale) 중 '성가시지 않았던 일들이 귀찮게 느껴진다', '식욕이 떨어졌다', '일에 전념하기 힘들다', '편안히 잠을 자기 힘들다', '외롭다고 느껴진다' 등 선행연구들에서 많이 사용된 12문항을 사용하였는데 Cronbach's α계수는 .90이었다. 각 문항은 증상 및 태도의 범주로 구분하는데, 슬픔, 비판, 좌절감, 불만, 죄책감, 자기증오, 자기비난, 자살사고, 울음, 초조감, 위축감, 우유부단, 자아상, 작업부전, 불면, 피로, 식욕저하, 체중감소, 건강염려, 성욕감퇴 등 정서적, 동기적, 인지적, 신체적 증상의 정도를 측정하도록 되어있다. 이 척도의 점수에서 1~9점까지는 정상으로, 10~15점까지는 가벼운 우울 상태, 16~23점까지는 중한 우울 상태, 24~63점까지는 심한 우울 상태로 간주된다. 이경희(2011)의 연구에서 신뢰도는 Cronbach's α는 .91이었다.

(4) 노화불안(Aging anxiety)

중년기 노화 불안 측정도구(Lee & You, 2019)는 탐색적 요인분석을 통해 구성타당도를 검정하였으며 다속성-다문항 매트릭스

(multitrait-multi-item matrix) 분석을 통해 수렴타당도 및 변별타당도를 검정하였고 그외 기준타당도도 검정하였다. 도구의 신뢰도는 Cronbach's alpha=.00이었다. 점수가 높을수록 중년기의 노화불안 정도가 높음을 의미한다.

(5) 자아존중감(self-esteem)

자아존중감(self-esteem)은 Rosenberg(1965)가 개발하고 조영선(2016)이 번안한 자아존중감 척도(RSES: Rosenberg's Self-esteem Scale)를 사용하였다. 총 10문항으로 5점 Likert척도로 응답하도록 되어 있다. '대체로 나는 나자신에 대하여 만족한다', '나는 많은 장점을 가지고 있다', '나는 다른 사람들만큼 잘 해낼 수 있다' 등의 긍정적인 측면을 측정하는 문항과 '때때로 나는 구제불능이라고 생각이 든다', '나는 나 자신이 별로 자랑스러울 것이 없다고 느낀다' 등과 같이 부정적인 측면을 측정하는 문항으로 구성되어 있다. 이 중 부정적인 문항은 역채점하여 합산하였으며, 총점이 클수록 자아존중감이 높은 것으로 해석하였다. 본 연구에서는 전체 문항을 모두 사용하였으며 신뢰도 Cronbach's α가 .84이었다.

(6) 생활만족도(life satisfaction)

Schwartz(1994) 개발한 가치척도(SVS: Schwartz Value Survey)를 김연신과 최한나(2009)가 번안한 척도를 사용하였으며 생활만족도, 건강만족, 경제상태만족, 자녀와의 관계만족, 여가생활만족, 이

웃 및 주변환경만족, 현재 나의 위치와 역할만족, 친·인척관계만족, 지금까지 살아온 인생에 대한 만족 등 9개 문항으로 구성하였는데, Cronbach's α계수는 .85였다.

(7) **자기행복감(self-happiness)**

행복은 Peterson, Park, 그리고 Seligman (2005)이 개발한 행복 척도(Orientations to Happiness Measure)를 번안하여 사용하였다. '인생은 너무 짧아서 그것이 주는 즐거움을 미룰 수 없다.', '나는 인생은짧다, 디저트를 먼저 먹으라는 말에 동의한다.', '내 삶은 보다 높은 목적을 위해 존재한다.', '무엇을 할지 결정할 때, 언제나 나는 그것이 다른 사람에게 유익할지를 고려한다.' 등의 문항이 있다. 이것은 5점 Likert 척도로 응답하도록 되어 있으며, 본 연구에서 Cronbach's α는 쾌락추구 .80, 의미추구 .80이었다.

(8) **자아통합감(Ego integrity)**

본 연구에서는 자아통합감 도구 Choi & Ghim(2016)이 개발한 도구를 적용하여 측정하였다. 요인분석 도구를 통해 적합한 구성타당도로 보고되었으며, 동시타당도, 변별타당도, 수렴타당도 또한 적합한 것으로 제시되었다. 신뢰도는 Cronbach's α는 .88이었다.

(9) **죽음 태도(death attitude)**

죽음 태도는 Wong, Reker, 그리고 Gesser (1994) 등이 개발한 죽

음 태도 척도(Death Attitude Profile-Revised)를 번안하여 사용하였다. 5점 Likert로 응답하도록 되어 있으며 본 연구에서는 실존적 자신의 불안과 초라함을 보기 위한 것으로 이 중 죽음 공포와 죽음 회피를 사용하여 죽음 태도를 측정하였다. 우리나라에서 중년을 대상으로 연구한 결과에서 전체 신뢰도는 Cronbach's a는 .83이었다.

4) 자료분석

본 연구에서는 자아초월성이 중년의 삶에 죽음 태도에 미치는 영향에 관해 알아보기 위해 표집된 자료를 Spss 23.0 통계프로그램으로 분석하였으며 기술적 통계, 상관관계, 회귀분석을 실시하였다.

3. 연구결과

1) 변인들간 기술통계

본 연구에서 측정한 변인은 9개이며, 심리적 안녕(긍정과 부정 정서, 우울감, 노화불안, 자아존중감, 생활만족도), 삶의 태도(자기행복감, 자기통합감), 죽음 태도(죽음의 수용 정도)였다. 구체적으로, 평균 3.53(SD=.54), 긍정과 부정 정서 평균 4.11(SD=.77), 우울감 평균 3.02(SD=.62), 노화불안 평균 3.17(SD=.53), 자아존중감 평균 3.51(SD=.54), 생활만족감 평균 3.36(SD=.42), 자기행복감 평균 3.31(SD=.65), 자기통합감 평균 3.11(SD=.66), 죽음의 수용 정도 평균 3.21(SD=1.01)이었다.

참여자들의 자아초월성은 보통 수준이었으며, 심리적 안녕에서의 긍정과 부정 정서 역시 보통 수준으로 나타났다. 우울감은 가장 낮은 것으로 나타났다. 노화불안은 미래에 대한 불확실과 불안으로 보통 수준이었다. 자아존중감도 보통 수준이었으나 긍정과 부정 정서보다는 다소 낮았다. 생활만족도도 보통 수준이었다. 또한, 삶의 태도에서의 자기행복감과 자기통합감이 다소 더 중요하게 생각하는 경향으로 나타났으며, 죽음 태도에서의 죽음의 수용 정도도 보통 수준으로 나타났다. 이에 대한 기술통계는 [Tablel 2]와 같다.

[Table. 2] Descriptive statistics for measurement variables (N=253)

	M(mean)	SD	m(mfn)	x(max)
self-transcendence	3.53	.54	1.59	5.00
(psychological well-being) positive and negative emotions	4.11	.77	1.00	6.00
Depression	3.02	.62	1.22	4.82
Aging anxiety	3.17	.53	1.00	5.00
self-esteem	3.51	.54	1.58	5.00
life satisfaction	3.36	.42	2.12	5.00
(attitude of life) self-happiness	3.31	.65	1.32	5.00
sense of self-integrity	3.11	.66	1.00	5.00
death attitude	3.21	1.01	1.00	6.30

2) 조기 특성이 삶과 죽음 태도에 미치는 영향

조기 특성이 삶과 죽음 태도에 미치는 영향을 알아보기 위해, 심리적 안녕의 긍정과 부정 정서, 우울감, 노화불안, 자아존중감, 생활만족도, 삶의 태도에서의 자기행복감, 자기통합감, 죽음 태도에서의 죽음 수용 정도와의 상관관계와 단순회귀분석 결과를 제시하였다.

(1) 자아초월성이 심리적 안녕에 미치는 영향

자아초월성이 심리적 안녕에 미치는 영향을 알아보기 위해 긍정과 부정 정서, 우울감, 노화불안, 자아존중감, 생활만족도에 대한 단순회귀분석을 실시하였다. 그 결과 자아초월성은 자아존중감 성취가치(β=.18, t=4.39, p 〈 .001), 생활만족도(β=.15, t=3.38, p 〈 .001)와 유의미한 정적인 영향을 미치는 것으로 나타났다. 한편, 긍정과 부

[Table. 3] Effect on self-esteem and life value (N=443)

variable	B	SE	β	t	F	R^2	ΔR^2
positive and negative emotions	.00	.10	.00	.01	.00	.00	-.00
Depression	.05	.09	.02	.39	3.05	.05	.04
Aging anxiety	.06	.12	.02	.41	.17	.00	-.00
self-esteem	.43	.11	.18	4.39***	19.54***	.05	.04
life satisfaction	.28	.07	.15	3.38***	10.13***	.04	.03

*p 〈 .05, **p 〈 .01, ***p 〈 .001

정 정서, 우울감, 노화 불안과는 유의미한 영향은 나타나지 않았다[Table 3].

(2) 자아초월성과 삶의 태도
① 자아초월성과 삶의 태도 간 상관관계

자아초월성과 삶의 태도 간 상관관계를 살펴보면, 자아초월성은 자기행복감과 유의미한 정적상관이 있었다(r=.22, p〈.01). 한편, 자기통합감과는 유의미한 상관관계가 없었다[Table. 4].

[Table. 4] Correlation between self-transcendence and life attitude (N=253)

	self-happiness	sense of self-integrity
self-transcendence	.224**	-.013

*p〈.05, **p〈.01, ***p〈.001

② 자아초월성이 삶의 태도에 미치는 영향

자아초월성이 삶의 태도에 미치는 영향을 알아보기 위해서 자기행복감과 자기통합감에 대한 단순회귀분석을 실시하였다[Table. 5]. 자아초월성은 자기 행복감에 유의미한 정적인 영향을 미치는 것으로 나타났다(β=.21, t=4.81, p〈.001). 한편, 자기통합감에 대한 유의미한 영향력은 나타나지 않았다.

[Table. 5] Self-transcendence and its influence on life attitude (N=253)

variable	B	SE	β	t	F	R²	⌀R²
self-happiness	.25	.04	.21	4.81***	21.23***	.04	.04
sense of self-integrity	-0.2	.05	-0.1	-.30	.08	.00	-.00
					*p < .05, **p < .01, ***p < .001		

(3) 자아초월성과 죽음 태도

① 자아초월성과 죽음 태도 간 상관관계

자아초월성과 죽음 태도의 상관관계를 살펴보면, 자아초월성은 죽음의 수용 정도와 유의미한 부적상관이 있었다(r= -.17, p < .01). 그 결과는 [Table. 6]과 같다.

[Table.6] Correlation between self-transcendence and death attitude (N=253)

	death attitude
self-transcendence	-.17**
	*p < .05, **p < .01, ***p < .001

② 자아초월성과 죽음 태도 간 상관관계

자아초월성이 죽음 태도에 미치는 영향을 알아보기 위해 단순회귀분석을 실시하였다[Table. 7]. 자아초월성은 죽음의 수용 정도와 유의미한 부적영향을 미치는 것으로 나타났다(β= -.33, t=-7.51, p 〈 .001).

[Table.7] Effects of self-transcendence and death attitude (N=253)

variable	B	SE	β	t	F	R^2	$\varDelta R2$
death attitude	-.35	.06	-.33	-7.51***	54.37***	.11	.11

*p 〈 .05, **p 〈 .01, ***p 〈 .001

4. 결론

본 연구는 40대 이상 중년을 대상으로 심리적 안녕, 삶의 태도, 죽음 태도에 대한 차이를 알아보고자 하였다. 이를 위해 자아초월성과 심리적 안녕이 중년의 삶의 태도와 죽음 태도에 어떠한 영향을 미치는지를 연구하였다. 구체적으로, 삶과 죽음 태도에 긍정과 부정 정서와 우울감, 노화불안, 자아존중감, 생활만족도 혹은 인간으로서 자신의 연약함을 인정하고 타인과 연결감을 형성하는 자아 초월성 정도에 따라 삶과 죽음 태도에서 차이가 있을 것인지를 검증하였다.

검증 결과 자아초월성을 대표하는 변인들이 심리적 안녕(긍정과 부정 정서와 우울감, 노화불안, 자아존중감, 생활만족도), 삶의 가치, 자기행복감, 자기통합감, 죽음의 수용 정도 등 실존적인 문제에 미치는 영향을 알아보았다. 참여자들의 자아초월성은 보통 수준이었으며, 심리적 안녕에서의 긍정과 부정 정서 역시 보통 수준으로 나타났다. 우울감은 가장 낮은 것으로 나타났다. 노화불안은 미래에 대한 불확실과 불안으로 보통 수준이었다. 자아존중감도 보통 수준이었으나 긍정과 부정 정서보다는 다소 낮았다. 생활만족도도 보통 수준이었다. 또한, 삶의 태도에서의 자기 행복감과 자기통합감이 다소 더 중요하게 생각하는 경향으로 나타났으며 죽음 태도에서의 죽음의 수용 정도도 보통 수준으로 나타났다.

자아초월성의 경우 우울감, 노화 불안은 참여자 간에 작은 차이는 있지만, 전반적으로 삶의 가치에는 부적인 영향을 미쳤지만, 자아존중감에는 정적인 영향이 삶에 가치에 미치는 것으로 나타났다. 반면에, 죽음의 수용 정도에서의 죽음 태도가 부적인 영향을 주는 것은 사람이기에 자아초월적 실존의 죽음 태도에 대한 공포 회피가 작은 것으로 나타났다. 이는 자아초월성이 앞서 설명한 실존적 문제에 긍정적인 효과를 가지고 있음을 보여준다(Kesebir, 2014; Lifton, 1983; McAdams, 1993).

또한, 이 자아존중감이 삶과 죽음 태도에 미치는 영향에 대하여 자아존중감 변인의 유의미한 것으로 나타났다. 이러한 결과는 자아 초월성 수준에 따라 죽음 태도에 대해 공포 수준에서의 차이가 있음을 확인하였으며 자아존중감은 기본적인 삶의 태도와 죽음에 대한 긍정적 영향을 미친다는 것을 의미한다. 중년기에는 불확실성에 대한 공포뿐만 아니라 노화불안과 죽음 태도도 높은 것으로 나타났다. 본 연구 결과를 통해 입증을 통해 죽음을 떠올릴 때 그것을 개인의 죽음으로 인지하지 않을 수 있으며 노년의 경우 죽음을 떠올릴 때 자신이 곧 다가올 미래가 될 것이라는 현실적 자각의 가능성이 높다. 사람은 살아가는 동안 자신의 삶에서 희로애락을 누리기도 하지만, 필연적으로 불안, 무의미함, 죽음 등으로 인한 실존주의적 고통을 느끼는 존재인 것이다[18]. 또한 삶의 과정에서 역설적이게도 현실의 역경을 피할 수는 없지만, 실존적 욕구는 온전히 수용함으로서 진정한 행복, 기쁨이 삶의 의미를 갖는 존재가 된다[19]. 따라서 앞으로에 연구는 한 개인이 실존의 문제를 조화롭고 순조로운 삶으로 잘 다루어가면서 살아갈 수 있도록 보다 깊게 현실적인 방법을 마련하는 데 중점을 둘 필요가 있다. 중년기 인간이 어떻게 자신의 삶의 문제를 잘 극복하고 대처하는지는 그 다양성의 폭이 매우 큼에도 불구하고, 노년기에 겪을 수밖에 없는 실존적 문제에 대한 대안 중 하나는 사회적으로 인정하는 바람직한 문화적 세계관으로부터 자신을 자유롭게 하는 것이다[20].

본 연구의 제한점과 후속 연구를 위한 제언은 다음과 같다. 선행 연구들에서 노화불안과 자기초월감, 중년 여성을 위한 자기초월 중재 프로그램이 개발되었으나, 그 외 연령에 관한 연구들은 미흡한 실정이었다. 본 연구는 40대 이상 중년을 대상으로 이루어졌기 때문에 결과를 노년으로 일반화시키는데 제한점이 있으며, 다양한 연령대를 위한 맞춤형 자기초월 중재 프로그램을 개발하여 그 효과를 검증하는 연구가 수행될 필요가 있는 것으로 사료된다.

또한, 본 연구는 자기초월이 삶과 죽음 태도의 미치는 영향을 단기적으로만 검증하였으나, 중장기적으로 삶과 죽음 태도에 미치는 효과를 검증하는 연구가 수행된다면 편안하게 노년을 준비할 수 있는 프로그램에 기여 하는 바가 더욱 크리라 판단된다. 근래 고령화 및 초고령화가 급속히 진행되면서 성공적인 노화는 모든 대상자에게 주된 관심사가 되었다. 그러나 노인이 된 후 성공적인 노화를 준비한다는 것은 시기적으로 늦을 수 있으므로 이른 연령대부터 성공적인 노화를 준비하는 것이 바람직한 것으로 사료된다.

또한, 자기기입식 설문지를 통해 자료를 수집했다는데 연구의 한계가 있다. 자기보고와 주관에 의존한 설문지에 의한 결과다. 척도의 일부는 모두 긍정 문항이기에 긍정 편향적인 반응일 염려가 있고, 그렇지 않은 경우 척도의 경우는 부주의로 인한 오차가 있을 수 있다. 예를 들어 객관적 자기에 대한 척도, 초월에 대한 척도, 응집적 자기에 대한 척도를 개발하거나 분노와 죄책감등의 다른 정서들에 대한 척도를 개발한다면 초월성이 삶과 죽음 태도에 미치는 영향 연구에 대한 보다 다양한 경험적 연구를 심도있게 할 수 있으리라고 기대한다.

본 연구에서 사용한 개념으로 자아초월은 생로병사의 고되고 힘든 현실 속에서 인간의 나이 들어감보다 성장함에 중점을 두고 인간으로서 가지는 나약함에 대한 자기수용을 통하여 타인의 나약함을 포용함으로써 궁극적 사고로 자신을 넘어선 새로운 존재와 연결을 경험하는 것, 즉 자신의 경계를 넓히고 초월하는 것이 바로 중년의 삶과 죽음 태도에 대한 핵심일 수 있다. 자기수용, 자기신뢰, 지각과 초월성에 대한 연구가 축적된다면 이를 기반으로 다양한 대중교육 프로그램이 개발되고 활성화된다면 중년기를 넘어 노년에서의 삶과 죽음 태도를 긍정적으로 받아들일 수 있는 심리학적 분석의 대안으로 제안할 수 있을 것이라 기대해 본다.

[Reference]

[1] https://www.index.go.kr/main.do, February 20 (2022).

[2] Korean Statistical Information Service(KOSIS), 2019

[3] http://www.segye.com/ February 20 (2022).

[4] Kim, S. A. (2010). A Study on Influential Variables on Climacteric Women's Meaning of Life. Unpublished doctoral dissertation, Baekseok University, Chungnam.

[5] Kim, G. E., & Shin, E. J. (2016). Ego integrity of the Elderly-Focusing on mediator of self-actualization. Korean J ournal of gerontological social welfare, 71(3), 109-136.

[6] Lasher, K. P., & Faulkender, P. J., (1993). Measurement of aging-anxiety; Development of the anxiety about aging scale. International Journal of Aging & Human Development, 37(4),247-259.

[7] Rowe, J. W., & Kahn, R. L. (1997). Successful aging. The Gerontologist, 37(4), 433-440.

[8] McCarthy, V. L. (2011). A new look at successful aging: Exploring a mid-range nursing theory among older adults in a low-income retirement community. Journal of Theory Construction and Testing, 15(1), 17-21.

[9] Flood, M. (2005). Amid-range nursing theory of successful aging. J ournal of theory construction & testing, 9(2), 35-39.

[10] Reed, P. G. (2008). The theory of self-transcendence, In P. R. Smith & M. J. Liehr(ed.), Middle range theory for nursing, New York; springer publications, 145-165.

[11] McCarthy, V. L., & Bockweg, A., (2013). The role of Transcendence in a Holistic view of successful aging; A concept analysis and model of transcendence. Journal of holistic nursing, 31(2), June. 84-92.

[12] McCarthy, V. L., Hall L. A., Crawford, T. N., Connelly, J. (2018). Facilitating Self-Transcendence: An Intervention to Enhance Well-Being in Late Life. Western

journal of nursing research, 40(6), 854-873.
[13] Jun, H. S., & Ju, H. J. (2019). The Effects of Health Status and Retirement Preparation on Aging Anxiety in Middle-Aged Workers, Journal of digital convergence, 17(11), 315-325.
[14] Kim, E. J., & Kim, Y. H. (2011). Predictors of Successful Aging in Korean Older Women Based on Successful Aging Theory(SAT). Korean J ournal of Women Health Nursing, 17(4), 378-387.
[15] Ahn, J. S. (2010). A study on perception of successful aging in adult developmental stages. Unpublished doctoral dissertation, Donga University, Busan.
[16] Coward, D. D. (2003). Facilitation of self-transcendence in a breast cancer support group: II. Oncology Nursing Forum, 30(2), 291-300.
[17] Ellermann C. R., & Reed, P. G. (2001). Self-transcendence and depression in middle-age adults, Western Journal of Nursing Research, 23(7), 698-713.
[18] Yalom, I. (1980). Existential psychotherapy. New York, NY: Basic Books.
[19] Jacobsen, B. (2007). Invitation to existential psychology: A Psychological for the unique human being and its applications in therapy. West Sussex, UK: Wiley.
[20] McCoy, S. K., Pyszczynski, T., Solomon, S., & Greenberg, J. (2000). Transcending the self: A terror management perspective on successful aging. In A. Tomer (Ed.), Death attitudes and the older adult (pp.37-63). Philadelphia: Brunner-Routledge.

Epilogue

『자성구자自性求子 강재이뇌降在爾腦, 스스로 본성을 자연(하느님)에서 구하라. 이미 너의 뇌(호흡)에 존재하고 있다. [三一神誥]

하늘은 이미 생명의 빛을 너의 뇌와 호흡 속에 내려주었다. 숨을 따라 본성으로 돌아가는 길, 그곳에 진정한 치유와 자아초월이 존재한다.』

Epilogue

자성구자自性求子 강재이뇌降在爾腦

사람은 평생을 무언가를 찾으며 살아간다. 행복을 밖에서 구하고, 지혜를 스승에게서 구하며, 평화를 세상 어딘가에서 찾으려 한다. 그러나 진정한 길은 언제나 내 안에 있다.

『자성구자自性求子』, 스스로 본성을 구하라는 말은 바로 이 사실을 일깨운다.

자연, 곧 하느님이 내려준 생명의 숨은 이미 우리의 뇌와 호흡 속에 깃들어 있다. 들숨과 날숨의 단순한 리듬 속에 우주의 섭리가 깃들어 있고, 고요히 흐르는 호흡 속에 본래의 성품, 자성이 살아 있다. 우리가 잊었을 뿐, 본성은 언제나 우리 안에 있었다.

오늘날 우리는 복잡한 세상 속에서 자꾸만 바깥으로 향한다. 그러나 진리는 속삭인다. "너 자신에게로 돌아가라. 너의 숨을 보라. 너의 뇌를 보라."

숨이 고요히 흐를 때, 뇌는 맑아지고, 마음은 밝아진다. 그리고 마침내 우리는 알게 된다. 찾고자 했던 신성(神性)은 밖에 있는 것이 아니라 내 안의 자성(自性) 속에 이미 존재한다는 것을.

『강재이뇌降在爾腦』, 하늘이 준 생명의 빛은 이미 너의 뇌에, 너의 호흡에 내려와 있다.

그러므로 더 이상 멀리 찾지 말라. 들숨마다 본성이 깨어나고, 날숨마다 참된 나가 드러난다.
이 책의 마지막 장은 우리에게 조용히 속삭인다.
"<u>스스로</u> 구하라. 그러나 멀리 가지 말라. 네 안에 이미 그 길이 있다. 숨을 따라가라. 그 길 끝에서 네 본성을 만날 것이다."

양자의학, 명상을 만나다

초판 1쇄 인쇄 | 2025년 10월 10일
초판 1쇄 발행 | 2025년 10월 24일

지은이 | 현용수
펴낸이 | 최병윤
함께하는이 | UNI세계포럼위원회/한효정/양영숙/이관민/정영균, 그리고 NFG, Inc.
펴낸곳 | 행복한마음
출판등록 | 제10-2415호 (2002. 7. 10)

주소 | 서울시 마포구 성미산로2길 33, 202호
전화 | (02) 334-9107
팩스 | (02) 334-9108
이메일 | bookmind@naver.com

ⓒ 2025, 현용수
ISBN 978-89-91705-60-9 03400

＊ 책값은 뒤표지에 표기되어 있습니다.
＊ 잘못 만들어진 책은 구입처에서 교환해 드립니다.
＊ 이 책엔 Pretendard, 태나다체, KoPubWorld 서체를 사용했습니다.